公路桥梁施工技术与管理

马瑞平　张镇山　杜和军　主编

吉林科学技术出版社

图书在版编目（CIP）数据

公路桥梁施工技术与管理 / 马瑞平，张镇山，杜和
军主编 . -- 长春：吉林科学技术出版社，2019.10

ISBN 978-7-5578-6128-5

Ⅰ．①公… Ⅱ．①马… ②张… ③杜… Ⅲ．①公路桥
—桥梁施工—施工管理 Ⅳ．① U448.145.1

中国版本图书馆 CIP 数据核字（2019）第 232892 号

公路桥梁施工技术与管理

主　　编	马瑞平　　张镇山　　杜和军	
出 版 人	李　梁	
责任编辑	汪雪君	
封面设计	刘　华	
制　　版	王　朋	
开　　本	185mm×260mm	
字　　数	380 千字	
印　　张	17	
版　　次	2019 年 10 月第 1 版	
印　　次	2019 年 10 月第 1 次印刷	
出　　版	吉林科学技术出版社	
发　　行	吉林科学技术出版社	
地　　址	长春市福祉大路 5788 号出版集团 A 座	
邮　　编	130118	
发行部电话／传真	0431—81629529　　81629530　　81629531	
	81629532　　81629533　　81629534	
储运部电话	0431—86059116	
编辑部电话	0431—81629517	
网　　址	www.jlstp.net	
印　　刷	北京宝莲鸿图科技有限公司	
书　　号	ISBN 978-7-5578-6128-5	
定　　价	70.00 元	

前　言

　　随着当前各项事业的全面发展，运输行业压力也是越来越大，作为运输的主体，公路和桥梁发挥着重要作用，这就对公路和桥梁的施工技术和管理提出了新的要求。在施工过程中，一定要将公路和桥梁的施工技术和管理进行全面地落实。本书主要从公路工程和桥梁工程入手，对公路和桥梁的施工技术分别进行阐述，同时对其管理进行详细的叙述，希望能够有助于工程建设的开展和进行。

目　录

第一章　公路工程

第一节　概　述

公路工程（highway engineering），指公路构造物的勘察、测量、设计、施工、养护、管理等工作。公路工程构造物包括：路基、路面、桥梁、涵洞、隧道、排水系统、安全防护设施、绿化和交通监控设施，以及施工、养护和监控使用的房屋、车间和其他服务性设施。

公路的新建或改建任务是根据公路网规划确定的。一个国家的公路建设，应该结合铁路、水路、航空等运输综合考虑它在联运中的作用和地位，按其政治、军事、经济、人民生活等需要，结合地理环境条件，制定全国按等级划分的公路网规划。从行政方面划分，一般分为国道、省道、县道、乡道等四个等级。此外，重大厂矿企业和林业部门内部，必要时也有各自的道路规划。每个国家公路等级的划分界限和方法及其相应标准，不尽相同，中国的国道规划由国家掌握，省以下的公路规划由各级地方政府掌握。

一、规划

公路网规划的制定是一项繁重复杂的工作。由于各地情况的变化，例如政治、军事等战略的改变，矿藏资源的开发，海岸、商埠经济的发展，城乡人民生活的改善，旅游事业的兴起，其他运输方式的改变，资金的增加等，都可能使规划随之变化。因此，在制定规划时，事先应充分掌握各方面的信息，进行有充分预见性的可行性研究，避免规划的盲目性带来不良后果，然后有计划按步骤地分期付诸实现。

二、勘察设计

拟建路线的第一步，应根据线路所经控制点，进行勘察和测量，选出距离最短、工作量最小、工程举办容易、造价低廉、后遗病害最少、养护费用最低、使用效益最大的线路。如果线路有几种选线方案，则应进行比选，以便从中选定最优方案。

各项新建或改建工程的设计，应本着就地取材、因材施用、利废增益的原则，重视长远的经济损益分析来进行设计。公路等级一旦确定，则线形几何标准也随之确定。尤其是丘陵区和山岭区的纵坡度是很难改变的。又如路基路面工程往往占造价比重最大，但可以从低级过渡到高级，分期修建。这些项目的设计，都必须充分考虑前期工程能为后期利用，而不致废弃，造成浪费。此外，路面等级愈低，造价愈低，但公路养护和更新费用则愈高，行车消耗费用愈大。因此，决定路面等级不能孤立地考虑造价，而是要根据较长时间，从造价、养护更新费用，特别是行车消耗费用这三者进行经济损益分析，选择经济合理方案。

现代的勘察设计工作已利用卫星地图或航测地图，并用电子计算机分析和绘图，用地震法探测地层地质，用 γ 射线量测密度含水量，用激光测距等新技术和其他新设备，使勘察设计工作缩短了作业时间，提高了作业效率和精度，降低了成本。

三、施工

优质工程不仅要有良好的设计，而且在更大程度上取决于施工质量的好坏。在施工中，材料、机具、操作是保证产品质量的主要环节。一切施工都必须严格遵守每项施工规范。一是材料的准备，包括检查材料品种、规格、数量、堆放场所、供应和保管工作等；二是施工机具，包括品种、型号、数量的配备及修理工作；三是操作，应精心进行，每道工序完毕须经检查合格后方可进行下一道工序。全部工序完毕，经检查验收后方可交付使用。

公路工程的一些项目在使用中，会随着时间的延续产生不可避免的损耗，如路面在行车荷载下产生轻微变形、车辙、磨损，就必须及时养护、整修，才能维持正常使用效能，延长使用寿命。公路工程对各个工程项目都制定有相应的养护规范。忽视养护，损坏严重才进行补救，造成的损失往往更大。

四、养护

早期的施工、养护工作，一般是用简单的工具和人力或畜力操作。随着机械工业的发展，蒸汽机和内燃机等动力机械广泛应用于施工中，并出现各种单用机械和联合操作机械。在筑路机械中，繁重、量大的工程所使用的机械，例如土石方的挖掘、运输、压实等使用的机械，正向着多用途、大功率的方向发展；路面铺装机械向着自动就地加工，提高废旧料利用率，简化工序，一次完成的大功率大型机械的方向发展。养路机械则向着一机多用和小型化的方向发展。桥梁工程用的机械趋向适用于轻型、装配化和预制构件所需机械发展；吊装设备则向大型机械发展。各种施工机械的发展，使以往难以进行的工序得到解决。施工机械的进步反过来又促进材料和结构物的革新。这种互相促进作用有益于提高工程质量、降低生产成本。

五、管理

公路工程管理系统和公路运输管理系统是两个不相统属的系统，但又是彼此有密切关系的系统。比如，汽车运输要开辟或加强改善某些路线的客货运输，必须预先调查研究沿线的客货来源、种类、运量、地点、季节等等，为此向工程部门提出工程的要求和指标。工程部门则研究满足这些要求的方法和措施，为运输服务。那么，究竟是先有公路然后考虑组织运输，还是先考虑运输需要来修建公路呢？一般讲，按后者安排为好。但有时也应根据具体情况，全面分析，决定对策。这个问题在国际公路论坛中是经常遇到的。有些国家已把运输工程和工程经济列为专业课程，在大学讲授。这是关系到公路发展的宏观经济、影响全局的问题，在公路管理中值得重视。

公路工程方案在实施过程中，工程管理部门应根据需要完成项目的先后顺序，编制分项工程进度表，然后根据各项进度排出总的进度表，并注意各分项工程之间不得互相干扰。如遇情况变化，应及时作相应修改。进度表是执行计划的指导纲领。某一环节不按计划进行就有可能打乱局部，甚至是全局的安排。执行计划包括内容繁多，主要方面有：施工前需补充的测量放样、材料供应和试验、机具配备和维修、运输工具的配备和维修、劳动力组织和调配、技工培训和考核、水电供应、工地安全设施、工地应急设施、医疗卫生、职工生活、工程定额和进度的统计分析、财务管理等等。工地既要有分项管理人员，又要有全面管理的人员。

六、其他相关

1. 管理办法

为规范公路工程施工分包活动，引导公路工程施工分包市场健康、有序地发展，交通运输部日前发布了《公路工程施工分包管理办法》（以下简称《办法》）。

2.《办法》出台的背景

加强市场监管，规范分包活动，是工程建设领域专项治理的重点工作。《办法》的出台是市场经济体制下行业健康发展的需要，是规范公路建设市场分包行为的需要，是完善公路建设市场法律法规体系的需要。

工程分包的产生是计划经济向市场经济过渡的产物，是社会分工专业化的必然结果，在国外工程管理中也普遍存在。规范引导施工单位进行合理、合法的分包，既有利于施工企业的发展壮大和结构调整，也有利于规范建设市场，提高工程质量，降低建设成本。我国《招标投标法》《建设工程质量管理条例》《公路建设市场管理办法》《公路建设监督管理办法》等法律、法规和部门规章相继对工程分包进行了相应规定，但由于种种原因，公路工程中的违法分包现象仍然屡禁不止。

3. 沉降预防

工后沉降就是指从施工完毕直到沉降稳定这段时间内的沉降量。利用高频液压振动锤施工筒桩、振动取土灌注桩，作为公路路基的承载桩，使路基在筒桩的施工过程中产生预沉降，汽车在以后的运行过程中地基不会产生沉降。利用这种新工法可以有效预防公路工程工后沉降。

4.计划实施

工程计划的实施要根据设计方案编制工程预算，经主管部门批准后作为投资依据，拨款举办。承办工程有部门自办制、招标发包制或部分自办、部分发包制等几种。自办制由主管部门委派负责人成立机构，负责完成计划内全部工程任务。如遇原设计不符实际情况时，有变更设计权，但须向主管部门说明变更原因，经批准后执行。如因特殊原因，必须立即执行时，可以事后报告备案。工程负责人在预算范围内，根据法定财务制度有支付全部工程费用的权力。发包制由主办机构公开招标。凡领取开业执照的企业单位或承包商经审查合格者均可取得投标资格。一般由最低价格者得标，但仍须审查所投价格是否合理，经主办机构认可后方可取得承包权。对于工程所需材料供应、机具设备、劳动力的雇用，一般均由承包者自理。但在某种情况下，也可通过协商共同解决。

第二节　公路的组成

一、公路的组成

按所在位置、交通性质及其使用特点，可分为：公路、城市公路、厂矿公路、林区公路及乡村公路等。

1.公路的组成

（1）线形组成。公路线形是指公路中线的空间几何形状和尺寸。

（2）结构组成。公路的结构是承受荷载和自然因素影响的结构物，它包括路基、路面、桥梁、隧道、排水系统、防护工程、特殊构造物及交通服务设施等。

2.城市公路的组成

公路工程的主体是路线、路基（包括排水系统及防护工程等）和路面三大部分。

二、公路的等级划分

1.公路的等级划分

根据使用任务、功能和适应的交通量分为高速公路、一、二、三、四级 5 个等级：

（1）高速公路。高速公路是具有 4 个或 4 个以上车道，设有中央分隔带，全部立体交叉，全部控制出入，专供汽车分向、分车道高速行驶的公路。

（2）一级公路。一级公路与高速公路设施基本相同。一级公路只是部分控制出入。

（3）二级公路。二级公路是中等以上城市的干线公路。

（4）三级公路。三级公路是沟通县、城镇之间的集散公路。

（5）四级公路。四级公路是沟通乡、村等地的地方公路。

2. 城市公路的等级划分

按城市公路系统的地位、交通功能和对沿线建筑物的服务功能分为四类。

（1）快速路。快速路主要为城市长距离交通服务。

（2）主干路。主干路是城市公路网的骨架。

（3）次干路。次干路配合主干路组成城市公路网，它是城市交通干路。

（4）支路。支路是一个地区（如居住区）内的公路，以服务功能为主。

三、路基

路基是按照路线位置和一定技术要求修筑的作为路面基础的带状构造物。

1. 路基基本构造

是指路基填挖高度、路基宽度、路肩宽度、路基边坡等。

2. 路基的作用

是路面的基础，是路面的支撑结构物。高于原地面的填方路基称为路堤，低于原地面的挖方路基称为路堑。路面底面以下 80cm 范围内的路基部分称为路床。

3. 路基的基本要求

（1）路基结构物的整体必须具有足够的稳定性

（2）路基必须具有足够的强度、刚度和水温稳定性

水温稳定性是指强度和刚度在自然因素的影响下的变化幅度。

4. 路基形式

（1）填方路基

①填土路基。填方路基宜选用级配较好的粗粒土作为填料。用不同填料填筑路基时，应分层填筑，每一水平层均应采用同类填料。

②填石路基。填石路基是指用不易风化的开山石料填筑的路堤。

③砌石路基。砌石路基是指用不易风化的开山石料外砌、内填而成的路堤。砌石路基应每隔 15 ~ 20m 设伸缩缝一道。当基础地质条件变化时，应分段砌筑，并设沉降缝。

④护肩路基。坚硬岩石地段陡山坡上的半填半挖路基，当填方不大，但边坡伸出较远不易修筑时，可修筑护肩。护肩高度一般不超过 2m。

⑤护脚路基。当山坡上的填方路基有沿斜坡下滑的倾向，或为加固，收回填方坡脚时，可采用护脚路基，其高度不宜超过 5m。

（2）挖方路基。土质挖方路基。石质挖方路基。

（3）半填半挖路基。在地面自然横坡度陡于 1∶5 的斜坡上修筑路堤时，路堤基底

应挖台阶，台阶宽度不得小于1m，高速、一级公路台阶宽度一般为2m。

四、路面

（一）路面结构组成——一般由面层、基层、垫层组成

1. 面层是直接承受行车荷载作用、大气降水和温度变化影响的路面结构层次。应具有足够的结构强度、良好的温度稳定性，耐磨、抗滑、平整和不透水。沥青路面面层可由一层或数层组成，表面层应根据使用要求设置抗滑耐磨、密实稳定的沥青层；中间层、下面层应根据公路等级、沥青层厚度、气候条件等选择适当的沥青结构层。

2. 基层设置在面层之下，并与面层一起将车轮荷载的反复作用传递到底基层、垫层、土基等起主要承重作用的层次。基层材料必须具有足够的强度、水稳性、扩散荷载的性能。在沥青路面基层下铺筑的次要承重层称为底基层。基层、底基层视公路等级或交通量的需要可设置一层或两层。当基层、底基层较厚需分两层施工时，可分别称为上基层、下基层，或上底基层、下底基层。

3. 垫层。路基土质较差、水温状况不好时，宜在基层（或底基层）之下设置垫层，起排水、隔水、防冻、防污或扩散荷载应力等作用。

面层、基层和垫层是路面结构的基本层次。为了保证车轮荷载的向下扩散和传递，较下一层应比其上一层的每边宽出0.25m。

（二）坡度与路面排水

路拱指路面的横向断面具有一定坡度的拱起形状，其作用是利于排水。路拱的基本形式有抛物线、屋顶线、折线或直线。为便于机械施工，一般采用直线形。

高速公路、一级公路的路面排水，一般由路肩排水与中央分隔带排水组成；二级及二级以下公路的路面排水，一般由路拱坡度、路肩横坡和边沟排水组成。

（三）路面的等级与分类

1. 路面等级

按面层材料的组成、结构强度、路面所能承担的交通任务和使用的品质划分为高级路面、次高级路面、中级路面和低级路面等四个等级。

2. 路面类型

（1）路面基层的类型。按照现行规范，基层（包括底基层）可分为无机结合料稳定类和粒料类。无机结合料稳定类有：水泥稳定土、石灰稳定土、石灰工业废渣稳定土及综合稳定土；粒料类分级配型和嵌锁型，前者有级配碎石（砾石），后者有填隙碎石等。

①水泥稳定土基层。在粉碎的或原来扩散的土中，掺入足量的水泥和水，经拌和得到的混合料在压实养生后，当其抗压强度符合规定要求时，称为水泥稳定土。可适用于各种

交通类别的基层和底基层，但水泥土不应用作高级沥青路面的基层，只能作底基层。在高速公路和一级公路的水泥混凝土面板下，水泥土也不应用作基层。

②石灰稳定土基层。在粉碎或原来松散的土中掺入足量的石灰和水，经拌和、压实及养生得到混合料，当其抗压强度符合规定要求时，称为石灰稳定土。适用于各级公路路面的底基层，可作二级和二级以下的公路的基层，但不应用作高级路面的基层。

③石灰工业废渣稳定土基层。一定数量的石灰和粉煤灰或石灰和煤渣与其他集料相配合，加入适量的水，经拌和、压实及养生后得到的混合料，当其抗压强度符合规定的要求时，称为石灰工业废渣稳定土，简称石灰工业废渣。适用于各级公路的基层与底基层，但其中的二灰土不应用作高级沥青路面及高速公路和一级公路上水泥混凝土路面的基层。

④级配碎（砾）石基层。由各种大小不同粒径碎（砾）石组成的混合料，当其颗粒组成符合技术规范的密实级配的要求时，称其为级配碎（砾）石。级配碎石可用于各级公路的基层和底基层，也可用作较薄沥青面层与半刚性基层之间的中间层。级配砾石可用于二级及以下公路的基层及各级公路的底基层。

⑤填隙碎石基层。用单一尺寸的粗碎石做主骨料，形成嵌锁作用，用石屑填满碎石间的空隙，增加密实度和稳定性，这种结构称为填隙碎石。可用于各级公路的底基层和二级以下公路的基层。

（2）路面面层类型。根据路面的力学特性，分为沥青、水泥混凝土和其他路面。

①沥青路面。是指在柔性、半刚性基层上，铺筑一定厚度的沥青混合料面层的路面。沥青面层分为沥青混合料、乳化沥青碎石、沥青贯入式、沥青表面处治。

沥青混合料可分为沥青混凝土混合料和沥青碎石混合料。

热拌热铺沥青混合料路面是指沥青与矿料在热态下拌和、热态下铺筑施工成型的沥青路面。热拌热铺沥青混合料适用于各种等级公路的沥青面层。

高速公路、一级公路沥青面层均应采用沥青混凝土混合料铺筑，沥青碎石混合料仅适用于过渡层及整平层。其他等级公路的沥青面层的上面层，宜采用沥青混凝土混合料铺筑。

当沥青碎石混合料采用乳化沥青作结合料时，即为乳化沥青碎石混合料。适用于三级及三级以下公路的沥青面层、二级公路的罩面层施工以及各级公路沥青路面的联结层或整平层。乳化沥青碎石混合料路面的沥青面层宜采用双层式。

沥青贯入式路面是在初步压实的碎石（或轧制砾石）上，分层浇洒沥青、撒布嵌缝料，经压实而成的路面结构，厚度通常为 4 ~ 8cm；沥青贯入式路面适用于二级及二级以下公路，也可作为沥青混凝土路面的联结层。

沥青表面处治是用沥青和集料按层铺法或拌和方法裹覆矿料，铺筑成厚度一般不大于3cm 的一种薄层路面面层。适用于三级及三级以下公路、城市公路支路、县镇公路、各级公路施工便道以及在旧沥青面层上加铺罩面层或磨耗层。

②水泥混凝土路面。以水泥混凝土面板和基（垫）层组成的路面，亦称刚性路面。

③其他类型路面。主要是指在柔性基层上用有一定塑性的细粒土稳定各种集料的中低

级路面。

路面还可以按其面层材料分类，如水泥混凝土路面、黑色路面（指沥青与粒料构成的各种路面）、砂石路面、稳定土与工业废渣路面以及新材料路面。这种分类用于路面施工和养护工作以及定额管理等方面。

五、公路主要公用设施

（一）停车场

宜设在其主要服务对象的同侧。停车场的出入口，有条件时应分开设置，单向出入，出入口宽通常不得小于 7.0m。尽可能避免出场车辆左转弯。

为了保证车辆不发生自重分力引起滑溜，停放场的最大纵坡与通道平行方向为 1%，与通道垂直方向为 3%。出入通道的最大纵坡为 7%，一般以小于等于 2% 为宜。停放场及通道的最小纵坡以满足雨雪水及时排除及施工可能高程误差水平为原则，一般取 0.4% ~ 0.5%。

（二）公共交通站点

城市公共交通站点分为终点站、枢纽站和中间停靠站。

（三）公路照明

1. 照明标准。通常用水平照度和不均匀度来表示。

2. 公路照明灯具。了解即可

（四）人行天桥和人行地道

修建人行立交桥是人车分离、保护过街行人和车流畅通的最安全措施。在下列情况下，可考虑修建人行地道：①重要建筑物及风景区附近，修人行天桥会破坏风景或城市美观；②横跨的行人特别多的站前公路等；③修建人行地道比修人行天桥在工程费用和施工方法上有利；④有障碍物影响，修建人行天桥需显著提高桥下净空时。总之，要充分考虑设置地点的交通、公路状况及费用等。

（五）公路交通管理设施

公路交通管理设施通常包括交通标志、标线和交通信号灯等，广义概念还包括护栏、统一交通规则的其他显示设施。

1. 交通标志

分为主标志和辅助标志两大类。主标志按其功能可分为警告、禁令、批示及指路标志等四种。辅助标志系附设在主标志下面，对主标志起补充说明的标志，它不得单独使用。

2.交通标线

主要是路面标线，还有少数立面标记。

3.交通信号灯

（六）公路绿化

分公路绿化和城市公路绿化。按其目的、内容和任务不同，又分为：营造行道树、营造防护林带、营造绿化防护工程、营造风景林。

第三节　公路工程建设

一、公路基本建设程序

按照当前法律、法规和规章规定，一个公路建设项目一般需要工程可行性研究报告、城镇发展规划审查、水土保持方案论证、环境影响评价、用地预审、压覆重要矿产资源评估、地质灾害危险性评估、文物调查、防洪影响评价、地震安全性评价；通航安全影响论证；通航标准和技术要求审查；跨河方案审查，跨越铁路方案审查；勘察设计招标，初步设计审查，征用林地报批、征用草原报批、征用土地报批，施工图设计审查、施工和监理招标，办理质量监督手续，施工许可，重大和较大变更审批，交工验收，环保、水保、档案等专项验收（收费站、服务区等房建工程还要进行消防验收），决算审计，竣工验收，项目后评价等 27 个报批环节。个别环节在改建的小型公路工程中不涉及。

（一）工程可行性研究报告

项目工程可行性研究报告一般由交通运输主管部门根据公路发展规划和近期建设计划，委托具有工程咨询资质的单位编制。工程可行性研究报告主要论证项目建设的必要性、工程方案可行性、经济评价，通过论证后，确定工程建设标准、规模和投资估算。工可研报告中的路线方案初步确定后，工程咨询单位要提供路线具体走向和方案，由建设单位委托有资格的单位编制水土保持方案、环境影响评价报告、用地预审报告、压覆矿产资源评估报告、地质灾害评估报告、洪水影响评价报告、地震安全性评价报告，跨河方案、涉航方案和跨越铁路方案，开展文物调查；这些专项研究工作一般要同步开展，相互交叉，互为印证。当其中某一专项研究报告论证后需要调整工程方案时，必须及时告知其他专项研究报告的编制单位。为保证各专项研究报告与工程可行性研究报告方案一致，且衔接紧密，建议在委托工程咨询单位编制工程可行性研究报告时，可明确由可研报告编制单位负责牵头委托完成各专项研究报告的编制和论证，相关费用也一并商定。这里要强调的是：各专项研究报告的论证结论是报批工程可行研究报告的前置条件，必须引起高度重视，提前委托开展相关工作。

目前，国省道中的新建、改建、扩建工程，工程可行性研究报告一般报省交通运输厅，审查后，出具意见报省发改委审批。国家高速公路网中的项目，省发改委和交通运输部出具审查意见后，由国家发改委审批。必须提交的批复文件有：环评批复、用地预审批复、银行贷款承诺、行业审查意见、咨询机构评审意见等。

（二）城镇发展规划意见

公路路线经过城镇时，可报告编制单位要书面征求城镇规划部门的意见，结合城镇发展规划确定路线合理走向。

（三）水土保持方案论证

2010年12月新修订，2011年3月1日实施的《水土保持法》第二十五条规定：在山区、丘陵区、风沙区以及水土保持规划确定的容易发生水土流失的其他区域开办可能造成水土流失的生产建设项目，生产建设单位应当编制水土保持方案，报县级以上人民政府水行政主管部门审批，并按照经批准的水土保持方案，采取水土流失预防和治理措施。没有能力编制水土保持方案的，应当委托具备相应技术条件的机构编制。

目前，一般按项目立项的权限划分水土保持方案的审批权限，即国家立项的建设项目，由水利部审批，省发改委和省直部门批准的项目由省水利厅审批，其他项目由市、县水务局审批。

（四）环境影响评价

《环境保护法》第十三条规定：建设项目的环境影响报告书，必须对建设项目产生的污染和对环境的影响做出评价，规定防治措施，经项目主管部门预审并依照规定的程序报环境保护行政主管部门批准。环境影响报告书经批准后，计划部门方可批准建设项目设计书。

第十六条规定：国家根据建设项目对环境的影响程度，对建设项目的环境影响评价实行分类管理。建设单位应当按照下列规定组织编制环境影响报告书、环境影响报告表或者填报环境影响登记表（以下统称环境影响评价文件）：（一）可能造成重大环境影响的，应当编制环境影响报告书，对产生的环境影响进行全面评价；（二）可能造成轻度环境影响的，应当编制环境影响报告表，对产生的环境影响进行分析或者专项评价；（三）对环境影响很小、不需要进行环境影响评价的，应当填报环境影响登记表。环保部2008年10月1日实施的《建设项目环境保护分类管理名录》中规定：三级以上等级公路、1000米以上的独立隧道、桥长度1000米以上的独立桥梁等要编制环境影响报告书；三级以下等级公路，涉及环境敏感区的要编制环境影响报告表；其他公路工程要填写环境影响登记表。

第二十条规定：环境影响评价文件中的环境影响报告书或者环境影响报告表，应当由具有相应环境影响评价资质的机构编制。

第二十二条规定：建设项目的环境影响评价文件，由建设单位按照国务院的规定报有审批权的环境保护行政主管部门审批；建设项目有行业主管部门的，其环境影响报告书或者环境影响报告表应当经行业主管部门预审后，报有审批权的环境保护行政主管部门审批。目前：一般按项目立项的权限划分环境影响评价文件的审批权限，即国家立项的建设项目，由环保部审批，省发改委和省直部门批准的项目由省环保厅审批，其他项目由市、县环保局审批。

同时，《水污染防治法》《大气污染防治法》《固体废物污染环境防治法》《环境噪声污染防治法》《海洋环境保护法》等都对环境影响评价做出了相应规定。

（五）用地预审

《建设项目用地预审管理办法》（国土资源部令 2008 年第 42 号）第四条规定了审批权限：建设项目用地实行分级预审。即由有审批、核准、备案权限的政府机关的同级国土资源管理部门预审。

对预审的实施阶段，第五条规定：需审批的建设项目在可行性研究阶段，由建设用地单位提出预审申请；需核准的建设项目在项目申请报告核准前，由建设单位提出用地预审申请；需备案的建设项目在办理备案手续后，由建设单位提出用地预审申请。

对预审的有效期，第十五条规定：建设项目用地预审文件有效期为两年，自批准之日起计算。已经预审的项目，如需对土地用途、建设项目选址等进行重大调整的，应当重新申请预审。

（六）压覆重要矿产资源评估

1997 年 1 月 1 日起施行的《矿产资源法》第三十三条 在建设铁路、工厂、水库、输油管道、输电线路和各种大型建筑物或者建筑群之前，建设单位必须向所在省、自治区、直辖市地质矿产主管部门了解拟建工程所在地区的矿产资源分布和开采情况。非经国务院授权的部门批准，不得压覆重要矿床。

2010 年国土资源部《关于进一步做好建设项目压覆重要矿产资源审批管理工作的通知》中明确：重要矿产资源是指《矿产资源开采登记管理办法》附录所列 34 个矿种和省级国土资源行政 主管部门确定的本行政区优势矿产、紧缺矿产。炼焦用煤、富铁矿、铬铁矿、富铜矿、钨、锡、锑、稀土、钼、铌钽、钾盐、金刚石矿产资源储量规模在中型以上的矿区原则上不得压覆，但国务院批准的或国务院组成部门按照国家产业政策批准的国家重大建设项目除外。

《通知》规定，建设项目压覆重要矿产资源由省级以上国土资源行政主管部门审批。压覆石油、天然气、放射性矿产，或压覆《矿产资源开采登记管理办法》附录所列矿种（石油、天然气、放射性矿产除外）累计查明资源储量数量达大型矿区规模以上的，或矿区查明资源储量规模达到大型并且压覆占 1/3 以上的，由国土资源部负责审批。

（七）地质灾害危险性评估

2004年3月1日实施的国务院《地质灾害防治条例》第二十一条规定：在地质灾害易发区内进行工程建设应当在可行性研究阶段进行地质灾害危险性评估，并将评估结果作为可行性研究报告的组成部分；可行性研究报告未包含地质灾害危险性评估结果的，不得批准其可行性研究报告（地质灾害易发区在各级政府公布的"地质灾害防治规划"中明确）。

（八）文物调查

（九）洪水影响评价

《防洪法》第二十七条规定：建设跨河、穿河、穿堤、临河的桥梁、码头道路、渡口、管道、缆线、取水、排水等工程设施，应当符合防洪标准、岸线规划、航运要求和其他技术要求，不得危害堤防安全，影响河势稳定、妨碍行洪畅通；其可行性研究报告按照国家规定的基本建设程序报请批准前，其中的工程建设方案应当经有关水行政主管部门根据前述防洪要求审查同意。

前款工程设施需要占用河道、湖泊管理范围内土地，跨越河道、湖泊空间或者穿越河床的，建设单位应当经有关水行政主管部门对该工程设施建设的位置和界限审查批准后，方可依法办理开工手续；安排施工时，应当按照水行政主管部门审查批准的位置和界限进行。

第三十三条规定：在洪泛区、蓄滞洪区内建设非防洪建设项目，应当就洪水对建设项目可能产生的影响和建设项目对防洪可能产生的影响做出评价，编制洪水影响评价报告，提出防御措施。建设项目可行性研究报告按照国家规定的基本建设程序报请批准时，应当附具有关水行政主管部门审查批准的洪水影响评价报告。

在蓄滞洪区内建设的油田、铁路、公路、矿山、电厂、电信设施和管道，其洪水影响评价报告应当包括建设单位自行安排的防洪避洪方案。建设项目投入生产或者使用时，其防洪工程设施应当经水行政主管部门验收。

（十）地震安全性评价

《防震减灾法》第十七条规定：新建、扩建、改建建设工程，必须达到抗震设防要求。

本条第三款规定以外的建设工程，必须按照国家颁布的地震烈度区划图或者地震动参数区划图规定的抗震设防要求，进行抗震设防。

重大建设工程和可能发生严重次生灾害的建设工程，必须进行地震安全性评价；并根据地震安全性评价的结果，确定抗震设防要求，进行抗震设防。

本法所称重大建设工程，是指对社会有重大价值或者有重大影响的工程。

本法所称可能发生严重次生灾害的建设工程，是指受地震破坏后可能引发水灾、火灾、爆炸、剧毒或者强腐蚀性物质大量泄漏和其他严重次生灾害的建设工程，包括水库大坝、堤防和贮油、贮气、贮存易燃易爆、剧毒或者强腐蚀性物质的设施以及其他可能发生严重次生灾害的建设工程。

（十一）通航安全影响论证

《中华人民共和国海事局水上水下活动通航安全影响论证与评估管理办法》

（十二）通航标准和技术要求审查

国务院《航道管理条例》

（十三）与铁路交叉的要进行跨越铁路方案审查

《铁路法》

（十四）勘察设计招标

一是时间安排问题：原则上应在工程可行性研究报告批复后，开展勘察设计招标工作，但目前因前期周期较短，交通运输部文件规定可在工可研上报审批部门后即可开展。

二是高度重视招标文件的内容审定。要注意双方责任和义务的划分，特别约定完成时限、质量要求和违约责任（即合同条款）。各项目可考虑委托勘察设计单位完成各阶段的验收和报批（包括评审时相关费用）。要注意对投标人资质要求和合同段划分，以及评标方法。

三是一定要依法进行。时间安排、评标专家抽取、评标地方、评标监督，择优选择，勘察设计是源头，好队伍是提高项目服务水平、降低投资等关键。勘察设计拟不招标的，一定在上报工可研报告时一并提出申请。

（十五）初步设计审批

初步设计主要是研究论证工程技术方案。原则上省发改委立项的项目，由省交通运输厅审批初步设计。对技术复杂项目，实行"双院制"审查，其他项目实行专家评审制。

（十六）征用林地报批

注意三方面：一是在调查组卷时，要注意请森工林地和地方林地，森工林地由省森工总局森林资源局组织审查并报国家林业局审核同意，地方林地按征地数量分别由国家林业局、省林业厅和市县林业局审核同意。

二是部分林地的属性与国土部门认定结果有偏差，由于征地数量中的林地数量必须小于或等于林业部门核准的征用林地数量，为保证土地顺利组卷报批，在林地调查报告结束未正式上报前，一定要请土地勘测调查单位予以审核，确保两者尽量一致。

三是公路及两侧的行道树占地一般都已纳入建设用地，在报批用地是不要再重复勘测报批。特别是行道树，只需按路树更新履行林木砍伐审批程序即可。

（十七）征用草原报批

《草原法》规定，征用草原审批在地方草原行政管理部门，也就是省畜牧兽医局和市县相应机构。

（十八）征用土地报批

一是建设项目原则上应纳入土地利用总体规划，否则国土资源部门不予受理用地申请，所以各位局长要高度重视区域路网建设规划工作。

二是尽量采用施工图设计征用土地，避免出现二次征地。

（十九）施工图设计审批

施工图设计主要是解决施工工艺和施工组织设计。

（二十）施工、监理和其他服务商招标

第二个专题要进行详细讲解，这里就不多说了。

（二十一）办理质量监督手续

按交通运输部相关规定，到国省道建设项目要到省公路工程质量监督站或其委托的市级公路工程质量监督站办理。

（二十二）施工许可

部《公路建设市场管理办法》中规定了施工许可的办理程序和条件要求。原则上部批初步设计的项目，施工许可由其审批，省厅批初步设计的项目，由省厅审批施工许可。主要条件是建设资金已落实，征地拆迁已基本完成，施工图设计已批复，施工、监理招标已结束，质量监督手续已办理等。

（二十三）交工验收

《公路工程竣（交）工验收办法》（交通部令 2004 年第 3 号）和《公路工程竣（交）工验收办法实施细则》（交公路发〔2010〕65 号）规定，交工验收由建设单位组织，设计、施工、监理和接养单位参加。注意：交工验收应依据施工图设计、招标文件、投标文件逐标段进行，特别是路基、路面分开招标的项目，路基完工后，路面施工单位也应参加对应标段路基的交工验收。

交工验收的前提条件是施工单位已完成全部合同约定内容，工程质量自检合格，临时用地已恢复并经当地国土资源部门验收合格，标段施工总结已完成，内业资料和档案已按规定整理完毕；目前看，为减轻施工企业资金压力，交工验收合格后，签发交工验收证书，按合同约定退还该标段履约保函，也可考虑退还 50% 的质量保证金。

各标段均通过交工验收后，建设单位应报请质量监督机构进行工程质量检验，并出具检验意见。同时，针对各标段的交工验收情况，编写项目交工验收报告，连同质量检验意见一并报交通主管部门核备，申请通车试运营。

项目通车试运营前，必须明确接收管养单位，做好项目和固定资产移交，避免公路无

人管养。

（二十四）专项验收

环保、水保、档案等专项验收（收费站、服务区等房建工程还要进行消防专项验收）。

《建设项目竣工环境保护验收管理办法》

《水保法》第二十七条规定：依法应当编制水土保持方案的生产建设项目中的水土保持设施，应当与主体工程同时设计、同时施工、同时投产使用；生产建设项目竣工验收，应当验收水土保持设施；水土保持设施未经验收或者验收不合格的，生产建设项目不得投产使用。

（二十五）决算审计

国家和省发改委批准立项的，一般由省审计厅或其委托地方审计部门、审计事务所审计，审计结论需由审计厅认定。

（二十六）竣工验收

缺陷责任期满后，建设单位应申请质量监督部门进行质量鉴定，鉴定合格和优良的工程，可向初步设计审批部门申请竣工验收。具体要求和条件，《公路工程竣（交）工验收办法》（交通部令 2004 年第 3 号）和《公路工程竣（交）工验收办法实施细则》中都做出了明确规定。

竣工验收是大多数建设项目最后的一道程序。通过竣工验收的项目可以正式交付使用。

（二十七）项目后评价

项目建成投产多年以后，由交通运输主管部门，委托咨询单位针对工程可行性研究报告的结论，开展项目后评价工作。

二、公路设计

（一）路线设计

1. 平曲线半径的取用。平曲线半径的取用，最重要的是考虑曲线附近的运行速度及其前后衔接的线性指标的均衡性及连续性，并非越大越好。

2. 同向圆曲线间直线段长度的问题。在老路改造工程中，过分强调 6v 的最小直线长度将浪费大段老路，造成新的拆迁量，使工程量和工程造价大幅提高。

3. 市政道路的纵断面设计不能仅考虑造价。暴雨考验着城市的排水系统，近期全国出现的强降雨使很多城市的道路积水严重，有些城市的排水系统不能起到应有的作用，而且有些城市的道路在水位较高的季节会出现雨水倒灌现象，其中主要原因之一是道路纵断面设计偏低造成的。

4. 老路改造中的平纵组合。条件受限时，尤其是在老路改造中对工程造价影响很大时，不应片面强调"平包纵"。道路平面线性应与地形、地质、水文等条件结合，并符合各级道路的技术标准。应处理好直线与平曲线的衔接，尽量采用大的曲线半径，用圆曲线代替缓和曲线的设置，尽量不设置超高、加宽。道路纵断面设计标高主要根据现有道路标高、两侧建成区地坪标高、现状自然地面及地下水位标高、城市防洪标高、桥梁控制标高、相交道路及铁路标高、立交等控制性标高来确定。横断面设计以规划为依据，经过该市规划建设局主要职能科室的论证，并结合道路实际确定了横断面设计方案。道路规划红线宽40m。横断面机动车道横坡为 2.0%，非机动车道、人行道横坡为 1.5%。

5. 路线设计改进建议。平曲线半径超过8km，则与长直线类似，容易使驾驶员产生单调感和疲劳感，一般平曲线长度宜控制在1～3km。同向圆曲线间直线段长度取值建议：（1）可以将大于不设超高的缓和曲线长度归入直线段考虑；（2）降低6v要求，最小可至3v（实践检验可取）。市政道路由于其特殊性应更多地考虑当地的实际情况，特别是防洪、排水问题，不应过于考虑减少造价而降低纵断面设计的标准。车辆在城市中行驶时，往往达不到道路的设计速度。因此，当道路条件受到限制必须设置超高时，横向力系数 μ 的取值不超过0.15即可。老路改造应尽量以拟合老路为原则，条件受限时可以不"平包纵"。

（二）路基路面的设计

1. 路基拼接

目前为保证新老路面拼接质量的技术措施主要有挖台阶、提高新填土压实度标准、铺设土工格栅等。但是在河塘路段，特别是在软土地基路段不均匀沉降设计处理不到位的地方，经常出现纵向裂缝。

2. 水泥稳定碎石层设计

水泥稳定碎石作为路面基层，较容易出现的问题就是水泥稳定碎石基层的开裂。水泥稳定碎石基层的开裂经常会反射到沥青路面面层，若这些裂缝不能及时处理就很容易导致路面破坏。

3. 桥头跳车

桥头跳车是普遍存在的问题，其形成原因很复杂，影响因素也很多，但桥头跳车的直接原因是桥台与路堤的沉降差异。处理桥头跳车常用的方法主要有：加强地基（软基）处理、提高压实度、设置大尺寸搭板、设置过渡路面结构等，本文同时建议设计时可以加强搭板处路面结构和路基顶层的处理。

4. 路基路面设计

当存在路基拼宽情况时，建议从以下方面考虑：①根据理论计算和近几年道路实际使用情况分析，要控制道路拼接问题的出现需要控制新老路两侧的差异沉降，建议原有路基与拓宽路基的路拱横坡度的工后沉降增加值不应该大于 0.5%；②采用间接拼接方式，新老路基平面不分离，纵断面分离的路基拓宽设计，将拼宽路基沉降标准放宽，按照新建路基处理。既降低了填土高度，减少新征用地，又降低了软土地基处理费用；③土工格栅在路基拼接中应用时，为了保护铺设在路基顶面以下20cm处铺设的格栅，设计时应该提出合理的施工注意事项，在压实路基时不能使用路拌机进行现场拌和，只能另找场地拌和后再运来摊铺压实。

（三）基于视力障碍人群的道路设计

1. 盲道存在的问题

在实际中，由于盲道设计不规范、管理不到位等原因导致盲道不能达到预期的效果，主要存在以下问题。

（1）行进盲道与圆点形提示盲道均不能明确地提示方向，导致盲人不能辨别方向而出现走错道路的现象。

（2）圆点提示盲道虽然表明此处道路发生变化，但不能提示盲道环境所发生的变化，而且不能辨明医院、银行、购物点等与生活密切的场所方位。

（3）提示盲道路砖缺乏针对性。提示盲道缺乏对盲道的起点、终点和转变处，以及地铁入口、人行横道入口和汽车站等提示作用的设计内容。

（4）市政道路两端、大型建筑物、居民点等出入口，或在市政道路平面交叉处，由于开口的宽度很大，且盲道中断，使盲人无法判别和进入下一段盲道。

（5）盲人无法清晰判断与行进方向垂直的人行横道，从而不能安全地通过交叉口。设计时，应本着实用、安全和人性化的设计原则着重优化盲道系统，使盲道点、线连成一个盲道网络，做到盲道的区域内贯通和区域外连续。

（6）人行道的无障碍步道体系建设缺乏全局观念，不系统、不健全，盲道上存在电线杆、井盖等障碍物，且面临建筑物和到达街坊社区出入口等处，突然出现中断的现象。

（7）很多盲道的人行道未设置缘石坡道或缘石坡道设计不合理，过陡过急或提示不清楚现象时有发生。

2. 盲道设计方案

（1）盲道北向砖。盲道北向砖可以设计在较长的行进盲道中的某一位置，用以指示地理方向。盲道北向砖由设置在外侧的轮廓砖和设置在内侧的圆形砖组成。盲道北向砖与现有盲道路砖应呈现明显的触感特征上的区别。当盲人经过盲道踏上盲道指北砖时，应能明确地通过足感辨明方向，从而可避免走错道路。

（2）方位定位砖。在方形路砖面设计上，采用徐高的方式，制出一端低另一端高的搓板样棱条，用箭头棱条指明方位。方位定位砖采用与行进盲道相垂直的横向棱条，用不同的棱条数目对应不同的商场、公交车站、医院、公共厕所等的方位。盲人可通过踩着方位定位砖辨明其指向，轻松到达上述与生活密切相关的场所。

（3）导盲路牌。在盲道两侧、交叉口处等合适的位置，设计分别用汉字和盲文指示的导盲路牌。

（4）导盲路牌的设计高度应以距地面约 1.3m、方便盲人触摸为宜；导盲路牌设计距离应采用与盲道两端相距 0.6 ～ 1.0m 的方式，设计时注意盲文信息清晰、简洁并具备较强的凹凸感。

（5）盲道砖的组合。将盲道北向砖、方位定位砖、导盲路牌等进行科学合理和更加人性化的组合，用以告知盲人全部的环境信息，是市政道路无障碍设计追求的方向。

（四）基于肢体障碍人群的道路设计

1. 坡道存在的问题

（1）过街天桥、地下通道未设置坡道或坡道的坡度过大。

（2）未考虑残疾人过街的特殊要求，对交通信号设置混乱，缺乏为盲人服务的语音提示设置等。

2. 坡道的优化

过街天桥和地下通道应采用平缓坡道和梯道相结合的设计形式，既可使乘坐轮椅的老年人或残疾人等安全方便地通过，又可在另一侧设置快速通行梯道，方便急于上班、上学、办事的人们。坡道包括行进坡道和缘石坡道。行进坡道指有一定坡度的人行道，设计时应满足行进坡道宽度与人行道等宽、坡度与道路坡度相当的，方便乘轮椅者在内的不同的人群需求；应根据缘石坡道位置、高差变化进行缘石坡道设计，并尽可能与人行道等宽。

第四节　公路项目管理

一、项目管理组织机构及项目管理职责分工

（一）项目管理办公室组织机构图

（二）项目管理办公室职能

项目管理办公室在业主领导下，对本工程项目的施工质量、施工进度、计量支付、安

全文明施工等进行全面管理。使工程达到质量优良、进度适当、费用合理、无施工安全事故的目标。

1. 安全环保部：主要负责施工安全管理、施工环保管理、文明施工管理衣交通导改配合等。

2. 技术质量工程部：工程质量管理、工程进度管理、试验检测等管理工作。

3. 计量合约部：合同管理、计量管理、信息资料管理等。

（三）管理办人员岗位职责

1. 管理办公室负责人岗位职责

（1）负责本工程项目管理的全面工作。对质量管理、工程进度管理、计量支付管理、安全文明施工管理、合同管理等负全面责任，对监理和施工单位进行管理协调。

（2）抓质量管理工作，通过抓监理、施工单位的质保体系的良好运转，抓《监理规划》《施工组织设计》的贯彻实施，严格管理、严格按图施工、按程序办事、按标准验收，保证工程质量目标。

（3）抓施工进度管理

以合同工期为目标，强化进度管理。通过对总体进度计划，阶段工期计划、目标计划的控制，保证工期目标的实现，如发现进度滞后采取措施保证工期。

（4）抓工程计量与支付管理

从清单核算入手，抓现场工程数量的确认及验收，强化计量管理，保证费用合理支出。

（5）抓安全文明施工管理

贯彻"安全第一，预防为主"的方针，依据国家有关安全法规，全面抓好本工程安全文明施工及施工环保，保证工程顺利进行。

（6）协调好在管理办每个成员作用，各尽职责，全力抓好本工程的管理工作。

2. 项目工程师岗位职责

（1）负责工程技术管理及协助项目管理负责人作为全面工程管理工作。

（2）对现场施工负责技术管理工作，严格按图施工、按标准验收，经常检查施工现场。

（3）参加结构首件验收和工程抽查验收工作。

（4）组织试验段的实施和验收工作。

（5）参与设计交底与图纸会审。

（6）负责上报的施工方案的审查把关，如有不合格应返回总监办重做。

（7）实行"人人管生产、人人管安全"的原则，施工管理与安全管理一把抓，同时有管安全的责任。

（8）检查监理、施工单位施工资料和竣工资料为交工验收作为基础工作，参与竣工验收。

（9）完成上级领导交派的其他工作。

3. 计量支付岗位职责

（1）负责工程计量支付过程的管理工作，为合理计量支付把关。

（2）对工程量清单复核负责把关，参与变更项目的现场确认。

（3）督促监理单位按规定时间完成计量上报工作。

4. 安全环保岗位职责

（1）贯彻"安全第一、预防为主"的方针，作为安全管理工作。

（2）经常检查施工单位的施工现场安全工作情况；检查施工安全制度、规程执行情况；检查施工单位内、外业的资料完整情况，使安全环保工作正常开展。

（3）严格执行国务院 393 号令和安全管理的有关规定，做好安全环保工作。

5. 信息资料管理岗位职责

（1）负责信息传递工作，完成往来文件传递和及时报送各种报表工作。

（2）负责资料管理与检查工作。

二、设计审查配合工作

（一）设计单位应按合同约定、完整、及时、准确地向建设单位提供全部设计文件和图纸。项目管理办要加强对设计文件的管理，建立设计文件的收发制度。未经建设单位同意，设计单位不得将图纸及电子文件提供给任何单位和个人。

（二）项目管理办应及时组织设计交底测量交桩工作，做到交底透彻、交桩明确。

（三）项目管理办认真组织相关单位进行图纸的会审工作，对审查出的各种问题反馈设计及时解决，并以书面形式下发给总监办和施工单位。

（四）设计单位积极参加工程中重大施工方案的讨论和质量问题的处理，并提出合理化建议。

（五）设计单位应派 1 ~ 2 名设计代表驻场，及时解决工程中出现的设计问题。凡涉及设计变更问题，均由业主书面通知设计单位，设计人不得以任何理由直接受理施工单位和监理人员的变更设计要求，设计人主动提出的设计变更应事先征得业主的同意，设计变更做到及时、准确，技术可行、经济合理。

（六）对变更后的图纸审查，由项目管理办负责，重点审查变更前后的衔接，避免出现前后矛盾的问题。

（七）对于设计图纸中涉及的"新技术、新材料、新工艺、新设备"，设计单位应提供必要的技术支持。

（八）设计人员要按照工程建设管理的要求积极参加施工过程中的检查和验收工作。在交（竣）工验收阶段，设计单位应对工程质量使用功能是否满足设计要求提出评价意见。

三、施工准备阶段的管理

第一条 施工单位在签订合同 7 天内，由总监办组织向业主提交相关报监资料。签订合同 14 天内提出施工总体进度计划。

第二条 签订合同 14 天内完成导线点、水准点复测和原地面测量工作。

第三条 在合同规定时间内人员设备、材料进场，完成驻地建设。开工 10 日内完成工地试验建设工作，标养室达到使用要求。

第四条 合同签订后 14 天内完成部分分项的开工申请、施工方案报批、原材料使用申请，把关试验的报批工作。重要的分项工程（试验段、路面基层、沥青路面、桥涵的桥面、吊梁、涵洞）的施工方案，总监办批准后，开工 3 天前，报项目办审查备案后方可施工。

第五条 总监办核查开工条件召开第一次工地会议，在合同签订 7 日内签发总体开工令，开工令下达 7 日内施工单位应及时开工。

第六条 建立工地例会制度，业主将定期召开工地例会，对承包商上期工程进度、质量、合同执行情况进行检查评述，提出存在问题，落实下期工程进度。

不定期召开施工质量、进度、安全、交底等专题会议。

四、工程质量管理

第一条 工程质量目标要求 分项工程合格率100%，分部单位工程及建设项目为合格，工程质量综合评定不低于 90 分。

第二条 工程管理目标是"强化质量管理，争创优质工程"。

第三条 工程项目实行"政府监督、法人管理、社会监理、企业自检"的质量保证体系，施工、监理单位要按要求建立健全质量保证体系，并能良好运转，以强化对工程的管理与控制。

第四条 开工管理控制。各分项工程开工应先报开工申请与施工方案，监理工程师批准后方可实施，重要工程（试验段、路面基层、沥青面层、桥梁的桥面、涵洞）的施工方案，总监办批准后，开工 3 天前报项目管理办批准后实施。

第五条 原材料管理控制。用于本工程的二灰稳定粒料、沥青混合料、商品混凝土、预制构件的厂家，应具有监督站备案资质，并由业主、监理工程师、施工单位现场考察。不能满足招标文件要求的不予采用，不合格材料不得使用。

第六条 试验检测控制。监理对施工项目应按规定频率进行检测，上道工序不合格，不准进行下道工序施工。二灰稳定材料、沥青混合料、混凝土施工、砌筑砂浆等项目应按规定取样做把关试验，不合格者应返工处理。业主将按监理抽检的一定频率随机抽检，不合格者做返工处理。

第七条 有见证取样送检控制。有见证取样送检的项目，送检程序、见证人管理等应符合分局招标文件要求；有见证取样频率不得低于试验总数的3%，试验总数在7次以下，送样不得少于2次。重要工程应由监理工程师确定增加见证取样次数。未经有见证取样证明合格的项目，工程质量应由监理工程师委托法定监理单位检测，就发生项目承包人自负。

第八条 测量检测控制。监理工程师对施工前的施工放线、轴线偏位、平面位置进行复核测量，分项工程验收进行成品测量，以保证施工精度。工程验收做验收测量控制，保证产品合格。

第九条 巡视检查控制。项目办应经常巡视现场，进行工程质量、进度、安全文明施工检查，发现问题及时处理，处理问题不过夜。

第十条 工程竣工验收控制。工程竣工验收前要求监理工程师组织预验收，对分项工程有严重缺陷或评定分数小于75分者为不合格，必须做返工处理。如果评定不合格的分项工程经加固补强、调测满足设计要求后，可以重新评定其等级。但计算分部工程时，评分值时按其复评分值的90%计算。

第十一条 施工安全质量控制。监理工程师对本工程施工质量通病和易发生病害的施工项目应确定为控制要点加以重点控制。如：高填方路基沉降和路基处理超强沉降；沥青路面平整度和沥青路面早期破损；公路桥头及伸缩缝处跳车；小构件与防护工程表面粗糙。对这些项目要求施工监理单位制定措施加以预防，以保证工程质量目标的实现。

第十二条 工程质量控制与验收管理

五、工程进度管理

第一条 工程进度计划严格按照"强化阶段工期目标，明确进度控制主线，加强整体协调配合"的原则实施管理。工程进度控制采取"业主管理阶段工期，监理控制工程进度，施工单位落实进度计划"的三级管理体制。

第二条 工程进度计划的管理 进度计划过程控制采取总体安排、阶段控制、按月实施、按周检查的方法进行控制。

第三条 工程总体进度计划管理。承包商应在签订《合同协议书》14天或监理工程师认为合理的期限内，根据业主的整体进度计划制定本合同段的工程总体进度计划。总体进度计划应包括：工程项目的总工期即合同工期或指令工期；完成各单位工程或分项工程工期计划；各阶段要完成的工程量及资金流动估算表；单位工程和控制性工程的施工方案；材料、设备和劳动力供应计划；施工组织机构及保证体系。工程进度计划图表可采用横道图。工程总体进度计划由承包商项目经理组织编写，经驻地监理工程师初审（3天内完成）报总监理工程师审核批准（7天内完成），控制性工程，或工程难点的施工方案应经过业主、监理有关部门的会审方可批准。于工程正式开工前报项目管理办备案。

第四条 阶段工期计划管理。承包商应在接到业主下达的阶段目标计划3天内，根据阶段工期目标和工程实际进展情况，编制本合同段的阶段工期进度计划。阶段工期进度计划应包括本阶段整体进度计划和分解到月、周的计划,周计划时间为本周二至下周一。要求施工单位将分项工程划分施工段落,确定相应配置(如人力、机械、物资)明确责任人。各合同段的阶段工程进度计划经驻地监理工程师审批(3天内完成)报总监理工程师批准确认,项目管理办备案。

第五条　月进度计划管理。每月25日前,承包商根据阶段工期进度计划和上月工程完成情况,编制本月工程进度计划。月进度计划以横道图形式编制,并附编制说明,编制说明应包括本月计划完成主要工程量、本月计划完成工作量、施工过程中的重点和难点及采取的相应措施、有利因素和不利因素分析、工作中需要解决的问题等内容。月进度计划经驻地监理工程师审批后(3天完成)上报总监办,项目管理办备案。

第六条　周进度计划管理。承包商应编制周计划,周计划分解月进度计划至每天,责任到人。周计划由监理工程师审批,报项目管理办备案。

第七条　计划的实施与检查。承包商应根据计划及时调整资源配置,保证计划的完成。项目管理办通过定期或不定期检查,监督、核实承包商计划的执行情况,通过例会协调解决工程实施过程中的问题,确保工期目标的实现。

第八条　进度统计管理。进度统计包括工程量统计和工作量统计两部分。承包商应明确进度统计主管部门,并派专人负责,建立健全统计工作体系,使进度统计工作制度化、规范化。

第九条　周统计报表。承包商每周应对形象进度和工程量完成情况进行统计,周统计报表包括工程周报表、周计划完成情况一览表。报表统计时间为本周例会当天至下周例会前一天。施工周报表及周计划完成情况一览表均应经监理工程师确认后于每周二上午报至总监办,总监办应于周二下午报到项目管理办,一式两份周计划应对未完成计划部分的原因做出分析说明。

第十条　月统计报表。承包商每月应对工作量完成情况进行统计。月统计报表包括工作量月报表、桥涵工程月报表、形象进度月报表。报表统计时间为上月26日至本月25日。月报表经监理工程师确认报总监办审核后,于每月24日16:00点以前报到项目管理办。

第十一条　阶段统计报表。阶段工期目标完成后,承包商应对阶段形象进度、工程量、工作量进行汇总。阶段统计报表应于阶段目标结束后5日内,经监理工程师确认、总监办审核后上报项目管理办。

第十二条　统计方法。统计不同于计量,统计的目的是为了对工程进度进行控制,而计量则是为了支付。统计的工程数量是指工程实体完成或按规定阶段完成的工程数量,并需要经过监理签证。时间跨越较长的单项工程需要分阶段、按比例进行统计。

第十三条　统计工作要求。施工单位上报的计划、统计报表应按照本细则规定的时间及时上报,要求内容全面、数字准确。计划、统计报表应由项目经理签字确认,并加盖项目经理部公章,统计报表除报书面资料外,月报还应报送相应软(光)盘一张。

第十四条　统计资料上报。项目管理办在月底之前,对施工单位上报的报表进行汇总。

阶段工期目标结束后，项目管理办进行形象进度、工程量、工作量汇总。

第十五条 发生工期滞后应采取几项措施

1. 周计划进度发现及完成 施工单位分析原因，制定加快进度措施。监理单位应提出改进措施，业主协调，解决影响工程进度存在问题。

2. 月进度计划滞后，监理工程师应调查分析找出原因，因工力、设备不足应立即加大投入人员、工力、设备到位，如因施工组织问题，责应帮助改进，必要时下发监理通知或指令。

3. 工期进度滞后，监理整改意见仍不能使进度奏效时，则应经业主批准采取强制分包，直至取消其施工资格更换施工单位。

六、计量支付管理

第一条 工程计量的原则是：依据合理、真实有效、公平合理、及时准确、规范统一。

第二条 工程计量的措施是：认真履行合同、坚持实测实量、严格审批制度、加强监督检查。

第三条 工程计量的条件是：

1. 分项工程已完成，经验收质量合格；

2. 验收手续齐全，资料合格。

第四条 工程量清单复核

施工单位在合同协议书签订后 14 天内对图纸和清单的项目、数量均进行核实，并报总监理办公室。总监理办公室要对施工单位的清单核算进行认真复核，及时审批。要求监理单位在施工单位上报清单核算后的 7 日内将计量监理工程师复核和总监理工程师审批的工程量复核清单报工程项目管理办。

第五条 工程计量方式

1. 对计量清单内工程数量变化在 ±10% 以内的工程项目采取监理工程师与施工单位计量负责人联合计量的方式。

2. 对计量清单内工程数量变化超过 ±10% 的工程项目采取监理工程师、施工单位计量负责人及业主三方联合计量的方式。

3. 对计量清单内的路基挖方、路基填方、路基换填处理、结构物拆除、浆砌挡墙及清单以外的工程洽商项目必须采取监理工程师、施工单位计量负责人及业主三方现场确认的方式。

4. 凡超出图纸所示或监理工程师指示或同意的范围都不予计量。

5. 中间计量内必须注明工程计算简图和有效的计算公式，填方或挖方的简图必须注明底顶面的高程。

6. 对于洽商的工程项目必须在现场确认单后附有代表意义的照片进行补充说明。

7. 施工单位根据中间计量单编制《工程计量月报表》，必须按规定的时间和表样上报计量监理工程师进行审核。

第六条 工程计量程序

1. 对于符合计量条件的工程项目计量监理工程师要及时按计量方式的规定通知施工单位或业主到现场共同计量，计量后双方或三方共同签字认可。

2. 施工单位编制《工程计量月报表》报计量监理工程师审核。

3. 监理工程师将审核无误的《工程计量月报表》报总监理工程师审批。

4. 监理办将审批后的《工程计量月报表》按规定时间上报业主项目管理办签署审批意见。

第七条 工程计量的时间规定

1. 按工程项目管理与财务统一协调的原则确定为上月的 26 日至本月的 25 日为工程计量月。

2. 施工单位根据中间计量单于本月的 26 日至 28 日内编制《月度工程计量报表》，审核无误且签字、盖章齐全后上报计量监理工程师审核。

3. 计量监理工程师在 29 日至 30 日对上月的《月度工程计量报表》进行认真详细的审核，无误后由总监理工程师审批、签字并上报业主进行审批。

4. 业主审核后及时返还监理办，施工单位进行支付报表的编制，于 5 日前上报业主。

第八条 支付种类 支付时间顺序分为：前期支付、期中支付、分项完工支付、交工支付和最终支付。

1. 前期支付。在本合同范围内特指开工预付款的支付。按专用合同条款的规定，在合同规定的期限内，承包人有权得到业主提供的一笔相当于合同价值 20 % 的开工预付款，用以支付施工前期的各项费用。

2. 期中支付。期中即指工程款在中间计量的基础上按月进行的支付，包括清单内支付和清单外支付。监理工程师在期中支付中暂预先支付已完工程款的 80%，在分项完工支付中对质量达到规定标准，相应资料齐全的工程项目，一次性支付剩余部分。

3. 最终支付。按合同文件规定，在"缺陷责任期终止证书"签发 28 天内，承包人应提供最终结算单，监理工程师依据其认可的交工计量结果及承包人提交的最终结算单，和业主提交最终支付汇兑表和最终支付凭单，用以确认合同最终支付总额。

第九条 支付方法

1. 开工预付款

根据合同专用条款，开工预付款分二次支付，第一次为签订了合同协议书并在承包人提交了开工预付款担保后十四天内，支付开工预付款金额的 50%；第二次为自监理工程师批准开工且施工单位报批的施工组织设计得以批准后，道路正式开工且工程已开始支付，支付开预付款的剩余 50%。

在工程支付达到合同金额的 30%时，开始按月回扣开工预付款至正常工程支付达到合同金额 80%时扣完。

2. 清单支付。

（1）将经监理工程师确认的每月完成的工程数量与工程量清单中相应的单价相乘，得出的金额作为该清单项目期中支付金额。

（2）对以"总额"为单位的清单项目，在工程开始前或初期，由承包人按所包含各工作内容的价值在该项目工程中的百分比拟定支付比例，报监理工程师审批，每月依据监理工程师批准的支付比例按形象进度进行工程款的支付。承包人未在规定的时间内提供拟定的支付比例，监理工程师有权对此工程项目相应的清单项目进行缓支。

（2）工程变更清单。依据工程变更管理工作程序办理。工程变更令中的变更清单视为工程量清单的修改和补充，监理工程师将依据变更清单中工程项目的数量和单价，按照清单支付办法进行支付。

（4）额外费用清单。依据监理工程师出具的经业主批准的索赔审批书，在期中支付按额外费用清单中的项目及单价进行计量支付。

（5）保留金。除开工预付款以外的任何费用支付，在办理支付的同时，扣留5%作为保留金。待"缺陷责任终止证书"签发后，保留金将在最终支付时按监理工程师依据有关合同条款确认的并得到业主核准的金额返还给承包人。

3. 监理扣缓支。根据合同规定，监理工程师有权对承包人提交支付申请中不符合支付条件的项目进行扣缓支。

第十条　关于工程变更

工程变更是指工程的形式、质量、数量和内容在原有设计和工程量清单基础上的任何变动（不含清单数量自然增减）。可分成施工变更和设计变更。

第十一条　设计变更管理。

1. 凡对原始设计文件的更改、变动、增减等均属设计变更范围，未经业主批准，任何单位和个人不得更改设计文件。

2. 设计变更管理程序

（1）变更设计通知单。凡业主和设计人提出的设计变更直接由业主发布"变更设计通知单"至总监办，总监办应在24小时内发至承包人；

（2）变更设计报告单。凡施工单位根据工程需要提出的合理变更设计要求，由施工单位填报"变更设计报告单"，报至驻地办。驻地办应在1日内转报总监办，总监办3日内完成初审并报项目管理办审批。项目办应在10日内组织有关部门完成对"设计变更报告单"的批复，并发布至总监办，总监办在24小时内发至承包人；

（3）设计变更通知单及报告单在签发或批复时均由业主确认费用是否变更，并确定变更费用的单价。

第十二条　施工变更管理

1. 施工变更提出。无论是业主、设计单位、施工单位、监理单位均可提出变更。业主提出工程变更，总监办依据业主的相关文件直接下发施工变更通知单；设计单位、总监办提出工程变更，应提供合规的文字材料，经业主审批后总监办下发工程变更通知单、承包人提出变更应先填报工程变更报告单上报驻地办，驻地办在 1 日内签署意见转报总监办，总监办在 3 日内完成审核报送业主，业主在 10 日内组织有关部门完成审批返回，总监办依此下发工程变更通知单。

2. 工程变更通知单。总监办在接到项目管理办有关工程变更的文件或批复后均在 24 小时内完成工程变更通知单的下发工作。

3. 变更费用管理。业主在发布工程变更文件或在变更文件的批复时均应确认费用是否变更，并确定变更费用的单价。

施工单位提出变更应随报告单附变更费用测算表，总监办审核后报业主批复。

第十三条 确定变更费用的原则

1. 审批权限。审核及批准的权限严格执行业主《工程变更与索赔管理办法》中四级分工授权负责制的规定。

2. 确定变更费用的原则

（1）采用工程量清单中相同或同类的项目单价；

（2）协商定价，工程量清单中未立项目由监理工程师定价，业主批准；

（3）参考现行的概、预算定额及取费标准确定单价；

（4）按有关票据计算定价。

第十四条 工程变更的执行

承包人在接到总监办签发的"工程变更通知"后应严格按照变更通知的要求组织施工；承包人在未接到书面"工程变更通知"之前，不得实施变更工程，否则，一切后果由擅自进行工程变更的责任人自负。计量工程师及驻地监理工程师应对承包人的变更工程的施工及涉及的工程数量进行严格的控制。当工程变更涉及总体施工进度计划和施工方案的修改时，总监办应及时督促承包人实施。

第十五条 紧急情况处理。当遇到工程发生紧急情况时或工程实施不能停止且需要进行工程变更时，项目管理办会同监理工程师可以联签书面现场指令，承包人据此实施。但是在现场指令发布 3 日内承包人应按变更正常程序完成变更的确认。

第十六条 工程变更令。当"工程变更通知单"中所确定的工作（如项目的变动、工程的实施与费用的审批）均已完成后，总监办应在 3 日内发布工程变更令。工程变更的相关文件作为变更令的附件。

第十七条 变更统计。为及时办理变更支付和使业主及时了解变更情况，承包人应在每月 25 日前向总监办提交月变更工程一览表，总监办应于 3 日内审查签署意见后送业主审批。

第十八条 工程变更的计量支付。变更工程计量按照工程计量支付管理办法的规定办理。

第十九条 关于索赔。费用索赔是承包人根据合同条款的有关规定，对并非自身原因造成其经济损失，通过监理工程师向业主索取的赔偿或补偿。

1. 索赔项目。承包人可以根据合同条款提出任何附加支付的索赔。

2. 索赔事件的发生。索赔事件发生后，承包人应及时通知监理工程师到现场。监理工程师应首先对事件以书面形式指示承包人采取有效的控制措施，确保损失降到最低限。

监理工程师在接到通知后应及时同项目管理办取得联系。并将接到通知的时间定为事件发生时。

3. 承包人提交索赔意向。索赔事件发生后，应在 7 日内将自己的索赔意向书面递交监理工程师并报送业主。承包人未能按时提交索赔意向视其为对索赔权利的放弃。

4. 索赔申请报告

（1）承包人应按照合同条款的规定，在索赔事件进行过程中向监理工程师提交索赔临时报告，说明索赔事件目前已达到的索赔款额和费用索赔的依据，承包人还应按监理工程师要求的合理间隔时间，及时提交说明累计索赔的理由、数量与资料。

（2）索赔意向批准后且在索赔事件结束后 3 日内，承包人必须向驻地监理工程师提交正式的"索赔申请报告"，并附所有相关文件资料。否则视为承包人对索赔权利的放弃。

（3）索赔申请报告的内容

①索赔申请依据的合同条款、理由；

②各项费用清单；

③索赔费用的金额；

④费用清单说明；

⑤与索赔事件有关的文件、原始证明资料；

⑥索赔申请报告表格（由监理确定合适的表格）。

5. 总监办评审。总监办组成专门的索赔评估小组对索赔项目进行考察，对索赔费用进行最终评审，7 日内报送项目管理办。

6. 评审报告的批准。接到评审报告后 10 日内项目管理办组织有关部门在业主的主持下完成审批工作。审核及批准的权限严格执行业主的《工程变更与索赔管理办法》中四级分工授权负责制的规定。经批准的报告将作为索赔费用支付的依据。

七、安全、环保及文明施工管理

第一条 为深入贯彻执行《中华人民共和国安全生产法》，落实"安全第一，预防为主"的方针，强化工程建设文明安全施工管理工作的制度化，规范化和程序化，确保职工的安全与健康、确保工程建设的顺利实施，依据国家，结合施工现场的具体情况，制定本办法。

第二条 本办法包括安保组织机构的设置，文明安全施工教育，文明安全施工教育，目标责任受理，施工现场场容管理，安全生产管理，施工现场保卫消防管理，环境保护环境卫生管理，交通安全管理等。

第三条 明确各级管理人员职责范围，建立健全责任制，建立和完善各种规章制度、办法和措施，要求制度、办法、措施上墙，便于监督检查。

第四条 各施工项目经理部，要结合本单位的实际情况加强对所属职工文明安全施工教育，学习有关安全生产的方针、政策、法律、法规和规章。学习安全操作规程和规范，提高全体人员的文明施工、安全施工意识，教育到位率达到100%。

第五条 对于新进入施工现场的临时施工人员，要严格执行有关部门规定的"三证管理"，即"身份证、做工证、暂住证"，严格三级安全教育，即："入场教育、班组教育、从事本岗位工作的教育"，教育情况有登记、有教育记录，有受教育本人签字，存档备查。在进行安全教育的同时，进行遵纪守法教育，特殊作业人员必须有从事原工种工作的安全教育记录，持有效证件上岗。

第六条 施工现场驻地要有明显的标识，有安全施工、文明施工的宣传标志、标牌、警示牌。要采用多种形式开展安全生产宣传教育活动，推广文明安全施工的好经验，好的管理方法。

第七条 文明安全施工的控制指标

1.施工、机电、压力容器伤亡事故指标为"零"；

2.交通、无重大人员伤亡事故，甲方责任指标为"零"；

3.工伤频率指标不超3‰；

4.治安、保卫、发案率指标为"零"；

5.火灾事故指标为"零"；

6.煤气中毒、食物中毒、伤亡为"零"；

7.环保、环卫无政府点名或新闻曝光指标为"零"；

8.无挖损地下电缆、文物、事故、指标为"零"。

第八条 凡发生控制指标内的事故和案件的施工单位，不得参加月和阶段考核评比工作，屡次发生重大事故和某件新闻曝光等造成严重影响的单位，依据合同文件有关规定处理。

第九条 各施工项目经理部要结合单位的情况，根据控制指标内容，层层签订文明安全施工责任书，责任书签订率必须达到100%。

第十条 工程施工必须严格执行《中华人民共和国安全生产法》和《公路工程施工安全技术规程》等国家法律和行业标准，严禁违规指挥，违章作业和违反劳动纪律的"三违"现象发生。

第十一条 严格做好施工过程中的安全技术交底工作，每项必交。做到与工程技术同交底、同验收、同考核。交底资料要齐全，归档备查。

第十二条 施工现场场容管理

1.施工现场用地必须以管理部门批准的工程建设用地范围为准，对市容和交通安全有影响的施工现场、生活驻地要进行围挡，设有安全警示标志。

2.施工现场大门内侧明显处应设置施工标牌，现场平面布置图和安全生产、保卫、消防、环境保护、文明施工制度板，标志牌应标明工程项目名称、建设单位、设计单位、施工单位、监理单位、项目经理和开、竣工日期及监理电话,工程管理人员应佩戴胸牌上岗。

3.现场及驻地搭建的临时设施应当符合安全,消防,保卫,环境保护,以及防疫和市容管理部门的规定,工程完成立即拆除,清理干净,恢复原貌。

4.施工现场的职工、临时工的生活设施符合卫生、通风、照明等要求。冬季取暖使用炉具安装要符合规定,有专人管理,定期检查,清理灰尘,防止火灾和煤气中毒事故发生。

第十三条 安全生产管理

1.各项目经理部要加强安全生产管理,严格执行国家、市政府、业主等有关安全的规定,杜绝各类事故的发生。施工中一旦发生事故,施工单位应采取紧急措施,进行全力抢救,把人员伤亡和事故损失降到最低程度,并派专人保护事故现场,及时上报项目管理办和业主有关领导。

2.施工现场应合理布置临时用电系统,配电室必须设置围栏,配有明显的安全警示标志,施工现场用电线路、用电设施的架设、安装使用必须符合规范要求。

3.施工现场使用的小型机电设备,电气焊等必须按规定配备有效地安全防护装置,要有安全操作规程和负责人。加强使用前检查和使用后的保管,做好防雨,防漏电工作。

4.在有高低压线路施工的作业现场,大型机械设备和运输车辆在进入现场前要做好勘察工作,确认安全无误后方可进入,杜绝触电事故的发生。

5.施工单位在施工时,对施工现场已探明的地上、地下各种通信设施应采取措施加以保护。施工时如发现未探明地下电缆管线、文物、古化石、爆炸物等应保护好现场,并及时向上级主管部门报告,待处理再进行施工。

6.施工现场所使用的各种材料和料具要加强保护和管理,使用前核实清楚,使用后有专人管理,码放整齐,场地干净,废旧材料及时清理,远离火源,做好防雨和保护工作。

7.工作人员进入现场后必须按规定配备各种安全防护用品。防护用品不得随便移为它用,严禁违章使用。

8.各项目经理部的主管安保工作的经理和专职人员,必须加强本项目工地的自检自查工作,做到勤检查,勤监督,发现问题及时处理,将隐患和事故苗头消灭在萌芽状态之中,杜绝各类事故的发生。坚持每日填写检查记录及问题和事故隐患的处理结果。

第十四条 施工现场保卫消防管理

1.加强施工现场和驻地的值班巡逻,严格执行领导带班制度,遇有重大活动、节、假日,领导不得擅自离开岗位,不允许请假。要建立值班记录,有值班联系人,有值班电话。值班人员要认真负责,具有及时处理突发事件的能力。

2.要加强汉安巡逻人员的管理,严格管理制度,坚守岗位,认真负责,做好防盗防抢防火等项工作。

3.加强全员防火安全教育,提高防火意识,杜绝火灾事故的发生。施工工地灭火器材的配备,要根据规定,配齐各种型号的灭火器材,经常检查保持灵敏有效。灭火器材的存放，要防雨防晒，有固定地点不能擅自挪为他用。

4. 施工现场和生活驻地内的用火，要执行用火证制度。用火证要有用火工作种类，用火地点、使用人、保管人。项目经理部要有用火数量统计，存档备查。

第十五条　环境保护管理

1. 施工单位要遵守有关环境保护的法律、法规、规章和规定，采取切实有效措施控制现场的扬尘、噪声，消除固体废物、污水对环境的污染。

2. 对施工中机械设备产生的噪声要采取有效措施，坚持文明施工，做到便民、利民、不扰民。

第十六条　环境卫生管理

1. 施工现场和生活区内的环境卫生管理工作责任要落实到人，定期进行检查及抽查，有文字记录，有整改意见有处理结果。

2. 施工现场要整齐、干净。施工材料分类码放，废旧材料集中堆放，杂物杂草及时清理。

3. 生活区院落内要平整，办公室、会议室、宿舍要做到整齐清洁。生活垃圾集中堆放，定期运送到垃圾消纳场，严禁随意泼洒污水弃污物，做好灭蚊、灭蝇、灭鼠工作，防止疾病的传播。要建立卫生责任区制度，定期打扫清理、定期检查。

4. 食堂要严格执行卫管理制度，炊事员必须有健康证，持证上岗。食堂用具要经常清洗，保持卫生清洁，防止食物中毒，身体健康。

第十七条　交通安全管理

1. 施工单位要加强自有车辆的安全管理，加强司机的安全教育，认真遵守交通法规，减少违章，杜绝事故发生。

2. 驾驶员要有固定的学习时间，不断提高他们安全行车意识，坚决杜绝酒后驾车和疲劳开车。要关心他们的生活，要安排好休息，解决后顾之忧，确保行车安全。

第十八条　安全文明施工资料管理

安全文明施工的安全工作原始记录须齐全，会有记录、大会出纪要、培训学习有签到、检查有报告、事故有处理结果，安全工作必须内业资料齐全。

第十九条　安全管理与监理的安全责任

1. 工程监理单位和监理工程师应当依据法律、法规和工程建设强制性标准实施监理，并对工程安全承担监理责任。

2. 工程监理审查施工组织设计中认真审查其中的安全技术措施或专项方案中安全措施是否到位，是否符合强制性标准。

3. 工程监理在实施监理过程中，发现安全隐患应要求施工单位整改，并向上级报告。问题严重的令停工整改，施工单位不得推不执行。

第二十条　施工单位的安全责任

1. 施工单位主要负责人依法对本单位安全生产工作全面负责。

2. 施工单位应建立健全安全生产责任制度、生产教育培训制度、制定生产规章制度和操作规程，保证安全需资金投入，定期和不定期进行安全检查，并做好原始记录工作。

3. 施工单位应建立安全生产管理机构，配备专门安全管理人员，专门从事安全管理工作，施工管理人员应人人管理，人人有安全责任。

4. 实行总承包的由总承包单位对施工现场安全负责。

5. 施工单位应依据国务院 393 号令和分局安全生产管理制度规定作为工作。

6. 监理工程师和项目管理办人员均应实行人人管生产，人人管安全机制，人人均须做好安全工作，人人有安全责任。

八、工程交工验收管理

第一条 为严格执行基本建设程序，保证工程质量，依据交通部颁发的《公路工程竣工验收办法》和相关规定，制定本办法。

第二条 由业主成立交工验收领导小组，负责交工验收的领导工作。

第三条 由业主及设计单位、施工单位、监理单位、监督单位、养护管理单位等部门组成交工验收组。

第四条 交工验收组在业主验收领导小组的指导下开展工作。交工验收由业主负责组织完成。

第五条 施工单位提交交工验收申请报告

1. 施工单位应抓紧进行收尾工程，在确保基本完成合同规定的工程内容且质量符合合同规定标准，并经监理验收确认后，通过驻地办向总监办提出交工验收申请报告。当受客观条件限制，无法完成合同规定的全部工程内容，但已完成合同规定的主要工程内容，且基本满足使用功能要求时，经监理工程师同意，也可以提出交工申请报告。

2. 施工单位应填写交工验收申请单，后附交工验收申请报告。交工验收申请报告的主要内容包括：合同工程概况、施工组织情况、工程质量评价及其工程缺陷或问题、未完工程及缺陷责任期工作计划。

（1）合同工程概况：合同工程名称；起止点桩号；结构物数量；道路和桥梁的设计标准；道路结构型式、面积，未完工程项目名称和数量等，并填写工程交接表。

（2）施工组织情况：承建单位名称；合同工期；工程开工日期、完工日期；主要施工组织部署和施工过程描述；质量保证体系、质量控制措施、质量控制活动描述；施工过程中出现的质量问题及其处理情况；质量自检和质量评价过程描述；资料整理情况等。

（3）工程质量评价：单位、分部、分项工程划分及数量；单位、分部、分项工程质量评定等级；分项工程合格率和优良品率；工程有无功能缺陷和质量缺陷，对功能缺陷和质量缺陷的解决方案等，并填写质量检验评定表和工程缺陷一览表。

（4）未完工程及缺陷责任期工作计划：详细阐明未完工程名称、部位、原因、数量以及实施计划、实施方案，并填写未完工程一览表。

第六条 监理单位组织工程初验检查

监理单位在接到施工单位提交的《交工验收申请》后，应立即组织对工程交工报告的审查和实地验收工作，对不符合合同要求的项目，下发《工程整改通知单》，要求限期整改，并结合整改结果，在《交工验收申请》上签署交工意见。

第七条 各项初验收合格后，项目管理办向质量监督部门申请核验。核验由监督部门组织进行，按《公路工程竣工验收办法》，中华人民共和国交通部第 3 号令关于公路工程竣（交）工验收办法执行。

第八条 项目管理办组织养护管理单位进行交工初验

项目管理办在接到监理单位提交的初验报告后，将及时约请业主和养护单位对已完工程进行全面检查。并根据检查结果发出整改通知，要求施工单位限期整改。整改达标后，项目管理办邀请设计、监理、质量监督、接管养护等单位进行初验。

第九条 业主主持召开交工验收会。在交工验收会中，交工验收小组主要工作有：

1. 听取和审议设计单位关于工程设计的情况报告。

2. 听取和审议施工单位关于工程施工情况的报告。

3. 听取和审议监理单位关于工程监理（含变更设计）情况的报告。

4. 听取质量监督部门关于工程质量检验评定情况的报告。

5. 实地察看工程实体是否符合设计要求和质量标准。

6. 检验施工单位编制的竣工文件是否齐全、合规。

7. 提出交工验收评估报告。

第十条 举行交工验收仪式，签署交工验收证书。

第五节 公路施工准备

公路工程的一些项目在使用中，会随着时间的延续产生不可避免的损耗，如路面在行车荷载下产生轻微变形、车辙、磨损，就必须及时养护、整修，才能维持正常使用效能，延长使用寿命。公路工程对各个工程项目都制定有相应的养护规范。忽视养护，损坏严重才进行补救，造成的损失往往更大。

一、施工现场准备

施工单位接到中标通知后，与业主进行合同签订的同时，开始施工现场准备工作，施工现场准备工作主要应做好以下几项工作：

1. 复查和了解现场

复查和了解现场的地形、地质、文化、气象、水源、电源、料源或料场、交通运输、通信联络以及城镇建设规划、农田水利设施、环境保护等有关情况。

对于扩（改）建工程，应将拟保留的原有通信、供电、供水、供暖、供油、排水沟管等地下设施复查清楚，在施工中要采取保护措施，防止损坏。

2. 确定工地范围

施工单位应根据施工图纸和施工临时需要确定工地范围，及在此范围内有多少土地，哪些是永久占地、哪些是临时占地，并与地方有关人员到现场一一核实（是荒地或是良田、果园等）、绘出地界、设立标志。

3. 清除现场障碍

施工现场范围内的障碍如建筑物、坟墓、暗穴、水井、各种管线、道路、灌溉渠道、民房等必须拆除或改建，以利施工的全面展开。

4. 办妥有关手续

上述占地、移民和障碍物的拆迁等都必须事先与有关部门协商，办妥一切手续后方可进行。

5. 做好现场规划

施工单位按照施工总平面图搭设工棚、仓库、加工厂和预制厂；安装供水管线、架设供电和通信线路；设置料场、车场、搅拌站；修筑临时道路和临时排水设施等。在有洪水威胁的地区，防洪设施应在汛期前完成。

6. 道路安全畅通

道路施工需要许多大型的车辆机械和设备，原有道路及桥涵能否承受此种重载，需要进行调查、验算，不合要求的应作加宽或加固处理，保证道路安全畅通。

二、劳力、机具备和材料准备

1. 劳力

道路施工需要大量劳动力，而且时间相对集中，因此，开工前落实劳力来源，按计划适时组织进（退）场，是顺利开展施工、按期完成任务、避免停工或窝工浪费的重要条件之一。

目前公路工程施工劳力多为民工，组织民工队伍时做好以下工作：

（1）要注重素质。民工素质直接影响工程质量，民工队伍素质审查要严把"四关"，即政治素质、道德纪律、身体条件和技术水平四个方面。政治素质：主要看参加施工的动机，要有为社会主义建设做贡献、尽义务的意识，一切朝钱看的施工队伍是难以圆满完成任务的；道德纪律：主要看民工队伍的精神面貌、组织纪律性，要求是一支能吃苦耐劳、有组织、守纪律、过得硬、有领导的队伍；身体条件：道路工程施工劳动强度很大，作业时间长，有时要发扬连续作战的精神，没有健康的体格是难以完成任务的，故要选身强力壮以中年为主的队伍；技术水平：应选择参加过公路工程施工的队伍，他们中有相对稳定的作业手、泥瓦工、木工、电工等技术工人，具有一定的独立施工能力。

（2）要注重教育。教育是先导，只有适时耐心的教育，才能使民工队伍的素质不断提高。教育内容要有针对性，包括：改革开放政策与形势教育、法制教育、作风纪律教育、文化技术教育等。特别是在开工前，对进场民工要进行集中教育。要把工程建设的意义、任务情况、质量要求、效益情况交代给大家，使大家心中有数。从而感到工程施工责任重大、任务光荣、效益不错，从而安下心来，积极热情地投入施工。

（3）签订好施工合同。在市场经济条件下，民工参加工程建设，希望获得好的经济效益是无可非议的。要使民工安心施工，把精力集中到工程质量上来，必须按经济规律办事，改过去的任务分配制为合同制。合同内容应包含人员数量、工程数量、取费标准、质量标准、奖罚标准、施工进度、安全施工等方面。

2. 机具设备

公路工程施工需要大量的机械设备和运输车辆，其中大、中型机械设备和运输车辆更是施工的主力。在以往施工时，常因某一关键机械（或设备、车辆）跟不上而严重影响施工，造成很大浪费。这种现象多为准备工作不充分或计划不落实所致。因此，施工单位根据现有装备的数量、质量情况和周密的计划，分期分批地组织进场。其中需要维修、租赁和购置的，应按计划落实，并要适当留有备份，以保证施工的需要。

3. 材料

公路工程施工需要大量材料，除水泥、木材、钢材、沥青等主要外购材料外，还有砂、石、石灰等大宗的地方材料，材料费占到工程总费用的三分之二左右，因此，其费用高低直接关系到工程造价。同时，材料的品质、数量以及能否及时供应也是决定工程质量和工期的重要环节。材料准备工作的要点是：品质合格、数量充足、价格低廉、运输方便、不误使用。在保证材料品质的前提下，本着就地取材的原则，广泛调查料源、价格、运输道路、工具和费用等，做好技术经济比较，择优选用，同时根据使用计划组织进场，力争节省投资。

三、技术准备

1. 熟悉图纸资料和有关文件

施工单位接受工程任务后，应全面熟悉施工图纸、资料和有关文件，参加业主工程主管部门或建设单位组织的设计交底和图纸会审并做好记录。

（1）设计图纸是施工的依据，施工单位和全体施工人员必须按图施工，未经业主和监理工程师同意，施工单位和施工人员无权修改设计图纸，更不能没有设计图纸就擅自施工。

（2）施工单位应组织有关人员对施工图纸和资料进行学习和自审，做到心中有数，如有疑问或发现差错应在设计交底和图纸会审中提出，请上级给予解答。

（3）设计交底和图纸会审中，着重要解决以下几个问题：

①设计依据与施工现场的实际情况是否一致。

②设计中所提出的工程材料、施工工艺的特殊要求，施工单位能否实现和解决。

③设计能否满足工程质量及安全要求，是否符合国家和有关规范、标准。

④施工图纸中土建及其他专业（水、电、通信、供油等）的相互之间有无矛盾，图纸及说明是否齐全。

⑤图纸上的尺寸、高程、轴线、预留孔（洞）、预埋件和工程量的计算有无差错、遗漏和矛盾。

2. 施工组织设计

根据设计文件、现场条件，各单位工程的施工程序及相互关系，工期要求以及有关定额等编制施工组织设计。

施工总平面图是施工组织设计中的重要组成部分，实践证明：其布局合理与否，不仅直接关系到是否便于施工，而且对工程造价、工期、质量，乃至与当地关系等方面都会产生很大的影响，因此，必须做好该项工作。

施工总平面的布局应符合下列要求：

（1）应与现场的地物地貌相结合，做到布局合理、工程量少、便于施工及使用。

（2）各项临时工程设施应尽可能与永久工程相结合，尽量不占或少占耕地，不应早占或占而不用，以便减少投资和节约用地。

（3）临时排水、防洪设施，不得损害邻近的永久性建（构）筑物的地基与基础、挖（填）方区边坡以及当地的农田、水利设施等。

3. 技术交底

施工单位应根据设计文件和施工组织设计，逐级做好技术交底工作。

技术交底是施工单位把设计要求、施工技术要求和质量标准贯彻到基层以至现场工作人员的有效方法，是技术管理工作中的一个重要环节。它通常包括施工图纸交底、施工技术措施义底以及安全技术交底等。这项交底工作分别由高一级技术负责人、单位工程负责人、施工队长、作业班组长逐级组织进行。

施工组织设计一般先由施工单位总工程师负责向参加施工的班组长和作业人员交底，并认真讨论贯彻落实。

4. 技术保障

对于施工难度大、技术要求高以及首次采用新技术、新工艺、新材料的工程、施工单位应根据工程特点，结合本单位的技术状况，制定相应的技术保障措施，做好技术培训工作，必要时应先行试点，取得经验并经监理单位批准后推广。确保工程质量的措施：

（1）具体质量目标

本标段工程质量一次验收优良率100%，不允许出现不合格工程，坚决杜绝不合格项目，不论是自检，还是业主监理的中检、抽检、终检、任务时候都达到100%的优良率，率取良好的信誉。

（2）质量控制机构和创优规划

质量管理领导小组是整个工程质量管理的最高领导机构，由项目总经理、总工程师、副经理、质检部长、实验室主任、工程管理部长组成，制定整个合同段工程质量创优规划、方针、措施。各施工队分别设质量管理现场领导组，由施工部长、质检部长、工程部长、主任工程师组成。质检部和试验室专职抓现场质量管理。施工队一级的质量管理机构在项目经理部质量管理小组领导下，制订本工段施工区段的创优措施，质量实施计划，并重在现场落实。施工队所属各施工班组根据自己的创优任务，拟定项目工程具体的分项实施计划，责任到人，严格要求，全员全过程质量控制。

（3）强化质量意识，健全规章制度

①建立施工组织设计审批制度

施工组织设计必须有项目经理、副经理、项目工程师、安全员、材料员、监理工程师等的签字。

施工组织设计必须在工程实施前15天报监理工程师和工程部，由工程管理部主任工程师审核后报总工程师审批。

施工组织设计必须经各级审批并最后由监理工程师审批后，并且按审批意见进行修改完善，方可进行施工。

②技术复核、隐蔽工程验收制度。

技术复核应在施工组织设计中编制技术复核计划，明确复核内容、部位、复核人员及复核方法。

公路工程技术复核。

技术复核结果应填写《分部分项工程技术复核记录》，作为施工技术资料归档。

凡分项工程的施工结果被后道施工所覆盖，均应进行隐蔽工作验收。隐蔽验收的结果必须填写《隐蔽工程验收记录》。

③技术、质量交底制度

技术、质量的交底工作是施工过程基础管理中一项不可缺少的重要工作内容，交底必须采用书面签证确认形式，具体可分以下几方面：

项目经理必须组织项目部全体人员对图纸进行认真学习，并同设计代表联系进行设计交底。

施工组织设计编制完毕并送业主和总监审批确认后，由项目经理牵头，项目工程师组织全体人员认真学习施工方案，并进行技术、质量、安全书面交底，列出关键分部工程和施工要点。

本着谁负责施工谁负责质量、安全工作的原则，各分管分项工程负责人在安排施工任务同时，必须对施工班组进行书面技术质量、安全交底，必须做到交底不明确不上岗，不签证不上岗。

④二级验收及分部分项质量评定制度

分项工程施工过程中，各分管负责人必须督促班组做好自检工作，确保当天问题当天整改完毕。

分项工程施工完毕后，各分管负责人必须及时组织班组进行分项工程质量评定工作，并填写分项工程质量评定表交施工队长确认，最终评定由项目经理部的质检部专职质量员检定。

项目经理部每月组织一次施工队之间的质量互检，并进行质量讲评。

质检部对每个项目进行不定期抽样检查，发现问题以书面形式发出限期整改指令单，项目施工队负责在指定期限内将整改情况以书面形式反馈到质检部。

⑤现场材料质量管理

严格控制外加工、采购材料的质量。

各种地方材料、外购材料到现场后必须由质检部和材料部有关人员进行抽样检查，发现问题立即与供货商联系，直到退货。

搞好原材料二次复试取样、送样工作。

水泥必须取样进行物理试验：钢筋原材料必须取样进行物理试验，有效期超过三个月的水泥必须重新取样进行物理试验，合格后方可使用。

⑥计量器具管理

工程管理部和中心试验室负责所有计量器材的鉴定、督促及管理工作。

现场计量管理器具必须确定专人保管、专人使用。他人不得随意动用，以免造成人为的损坏。

损坏的计量器必须及时申报修理调换，不得带病工作。

计量器具要定期进行校对、鉴定；严禁使用未经核对过的量具。

⑦工程质量奖罚制度

遵循"谁施工、谁负责"的原则，对各施工队，班组进行全面质量管理和追踪管理。

凡各施工队、班组、包工队在施工过程中违反操作规程，不按图施工，屡教不改或发生了质量问题，项目部有权对其进行处罚，处罚形式为整改停工，罚款直至赶出本工地。

凡各施工队、班组在施工过程中，按图施工，质量优良且达到优质，项目部对其进行奖励，奖励形式为表扬、表彰、奖金。

项目部在实施奖罚时，以平常检查、抽查、业主大检查、监理工程师评价等形式作为依据。

（4）分部分项工程质量控制

①路基土方施工质量控制

路基填筑严格按照试验段试验结果并经监理工程师批准的数据和填筑工艺组织施工。路基施工中除保证达到规范要求压实度外，还要达到层层找平，即每层均有一定的平整度，每层都要有路拱，随时阻止雨水聚积，影响填方质量。对路基填料随时检测含水量，偏低时洒水，偏高时晾晒，保证碾压时达到最佳含水量。路堤基底未经监理工程师验收，不得开始填筑，下一层填土未经工程师检验合格，上一层填土不得进行。

斜坡上填筑路基时，原地挖成台阶，台阶宽度不小于1m，用小型压路机加以压实。

每层填料铺设的宽度，每侧应超出路堤的设计宽度30cm，以保证修整路基边坡后的路缘有足够的压实度。

路堑开挖，无论是人工或机械作业，必须严格控制路基设计宽度，若有超挖，应用与挖方相同的土壤填补，并压实至规定要求的密实压，如不能达到规定要求，应用合适的筑路材料补填压实。

桥台背后、管涵两侧与顶部、锥坡与挡土墙等构造物背后的填土均应分层压实，每层压实的松铺厚度不宜超过20cm。拱涵两侧的填土与压实和桥台背后与锥坡的填土与压实，均应对称地或同步进行。由于工作面限制和构造物受压影响，应尽量采用小型手扶式振动压路机，拱涵顶部50cm内须采用轻型静力压路机压实，以符合规定的压实度为准。

②路基排水工程质量控制

边沟、截水沟、急流槽等排水设施的位置、断面、尺寸、坡度、标高及使用材料严格遵照设计图纸要求。

边沟线型美观，直线线形顺直，曲线圆滑。

砌体砂浆配比正确，砌筑紧密，嵌缝饱满、密实，勾缝平顺无剥落，缝宽一致。

沟槽开挖后即时平整夯拍密实，如土质干燥须洒水湿润，遇有空洞陷穴，应堵塞夯实。水泥砂浆随拌随用，砌筑完后注意养生，砌筑过程中随时注意沟底沟壁的平整坚实，砂浆要饱满，无空隙松动。

③护面墙和挡土墙质量控制措施

严格挂线施工，保证护面墙坡面平整、密实、线型顺适。

浆砌砌体紧密、错缝，严禁通缝、叠砌和浮塞。

为排水所设置的汇水孔位置应有利于泄水流向路侧边沟或排水沟并保持其畅通。

砌石工程材料符合《公路路基施工技术规范（JTJ033-95）》和招标文件要求。

④桥梁基础质量控制

基坑开挖应避免超挖，已经超挖或松动部分，应将松动部分予以清除。挖至标高后不得长时间暴露、扰动或浸泡，而削弱其承载能力。挖至接近标高时。

保留10～20cm一层（俗称最后一锹工）在基础施工前以人工突击挖除，并迅速检验，随即进行基础施工。

⑤墩台施工质量控制

墩台的钢模板具有足够的强度、刚度和稳定性，可承受施工中可能产生的各项荷载，保证结构物各部尺寸、形状准确。桥台模板基本使用大尺寸钢模，板面平整，接缝严密不漏浆。

浇注墩台混凝土施工中，严格控制技术标准，切实保证混凝土的配合比、水灰比和坍落度等指标要求。

⑥空心板、矩型板质量控制

浇筑预制大梁的场地，必须平整、坚实、避免低洼、积水。

浇筑预制大梁的模板尺寸、垫块、钢筋位置和预埋件的固定，均经检查符合设计、施工要求后，方可进行浇筑，并在浇筑过程中随时复查，防止跑模。

每块大梁的混凝土均一次浇筑完成，不得中途间断。

采用附着式振动器和插入式振捣棒组合振捣密实。

及时进行养护。

（5）保证工期的主要措施

为使该项目能以"四个一流"的标准按期完成，尽早发挥投资效益，主要采取下列措施：

①指挥机构迅速成立及时到位

为加快本合同的建设，公司将成立有力的合同段项目经理，对内指挥施工生产，对外负责同履行及协调联络。经理部主要成员已经确定，一旦中标，即可迅速到位行使职能。

②施工力量迅速进场

实施本合同的施工队伍已选定，目前已开始熟悉投标图纸，中标后即可迅速进场，进行施工准备。机械设备将随同施工队伍迅速抵达，确保主体工程按时（或提前）开工。

③施工准备抓早抓紧

尽快做好施工准备工作，认真复核图纸，进一步完善施工组织设计，落实重大施工方案，积极配合业主及有关单位办理征地拆迁手续。主动疏通地方关系，取得地方政府及有关部门的支持，施工中遇到问题影响进度时，将统筹安排，及时调整，确保总体工期。

④施工组织不断优化

以投标的施工组织进度和工期要求为据，及时完善施工组织设计，落实施工方案，报监理工程师审批。根据施工情况变化，不断进行设计、优化，使工序衔接，劳动力组织、机具设备、工期安排等有利于施工生产。

⑤施工调度高效运转

⑥建立从经理部到各施工处的调度指挥系统，全面、及时掌握并迅速、准确地处理影响施工进度的各种问题。对工程交叉和施工干扰应加强指挥和协调，对重大关键问题超前研究，制定措施，及时调整工序和调动人、财、物、机，保证工程的连续性和均衡性。

⑦强化施工管理严明劳动纪律，对劳动力实行动态管理，优化组合，使作业专业化、正规化。

⑧实行内部经济承包责任制。既重包又重管，使责任和效益挂钩，个人利益和完成工作量挂钩，做到多劳多得，调动施工队，个人的积极性和创造性。

⑨安排好冬、雨季的施工

根据当地气象、水文资料，有预见性地调整各项工作的施工顺序，并用好预防工作，使工程能有序和不间断地进行。

⑩加强机械设备管理

切实做到加强机械设备的检修和维修工作，配齐维修人员，配足常用配件，确保机械正常运转，对主要工序要储备一定的备用机械，确保机械化施工顺利进行。

⑪确保劳力充足，高效

根据工程需要，配备充足的技术人员和技术工人，并采用各项措施，提高劳动者技术素质和工作效率。

5.冬雨季施工及农忙季节的工作安排

（1）雨季施工

雨季施工时，路基施工要做好排水工作；桥涵施工中注意钢筋的锈蚀及模板和支架的变形、下沉，做好水泥等材料的保管工作。

①施工前的准备

雨季施工前应做好下列准备工作：

对选择的雨季施工地段进行详细的现场调查研究，编制实施性的雨季施工组织计划；

对施工便道保证晴雨畅通；

住地、仓库、车辆机具停放场地、生产设施都应设在最高洪水位以上地点，并应与泥石流沟槽冲积堆保持一定的安全距离。

修建临时排水设施，保证雨季作业的场地不被洪水淹没并能及时排除地面水；

贮备足够的工程材料和生活物资。

②施工

a.路堤填筑

场地处理：在填筑路堤前，应在填方坡脚以外挖掘排水沟，保持场地不积水。如果原地面松软，还应采取换填等措施进行处理。

填料选择：在路堤填筑时，应选用透水性好的碎石土、卵石土、沙砾、石方碎渣和砂类土作为填料。利用挖方工作填方时，应随挖随填及时压实。含水量过大无法晾干的土不得用作雨季施工填料。

填筑方法：路堤应分层填筑。每一层的表面，应做成2%～4%的排水横坡。当天填筑的土层应当天完成压实。防止表面积水和渗水，将路基浸软。如需借土填筑时，取土坑距离填方坡脚不宜小于3m，平原区顺路基纵向取土时，取土坑深度不宜大于1m。

路床排水：路堤填筑完成后，为防止路床积水，应在路肩处每隔5～10m挖一道横向排水沟，将雨水排出路床。

b.路堑开挖

场地处理。路堑开挖前在路堑过坡顶2m以处修筑截水沟，并做好防漏处理。截水沟应接通出水口。

土方开挖方法：雨季开挖路堑宜分层开挖，每挖一层均应设置排水纵横坡。挖方边坡不宜一次挖到设计位置，应沿坡面留 30cm 厚。待雨季过后再整修到设计坡度。以挖作填的挖方应随挖、随运、随填。开挖路堑至路床设计标高以上 30～50m 时应停止开挖，并在两侧挖排水沟。待雨季过后再挖到路床设计标高后压实。如果土的强度低于规定要求时，应超挖 50cm，并用粒料分层回填并按路床要求压实。

石方开挖方法：雨季开挖石路堑，炮眼应尽量水平设置，以免炸药受潮发生瞎炮。边坡应按设计坡度自上而下层层刷坡，并应随时核对其坡度是否合乎设计要求，使边坡在雨水冲刷时，能保持稳定。应尽量利用挖出的石渣，石渣必须废弃时，弃土堆应符合规定要求。

弃土堆：雨季施工开挖路堑的弃土要远离路堑边坡坡顶堆放。弃土堆高度一般不应大于 3m。弃土堆坡脚到路堑边坡顶的距离一般不应小于 3m，深路堑或松软地带应保持 5m 以上。弃土堆应摊开整平，严禁把弃土堆放在路堑边坡顶上。

③注意事项

雨季期间安排计划，应根据施工现场情况，对因雨易翻浆地段优先安排施工。对地下水丰富及地形低洼处等不良地段，优先施工的同时，还应集中人力、机具，采取分段突击的方法，完成一段再开一段，切忌在全线大挖大填。

施工坚持"两及时"，即遇雨要及时检查，发现路基积水尽快排除；雨后及时检查，发现翻浆要彻底处理，挖出全部软泥，大片翻浆地段尽量利用推土机等机械铲除，小片翻浆相距较近时，应一次挖能处理。填筑透水性好的砂石材料并压实。

（2）农忙季节的工作安排

合理安排各施工项目的劳动力，将需要劳力少的项目和工序排在农忙季节，尽量雇用不受农忙干扰的长期劳力工和临时工，同时考虑提前留有足够的机动劳力，补充受影响工序等。

（3）冬季施工安排

根据本标段的气候、地理情况，冬季较长，为节省工期，合理安排工程进度，冬季也安排部分项目的施工作业。主要有以下几方面：

①利用冬季水位较低的条件，安排构造物基础开挖和防护工程基础开挖，以及在河滩地段备沙砾料等。

②开挖路堑或使用开炸的石方作填石路基。

③清理施工场地，并做好已完工程的防冻工作。

6. 文明施工和环保的措施

为合同段工程建成一条环境优美的公路。在施工中尽量最大限度维护原来的地貌地形，保持原来的生态环境，在施工中，从以下几个方面加强施工管理：

（1）现场布置

根据场地实际情况合理地进行布置，设施设备按现场布置图规定设置存放，并随施工基础、下部、上部等不同阶段进行场地布置和调整，最大限度地减少耕地占用。

（2）道路和场地

工区内道路通畅、平坦、整洁，不乱堆乱放，无散落物；场地平整不积水，排水成系统，并畅通不堵；施工废料集中堆放，及时处理。

（3）材料堆放

砂石分类堆放成方，砌体料归类成垛，堆放整齐。

（4）周转设备存放

施工钢模、机具、器材等集中堆放整齐。专用钢模成套放置，专用钢模及零配件、脚手扣件分类分规格，集中存放。

（5）水泥库

袋装、散装不混放，分清标号，堆放整齐，目能成数。有制度、有规定，专人管理，限额发放，分类插标挂牌，记载齐全而正确，牌物账相符，库容整洁。

（6）构、配件及特殊材料

砼构件分类、分型、分规格堆放整齐。空心板存放要注意地基承载处理和支垫点正确稳定。钢材、钢绞线分类集中堆放整齐。锚具、支座、垫板、预埋件等分门别类妥善保管。

（7）消除施工污染

场地废料、土石弃方处理，应按设计要求，按监理工程师指定地点处理，防止水土流失，尽量减少对周围绿化的影响和破坏。施工废水、生活污水不得污染水源、耕地、农田、灌溉渠道，采用渗井或其他措施处理，工地垃圾及时运到指定地点。清洗集料，机具或含有油污的操作用水，采用过滤的方法或沉淀池处理，使生态环境受损降到最低程序。

四、质量保证体系

质量是生命——是单位生存、发展之本，更是公司全体员工各自工作岗位上，始终坚守的信念，并在实施全过程中落实，确保该合同的顺利实施，确保高速公路的高质量管理体系的实施。

1.具体质量目标——争创国优，誓夺"优良工程"。

本标段质量一次验收优良率100%，不允许出现评价不合格工程，坚决杜绝不合格项目，不论是自检，还是业主、监理工程师的中检、抽检、终检，任何时间都要达到100%的优良率，必须都要达到部优标准，争创国优，誓夺"优良工程"。

2.总则

（1）认真落实《公路工程施工企业质量自检体系管理暂行规定》，严格贯彻执行《高速公路建设工程优质优价实施办法》。

（2）整个工程及分项、分部工程按施工规定施工，按《施工监理程序和实施细则》进行检查。

①质量领导组定期抽查。

②质检部配合驻地监理人员对分项、分部工程的检验和自检，起以作用。

（3）质量工程依据设计文件要求，交通部颁发的施工技术规程、规范、质量检查、验收标准，做到严格认真、准确及时，真实可靠、系统达标。

（4）质量指标以数据校评来起到把关，指导作用，并实行奖罚制度。

3. 质量控制机构和创优规划

工程质量的优劣是关系到工程运营生产的百年大计的问题，也是关系到施工承包企业生死存亡、能否在市场竞争中取得胜利的根本问题，作为工程施工的承包商和项目经理，应该从领导和决策方面，以战略的眼光看待这一问题，为此公司特建立质量保证体系附后，实施项目经理负责制。

质量管理领导小组是整个工程质量管理的最高领导机构，由项目总经理、总工程师、副经理、质检部长、实验室主任、工程管理部长组成，制定整个合同段工程质量分创优规划、方针、措施。

各施工队分别设质量管理现场领导组，由施工队长、质检科长、工程科长、主任工程师组成。质检科和试验室专职抓现场质量管理。施工队一级的质量管理机构在项目经理部质量管理小组领导下，制订本工段施工区段的创优措施，质量实施计划，并重在现场落实。施工队所属各施工班组根据自己的创优任务，拟定项目工程具体的分项实施计划，责任到人，严格要求，全员全过程质量控制。对各段的施工难点、关键工序进行分析，选定有关课题，成立 QC 小组科学指导施工，积极推广新技术、新工艺、新材料，为质量全优的目标共同努力。

建立一系列责任制度，包括项目经理质量责任制、总工程质量责任制、质检工程师责任制、试验人员责任制、测量人员责任制、生产班长责任制、操作人员责任制，施行每个管理员、操作人员都同工程质量紧密联系，到全员质量控制。针对施工过程、内容、程度制定不同的制度，严格执行施工组织设计审批制度、技术质量交底制度、工序交接制度、技术复核、隐蔽工程验收制度、二级验收及分部分项质量评定制度、现场材料质量管理制度，并作业人员坚持定期质量教育和考核。施工前组织人员，对照工地实际情况，细致复核图纸，发现问题与工程师取得联系，要工程师的指导下，即实行开工报告审批制、工地实验检测制、分阶段技术交底制、定期与日常质量教育检查制，并严格招待工程质量奖罚制度。

项目经理部建立严格的质量检查组织机构（机构图附后）全力支持和充分发挥质检机构人员的作用。主动接受监理工程师的监督和帮助，积极为监理工程师的生活提供和创造便利的条件。

4. 项目质量管理

保证质量，重点是操作、控制上下功夫，必须严格履行下列程序：

（1）奠定良好的质量管理基础，狠抓工程技术工作。

工程技术工作以招标文件和合同规范和图纸为依据，参照工程量清单，制订相应的技术管理制度,做好施工组织设计,采用先进合理的施工工艺和技术,以保证质量目标的实现。

①熟悉合同条件中有关技术和质量要求和条款,有关这方面的合同条款,要做到了如指掌,严格遵照执行。

②熟悉设计图纸并建立审核把关制度,领会设计意图,对图示各结构以及轴位尺寸标高必须一一验证,并与实地核对,做到准确无误,以免出现缺陷返工浪费。

③熟悉并掌握施工技术规范和质量验收标准,施工承包合同中的技术规范和质量标准是提高工程技术管理的重要依据,该技术规范包括了工程项目规范和范围、施工工艺和方法、材料及设备的性能与指标,对施工过程起着指导的制约作用。

④做好施工组织与技术设计工作,指导施工进度。同时选择有技术性专业的精兵强将,采用高、先进技术和现代化的电脑管理手段,使人员和技术水平相协调,发挥出各自的积极作用。

⑤建立必要的技术规章制度,注意完善技术档案工作。严格执行工地现场的信息报告联络制度,工地会议制度、即时将有关合同文件、规范、图纸、变更令、会议纪要、信息、财务专账分门别类归档保管。

⑥技术交底必须及时全面彻底,手续一律以书写形式出现,做到责任明确,由工程技术主管负责执行。根据工程特点设立测量组承担线型纵横轴线测量放线工作,放线时工程队的责任技术员参加,将定位桩由施工技术人员负责保护。

⑦施工过程质量控制要做到工序层层把关,实验室负责实验配比及剂量配合及现场过磅,质检科除履行全面质检评定之外,还要配合驻地监理做好施工与监理程序和资料工作,工程分项、分部的开工,施工中前后设计变更,工程质量现场把关、控制、逐项签认以及质量合格与否和质量隐患、事故等,均按《公路工程监理工作实施细则》执行。

树立一切为用户服务的观点,强调工程质量的全面管理,要围绕用户展开,建立行之有效的自质量监督检查体系。

①确立"防检结合、以防为主、重在提高"的观点,不仅要对工程质量的结构进行管理,更重要的是对原因的管理,对施工工艺方法及各施工环节进行检查,检验采购材料是否符合质量标准,检查预防施工工序和方法是否符合标准,对关键工种操作的技术工人要事先培训并进行技术,合格后才能上岗操作。

②树立"一切用数据说话"的观点。工程施工的全面质量有定性的变化趋势的预测、分析的判断,有要求。

③严格执行标号砼操作细则,施行责任并设专门技术人员和质检人员负责技术指导量监督。

④认真做到检查凭证的签证工作。

施工过程中的系统检查、签证工作,是工程质量的保证,签证前要认真进行检查,合格后填写检查凭证并请监理工程师会同检查签证。

五、技术保证措施

1. 工程开工前，必须按分部、分项编写完善的施工组织和施工要点。常规分部、分项编写标准施工组织设计和要点，特殊分部、分项要特殊编写施工组织设计和施工工艺及要点。施工组织设计和施工要点必须经主任工程师和监理工程师审核后方可执行。

施工工艺设计的主要内容包括：工程概况、主要工序施工方法和操作规程、施工大样图、结构计算、质量要求级标准、试验测量的要求及方法、施工人员、材料和设备使用计划等。

2. 加施工技术管理，以施工组织设计为纲领，以施工工艺设计和施工要点为指导，以三级技术交底、操作规程和工序交接检查为保证，严格各施工工序的控制与管理。对易产生问题或出现质量病的部位要加大技术投入和管理力度，严格遵守操作规程用施工工艺流程。

3. 为防止路基不均匀沉降、桥头跳车和桥面砼脱落，对路基土方工程实行压实度、弯沉值双控制；桥头填土采取特殊技术处理措施，按独立分项进行质量检测和评定；桥面水泥砼表面须经凿毛、涂刷粘层油后，方可摊铺沥青砼面层。

4. 水泥砼工程须集中拌合，小型砼工程和高标号砂浆须机械拌合，零星砼及砂浆一律严格计量（严禁使用体积法）；T型主梁、工型梁、25m以上空心板梁及箱梁的预制或现浇工程、所有表露砼构件一律使用钢模板；严格控制预应力反拱度；确保工型梁桥面板的设计厚度。

5. 按要求配置施工机械和试验检测设计，提高施工机械化水平、质量监测水平和各种设备的应用效率。

第六节　公路工程施工监理

一、监理管理办法

第一条　对监理工作的管理依据是本工程的招投标文件和合同文件，交通部颁发的监理规范及国家和河北省颁布的有关法规。

第二条　对监理的基本要求是严格监理、热情服务、秉公办事、一丝不苟、诚信自律，认真执行监理守则，全方位、全过程、全天候地对工程实施监理，履行"三控、两管、一协调"的监理责任和义务。

第三条　监理单位应按施工监理招标文件的要求组建由总监办，驻地办所构成的健全的监理机构，配备足够的监理人员及设备。

第四条　依据监理合同，总监办应在接到中标通知书15日内建立并健全有效的监理组织机构，并报项目管理办备案、审核。

第五条 总监办试验、检测人员能够独立进行各项试验、检测工作，并持证上岗。

第六条 监理人员进场人数及资质必须满足招标文件要求，根据工程施工重点的转移，监理部门在征得业主同意后，可在本工程内部适当调整人员工作岗位，严格履行监理合同，以保证工程始终受控。

第七条 监理单位应自业主发出中标通知书后，3天内组织首批人员进场，10日内监理人员全部进场。

第八条 自首批人员进场后的10天内制定出服务于本工程的各项规章制度及监理规划，3周内监理试验室应取得临时资质并进入正常工作状态。

第九条 监理单位自接到中标通知书后20天内，在了解工程特点的基础上编报监理程序及监理实施细则等监理文件，经业主批准后予以实施。开工前应对监理人员进行岗位培训，随着工程进展，工作重点的转移，应分阶段对监理进行有针对性的培训，并作培训记录，加强职业素质和责任心教育。

第十条 总监办在接到中标通知书后10天内应组织有关人员熟悉合同文件，了解施工现场，掌握合同文件，接到设计施工图纸5天内进行图纸会审，实施监理工作交底，认真填写图纸会审记录和监理工作交底记录，并报项目管理办备案。对图纸中明显错误，由于未认真审核图纸而对工程造成工期、费用损失，按照造成损失折合的成本，结合监理单位承担的责任比例，承担损失额的1%～5%。

第十一条 总监办必须在工程开工前，按"公路工程质量检验评定标准"的规定指导承包人完成单位、分部、分项工程的划分工作，并于施工单位接到中标通知书20日内把划分结果报项目管理办。

第十二条 总监办测量组在接桩后7日内负责完成所有导线点、水准点的复核工作，两周内完成原地面线测量，核准填、挖方数量。各驻地办设专业测量工程师负责检查验收道路中线、结构物的高程及平面位置等各项工作。

监理办测量组应每月对导线点、水准点定期复核，并根据现场情况适当加大复核密度，将复核结果及时通知施工单位并报项目管理办备案。由项目管理办有关人员组织抽查。对施工单位的测量工程监理未复核出错误而造成经济损失，监理单位按责任比例承担损失额的1%～5%。

第十三条 项目管理办将采取定期、不定期检查的方式对监理所有人员履约情况进行抽查。会同监理定期检查各标承包商主要人员履约情况，并做好检查记录。

第十四条 总监办在条件初步具备时及时召开第一次工地会，并按时下发会议纪要。

第十五条 总监办应严格、及时对承包人的施工组织设计及分项工程开工报告进行审批，重要项目施工方案需征求项目管理办意见后，再进行审批，现场监理监督按批准的方案施工。

第十六条 总监办根据项目管理办的有关要求对施工组织设计审批并报项目管理办备案后，在质量目标、总体施工进度计划、阶段施工进度计划、永久性工程材料、基准点复核及其他有关证明资料合规、齐备（包括设计文件正确无误）且得到批准的前提下，发布合同工程开工令。

第十七条　监理单位应根据合同文件要求，核准施工单位的总体施工进度计划、阶段计划，监督承包人按计划实施工程。

1.在计划实施上监理单位应会同施工单位将阶段计划分解为周计划和月计划，监理批复的月计划、周计划（按工作面附有工、料、机数量配备表和形象进度图）应满足工程阶段计划的要求。

2.监理单位应重点抓月计划的实现和周计划的落实。

3.按时填报周、月进度统计表，通过监理日志及时反映施工单位的施工管理动态。

4.当进度严重滞后于计划时，应分析进度滞后的原因，要及时向项目管理办反馈信息和调整月施工计划，提出保证阶段计划实施的补救措施和方案。

第十八条　不定期进行拉练检查，由总监办组织相关监理人员、各标项目经理、项目总工、项目管理办有关人员参加，对所有在施项目的进度、质量、环保、安全文明施工等各方面进行检查。应突出对重点工序、重点部位的检查。根据现场实际情况提前确定检查部位、内容。总监办做好检查记录，对提出的问题制定整改措施，并以纪要形式次日下发施工单位并报项目管理办备案。

第十九条　坚持首件验收制度，并在监理实施细则中对首件验收项目、参加人员做出详细计划。

第二十条　分项工程开工前驻地监理工程师应加强质量预控工作，采取下发文件、会议交流、现场指导等手段，承包人制定保证措施避免产生不合格产品及工程质量缺陷。

第二十一条　监理应按照设计图纸、质量检验评定标准、技术规范、监理程序监督承包人，通过旁站、巡视、检测、试验和整体验收等手段，全面、及时地检查和控制工程质量，在监理实施细则中应对关键工序的旁站工作做出规划。监理人员每天必须坚持工地巡视并做监理日志。监理工程师必须对日志的真实性负责。

第二十二条　监理工程师对工程的检测、检验频率应不低于规范要求的30%，重点部位要求100%工序、100%查项目和100%查频率，即全频率验收。验收后应认真填写工序质量验收记录。监理人员应建立对每一分项工程的验收台账。严格控制一次验收合格率，达到90%以上，要求监理每月对施工单位的一次验收合格率做真实统计。

第二十三条　项目管理办对监理工序验收情况、工作质量情况进行一定频率的抽检；对于工作质量差、抽检不合格的对责任人处理；对于造成恶劣影响的提请监督部门提出通报批评。

第二十四条　监理工程师对施工过程中发现或发生的质量隐患、质量缺陷或质量问题6小时以内通报项目管理办，质量事故2小时以内通报，并及时填写质量事故报告单按程序上报项目管理办。协助承包人分析质量事故产生的原因，提出处理方案和意见，督促承包人按批准的处理方案进行整改。

第二十五条　总监办应做好对施工单位进行阶段目标考核的基础工作。应根据考核办法和实施细则督促承包商全面落实阶段目标。加强过程控制，并通过有效手段做好相关资料的积累和整理工作。对于在工程实施过程中出现的工期滞后、质量问题等事件，总监办应及时采取相应措施，并将承包人的表现作为阶段考评的重要依据。

第二十六条　在承包人自保体系失效、质量失控、监理程序落实不利等违约情况出现时，总监办有权暂停分项工程施工并及时上报项目管理办，亦有权根据施工情况建议项目管理办暂停合同工程施工，承包人整改后总监办签发复工令。

第二十七条　施工单位在进场一个月内，按照工程量清单规定的计算原则和计量方法，对工程量清单按分项工程进行分解和核算，及时、准确地完成清单核算成果表。

第二十八条　依据合同文件及程序要求，对承包人提交的中间计量单和月支付报审表进行认真审核，及时填写中间计量审批单、月计量汇总报审表，初签中期支付凭证，完成工程量现场确认工作后报项目管理办。

第二十九条　按程序受理工程变更及索赔事宜，经业主批准后予以实施。

第三十条　加强信息管理。按业主认可的格式、内容和期限，编制总监办的监理周报、监理月报，支付月报及其他报表，经总监理工程师审批签认后报项目管理办。

第三十一条　建立上墙图表和工作台账，并实施动态管理。如总监办在进场后 20 天内建立：组织机构框图、监理机构各岗位职责、工程平面图、形象进度图、支付 S 曲线图等；驻地办建立：工程平面图、关键部位平面或断面图、形象进度图、工程月进度计划实际进度统计对照表。监理工作过程中产生的各种文件、指令、记录或资料，要认真做好收发登记和统计分析，并建立控制性台账。

第三十二条　按项目管理办资料管理实施细则，定期、不定期监督检查施工单位技术资料整理、归档工作。

第三十三条　监理工程师对承包人提出申请交工的工程以及现场清理（包括临时用地、材料场和取土场等），进行现场确认。

第三十四条　对承包人的交工申请、结算申请进行评估，组织对拟交工程的检查和初验，审核竣工结算。

第三十五条　初签交工证书报项目管理办。

第三十六条　监理设专职人员负责督促、检查、指导承包人竣工资料的整理与编制，使其达到档案部门和项目管理办的要求，符合竣工文件的标准。

第三十七条　编制监理工作方面的竣工文件。

第三十八条　监督承包人认真执行缺陷责任期工作计划，检查验收剩余工程，对已交工的工程缺陷病害调查原因并确定其相应责任。

第三十九条　初签工程缺陷责任终止证书和初签最终支付证书，并报项目管理办。

第四十条　配合业主做好竣工验收和工程移交工作。

第四十一条　监理单位认真执行合同约定的有关强制性标准；应建立内部考核制度，

加强对现场监理人员的工作考核，建立切实可行的奖惩制度，对违规的监理人员，监理行为采取措施，责令改正，对严重失职造成损失者，应予清退。

第四十二条　严禁发生由于监理单位的直接原因造成的承包人出现的严重背离合同的事件。

第四十三条　总监理工程师离岗两天以上、主要岗位成员离岗三天以上、其他人员离岗五天以上须在事前由总监理办公室向项目管理办书面报批。

第四十四条　项目管理办将通过日常管理及向承包商问卷方式及设立举报电话的方式，检查监理的纪律执行情况。

第四十五条　所有监理人员应对项目管理办相关管理人员的正常工作予以积极配合，如实反映情况。

第四十六条　所有进入现场监理人员应着装整齐、佩戴胸卡、安全作业、规范服务。

二、对监理工作的履约评价

1. 监理工作履约评价原则

（1）目标结合原则：履约评价以实现监理目标为原则。

（2）考核结合原则：履约评价以现场考核为依据的原则。

2. 监理工作履约检查的方法

（1）日常巡视

项目管理办将在监理工作进行过程中，通过经常的现场工程巡视和现场监理工作检查，掌握现场监理人员的最基本的工作状况。

（2）现场抽查考勤

项目管理办将对总监办监理人员的到岗情况进行现场抽查，所有监理人员应在工作时间内坚守各自岗位。

（3）现场提问

项目管理办就工程现场的有关问题，将在工作中向监理人员随机提问，以考核监理人员对工程的了解程度和工程管理的力度。

（4）工作抽查

项目管理办就总监办的监理日常工作进行随机抽查和监督，以考核监理工作的规范性。

（5）工程复查

项目管理办在对总监办的日常检查、监督中，将随时对已完成的工程项目进行复查，以考核总监办对工程的验收、控制状况以及监理程序的执行情况。

（6）资料查阅

项目管理办将在总监办或施工现场，随机查阅监理资料，考核监理资料的完备和及时性。

（7）报表审查

项目管理办就总监办按要求报送的各类报表进行审查，通过此项考核，促使报表完成的及时性与准确性，从而使之更好地服务工程。

（8）跟踪检查

项目管理办对总监办的关键性工作或出现的关键性问题进行跟踪监督，借以督促总监办工作的规范性和监理工作质量控制程度。

（9）联合检查

项目管理办将在每月对总监办有关验收、计量、监理资料等方面的工作进行联合检查，以评价总监办监理工作履约情况。

3.监理工作履约的强制性标准

（1）监理工作纪律

严禁触犯国家、地方的法律、法规或条例；

严禁向承包人推荐分包商或材料供应商；

严禁收受贿赂或贵重礼品；

严禁吃拿卡要和故意刁难承包人；

严禁采用虚假计量手段，损害业主利益；

严禁工作时间擅离职守，造成严重后果；

严禁工作失职，造成严重后果；

严禁工作时间酗酒，损害监理形象；

严禁拒不执行业主指令或欺骗业主；

严禁接受承包人安排的娱乐、旅游或疗养性活动；

严禁向承包人报销各种费用；

严禁独自长期占用承包人的交通、无线通信工具等设备；

严禁泄露工程或业主的秘密，损害业主利益或名誉；

其他情节严重的违约行为。

（2）施工合同管理

严禁发生由于总监办的直接或间接原因，造成承包人在质量、进度、费用、安全等方面，出现严重背离合同的事件。

（3）总监办履约的强制性要求

①为确保监理合同的正常实施，任何监理人员的更换必须报请业主批准，原则上，总监办的总监理工程师、主任工程师、总监助理、合约工程师在合同期间内不得更换；

②监理合同中确定的主要岗位的成员在合同期间内，经业主同意最多可调换2人次；

③监理合同中确定的其他岗位的成员，在合同期间内，经业主同意最多可调换的人次不得超过上述岗位总人数的20%；

④未经业主批准的人员，不得在本工程中从事监理工作；

⑤监理人员临时离岗 3 天以上，总监办必须报请业主同意，并安排资历相应人员补充岗位。

4. 监理工作的履约考核

（见附表）

5. 监理工作履约考核的实施办法

①本考核办法以业主为考核人，总监办为被考核人。

②考核工作以月为单位进行。

③考核表中标有＊的项目首次发生时，扣除首次规定分，二次发生则扣除整个分项的规定分。

④考核表中未标有＊的项目，发生一次则扣除一次规定分，多次发生则重复扣分直至该分项的考核为零分。

⑤虽然分项考核的扣分不超出分项考核的规定分，但当某一分项考核不合格的情况发生多次，将影响对总监办整体考核的分数。具体反映在业主综合评价中。

⑥总监办履约考核总得分的计算方法为各分项得分的累加。

第二章 公路施工技术

一、工程测量技术

为了保证工程施工质量，做到按图施工，严格按有关施工规范和规程指导施工，创造合格工程，必须做好工程施工过程中的测量工作。施工测量必须跟随施工进度及时进行，并应起到指导施工的目的。

施工测量准备工作是保证施工测量全过程顺利进行的重要环节，包括图纸的审核，测量定位依据点的交接与校核，测量仪器的检定与校核，测量方案的编制与数据准备，施工场地测量等；

1. 检查各专业图的平面位置标高是否有矛盾，发现问题及时向有关人员反映，以便及时纠正。

2. 对所有进场的仪器设备及人员进行初步调配。

3. 复印预定人员的上岗证书，由总工程师组织进行技术交底。

4. 根据图纸条件及工程内部结构特征确定轴线控制网形式。

二、公路施工技术

1. 挖路槽土方

开挖方式以机械开挖为主，人工开挖进行配合。路槽开挖过程中，不同土层面标高须报验监理、业主确认，并做好记录。

2. 路基砂垫层

3. 施工准备及操作工艺

（1）回填垫层前应验槽，将基底表面浮土、淤泥、杂物等清理干净，控制好砂厚度。

（2）砂高度3m回填分十层回填，每层需铺厚度330mm左右。

（3）垫层铺设时，严禁扰动垫层下卧层及侧壁的软弱土层，防止被践踏或受浸泡，降低其强度。

（4）铺设垫层时，控制每层的铺设厚度，并有专人指挥、找平，从基槽的一端依次向另一端铺设。

（5）垫层铺设完毕，用插入式振捣棒及平板振动器振捣，振捣时，应做到"快擦慢拔"，振动棒插入垫层中应上下抽动，严禁插入基底原土层或基槽边部，每点振捣时间一般为 20 ~ 30S，排除垫层中的空气，垫层不再震落，不再出现气泡，方可拔出振动棒。

（6）振动棒间距 500mm ~ 600mm。

（7）振动棒依次振捣密实后，用平板振动器找平，平板振动器在每一位置上连续捣 25 ~ 40S，移动速度为 2 ~ 3m/min，并随动随找平，控制好垫层上口的标高。

（8）回填砂采用大水漫灌。

（9）以上工序每层需进行贯入度实验，经验收合格后方可进行下一道工序。

4. 文明施工及安全措施

（1）所有进入施工现场人员必须佩戴好安全帽。

（2）施工完毕应将砂材料集中归堆放好，做到材料堆放整齐，施工现场整洁。

（3）所有投入使用的机械必须试运转正常方可使用，机械必须定期进行保养和维修，不得带病作业。

（4）用手推车运料应依次进行，不得拥挤、抢先。

（5）使用振动棒和平板振动器的人员应穿绝缘鞋，戴绝缘手套，电源线不得有破皮和漏电现象，电线及闸刀应放在绝缘的地方，禁止电线拖地。

（6）夜间施工应有足够的照明，临时用电电线必须架空在 2.05m 高以上，所有电器设备的休息、拆换工作应由电工进行。

5. 砼路面施工

（1）施工准备工作

①路面开工前，应在全面熟悉设计文件和技术交底的基础上，进行现场核对和施工调查。

②根据总工期要求、施工难易程度和人员、设备、材料准备情况，确定混凝土路面施工工艺流程、施工方案，编制实施性的施工组织设计，报现场监理工程师和业主批准，并及时提出开工报告。

③混凝土拌和站应设置在摊铺路段的中间位置，内部布置应满足原材料储运、混凝土运输、供水、供电、钢筋加工等使用要求，并尽量紧凑，减少占地。

（2）施工测量：路面开工前应做好施工测量工作，施工测量的精度应符合交通部《公路路线勘测规程》要求。

①导线复测：原有导线点不能满足施工要求时，应进行加密，保证在道路施工的全过程中，相邻导线点间能互相通视；复测导线时必须和相邻施工段的导线闭合。

②中线复测：路面开工前应全面恢复中线，并固定路线主要控制桩；恢复中线时应与结构物中心、相邻施工段的中线闭合。

③校对及增设水准基点：使用设计单位设置水准点之前应仔细校核，并与国家水准点闭合；水准点间距不宜大于 1km，在结构物附近、高填深挖地段、工程量集中及地形复杂

地段宜增设临时水准点。临时水准点必须符合精度要求，并与相邻路段水准点闭合。

④施工放样：路面施工前，根据恢复的路线中桩、设计图表、施工工艺和有关规定订出路面中线和边线位置，确定路面施工宽度。

6.水泥混凝土路面

铺筑路面层前，应检查下卧层的质量，不符要求的不得铺筑。旧路面必须清洗或经铣刨处理后方可铺筑。混合料必须在对同类公路配合比设计和使用情况调查研究的基础上，充分借鉴成功的经验，选用符合要求的材料，进行配合比设计。

施工要点：

（1）模板制作与安装

①制作

模板及支架材料的种类、等级应根据其结构的特点、质量要求及周转次数确定。应优先选用钢及混凝土等材料，尽量少用木材。

模板材料的质量标准应符合现行的国家标准和规定。

钢模板厚度为 2.5mm。所有连接件与设计须使模板能整装，并使其拆除时不致损坏混凝土。钢板连接缝尽可能光滑紧密，不允许带凹坑、皱皮或其他表面缺陷。面板及活动部分应涂防锈的保护涂料，其他部分应涂防锈漆。

②安装

应按施工图纸进行模板安装的测量放样，重要结构应设置必要的控制点，以便检查校正。

模板安装过程中，应设置足够的临时固定设施，以防变形和倾覆。

模板的钢拉条不应弯曲，直径要大于 8mm，拉条与锚环的连接必须牢固。预埋在下层混凝土中的锚固件（螺栓、钢筋环等），在承受荷载时，必须有足够的锚固强度。

模板之间的接缝必须平整严密。分层施工时，应逐层校正下层偏差，模板下端不应有"错台"。

模板及支架上，严禁堆放超过其设计荷载的材料和设备。

③模板的清洗和涂刷

钢模板在每次使用前和使用之后应清洗干净，为防锈和拆模方便，钢模面板应涂刷矿物油类的防锈保护涂料，不得采用污染砼的油剂，不得影响砼或钢筋砼的质量。若检查发现在已浇的砼面沾染污迹，应及时采取有效措施予以清除。

④拆除

模板拆除时限，除符合施工图纸的规定外，还应遵守下列规定：不承重侧面模板的拆除，应在砼强度达到 22.5Mpa 以上，并保证其表面及棱角不因拆模而损伤时，方可拆除；

拆模作业必须使用专门工具，按适当的施工程序十分小心地进行，以减少混凝土及模板的损伤。

（2）砼配合比设计

①按照施工图纸的要求和监理工程师指示，通过室内试验成果进行砼配合比设计，并报送监理工程师审批。不同的混凝土，根据设计要求，应分别满足抗压、抗渗、抗冻、抗裂（拉）、抗冲耐磨、抗风化和抗侵蚀的要求，并同时满足施工和易性等的要求。

②砼的坍落度，应根据建筑物的性质、钢筋含量、砼运输，浇筑方法和气候条件决定，尽量采用小的坍落度，一般选用 3 ~ 5cm。

（3）拌和

①拌制现场浇筑砼时，必须严格遵守试验室提供并经监理工程师批准的砼配料单进行配料，严禁擅自更改配料单；

②除合同另有规定外，施工中应采用固定拌和设备，设备生产率必须满足本工程高峰浇筑强度的要求，所有的称量、指示、记录及控制设备都应有防尘措施，设备称量应准确，应按监理工程师的指示定期校核称量设备的精度。

③拌和设备安装完毕后，应会同监理工程师进行设备运行操作检验。

④因砼拌和及配料不当，或因拌和时间过长而报废的砼应弃置在指定的场地或清运出施工现场。

（4）运输

①应根据施工进度、运量、运距及路况，选配车型和车辆总数。总运力应比总拌和能力略有富余。确保新拌混凝土在规定时间内运到摊铺现场。

②砼出拌和机后，应迅速运达浇筑地点，运输中不应有分离、漏浆和严重泌水现象。

③砼入仓时，应防止离析，若发生离析，需重新拌和。

④混凝土在运输过程中应尽量缩短运输时间。

（5）铺筑

①路基必须验收合格后，方可进行砼铺筑；

②不合格的砼严禁入仓，已入仓的不合格砼必须予以清除，并按相关规定弃置在指定地点。

③人工摊铺混凝土拌和物的坍落度应控制在 5 ~ 20mm 之间，松铺系数宜控制在 K=1.10 ~ 1.25 之间。铺筑砼时，严禁在仓内加水，如发现砼和易性较差，应采取加强振捣等措施，以保证质量。

④应保证每车道使用 2 根振捣棒，组成横向振捣棒组，沿横断面连续振捣密实。应轻插慢提，不得猛插快拔，严禁在拌和物中推行和拖拉振捣棒振捣。

⑤振捣时，应辅以人工补料，应随时检查振实效果、模板、拉杆、传力杆和钢筋网的移位、变形、松动、漏浆等情况，并及时纠正。

⑥砼铺筑的间歇时间：砼浇筑应保持连续性，浇筑砼允许间隙时间应按试验确定。若超过允许间歇时间，则应按工作缝处理。

⑦两相邻块浇筑间歇时间不得小于 1h。

（6）砼表面缺陷处理

砼表面蜂窝凹陷或其他损坏的砼缺陷应按监理工程师指示进行修补，直到监理工程师满意为止，并做好详细记录。修补前必须用钢丝刷或加压水冲刷清除缺陷部分，或凿去薄弱的砼表面，用水冲洗干净，应采用比原砼强度等级高一级的砂浆、砼或其他填料填补缺陷处，并予以抹平，修整部位应加强养护，确保修补材料牢固黏结，色泽一致，无明显痕迹。

（7）养护

针对本工程不同情况，选用洒水或薄膜进行养护。

①采用洒水养护，应在砼浇筑完毕后 12～18h 内开始进行，其养护期时间宜为 14～21 天，在干燥、炎热气候条件下，不宜少于 14 天，低温天不宜少于 21 天。

②薄膜养护：初始时间以不压坏细观抗滑构造为准。薄膜厚度应合适，宽度应大于覆盖面 600mm。两条薄膜对接时，搭接宽度不宜小于 400mm，养生期间应始终薄膜完整盖满。

③混凝土板养生初期，严禁人、畜、车辆通行，在达到设计强度 40% 后，行人方可通行。

④铺筑好的路面层应严格控制交通，做好保护，保持整洁，不得造成污染，严禁在路面层上堆放施工产生的土或杂物，严禁在已铺面层上制作水泥砂浆。

7. 混凝土涵管

（1）施工前准备

①在已清表的路基上用全站仪放出涵洞的中心桩及其轴线，并在适当位置进行保护。据此进行涵洞的施工放样。

②根据放出的轴线与现行的排灌系统进行现场核对，如有涵洞位置、标高与设计意图不相符的地方立即上报监理工程师。待经有关部门批复后方可进行施工。

③在涵洞附近路基范围以外不易碰到的地方加密一水准点，以此进行施工标高的测量和复核。

④如果涵洞所在位置处有排灌水系处，应将原有水系进行改道或必要时进行围堰处理，采用草袋进行围堰，然后进行基坑开挖和清淤。

⑤做好原材料的检测及临时用电准备工作（本工程计划采用自备 100kW 发电机组）、组织机械设备进场。

（2）测量放样

在基坑开挖前，精确定出圆管涵轴线控制桩并报验测量监理工程师进行检验。

（3）基坑开挖

①基坑开挖采用人工或人工配合挖掘机进行，挖方边坡采用 1：0.5（如基坑坑壁牢固可将坡度适当放大），从基坑中挖出的素土按监理工程师指定的地点进行堆放。

②若在基坑开挖过程中，地下水渗流量过大，则在基坑两端开挖集水坑用人工或水泵及时将渗水排除。

开挖基坑时做好排水沟及集水坑，开挖过程中控制好开挖深度及几何尺寸，超挖机械开挖底部应预留 30cm 作为人工清底，基础每侧加宽 30cm ～ 50cm 的工作宽度。如发生超挖严禁用原土回填，需采用沙砾回填，基坑回填时，要进行夯实，夯实密度不小于 93%。

基础处理采用沙砾垫层分层回填压实处理，其处理宽度根据基础处理深度按 35° ～ 45° 角放坡至基底标高处加宽。

③砂砾石垫层

回填管基底部的砂垫层采用砂砾石填筑，砂垫层采用人工回填，采用水密法使其密实，其施工方法为先将砂垫层洒水至饱和状态，然后将砂垫层渗流水从集水坑中抽出使砂垫层达到密实状态。

④管基砼浇筑

浇筑管基混凝土分为两次浇筑，第一次浇筑管基底下部分，待管涵安装完后，浇筑管底第二次上部混凝土，在浇筑管基底混凝土时要严格控制好标高，浇筑时预留管基厚度及安放管节坐浆 2 ～ 3cm。

（4）混凝土管安装及加固

①钢筋混凝土管圈管厂购置，并抽样检验报监理工程师审批，其各项技术指标必须满足设计规范的要求。

②管基混凝土分两次浇筑，先浇筑管底以下部分，然后浇筑管座混凝土。第一次管基浇筑前对准设计中线位置在砂石垫层上支撑组合钢模板，将现浇混凝土流槽入模，插入式振捣器振捣密实，浇筑时注意预留管壁厚度，混凝土初凝前拉毛养生，保证与管座混凝土紧密结合，达到要求强度后，准备安装管节。接缝完成后进行护管混凝土的第二次浇筑，方法同上。

③混凝土管采用吊车或者装载机、挖掘机卸管和起吊，人工配合安装，管节安装位置准确无误后进行临时底部木楔支撑。

④管节接头处用浸过沥青的麻絮填塞，外面用满涂热沥青的油毛毡圈裹二道。在沉降缝位置处预留 1 ～ 1.5cm 缝宽，用沥青麻絮填塞，然后用（三油两布法）三层沥青两层沥青浸渍的麻布沿接缝处缠绕管壁一周（麻布宽 ≥15cm），并用铁丝将麻布扎紧。

⑤剩余管基砼的浇注

管节安装完毕后，在已凿毛的管基上支立模，浇注管基第二层砼。采用插入式振捣器振捣，使管底三角区砼充分密实与管壁紧密贴合。

⑥抹带

砼浇注完成后，用钢刷将管接缝两侧各 8cm 范围内混凝土管表面进行刷毛处理，刷毛完毕后用 1：3 的水泥砂浆进行抹带，管口内砂浆勾缝。抹带完成后及时洒水养生。并在涵管的整个表面涂抹两层沥青。

⑦涵洞端墙及帽石混凝土浇筑

在圆管涵管节安装、抹带完毕后，进行涵洞端墙及帽石的支模工作，其模板采用组合钢模，用对拉、外加斜支撑方式进行加固，模板支撑完毕后进行混凝土浇筑，浇筑前所有拉杆、螺栓都必须拧紧，用木楔处也要将木楔背紧，拼装模板时注意模板是否变形，以及相邻模板的接荐是否超出允许偏差，及时自检，发现问题及时调整。砼浇筑时按照一定的厚度、顺序、方向分层浇筑。砼浇筑时其分层厚度不得超过30cm，且应在下层砼初凝或重塑前浇筑完成上层砼，我部采用插入式振动器，其移动间距不应超过振动器作用半径的1.5倍，与侧模保持5～10cm的距离，每一处振运完毕后，应边振动边徐徐提出振动棒，振动过程中避免触碰模板，对某一振动部位必须振动到该部位砼密实为止，砼浇筑完毕后及时对砼表面进行修整抹平。

⑧回填

砼强度及砂浆强度达到设计强度75%后可进行回填，采用5%灰土在涵洞两侧对称分层填筑，回填范围为涵洞洞身两侧不小于两倍孔径范围，在靠路基填土一侧按1∶0.5边坡开挖向上形成台阶状。

回填时采用行走式夯机进行夯实，每层填土厚度不超过15cm。压实度达到95%。

三、标志牌施工技术

1. 质量标准

①所有运往工地的交通标志构件的质量均应符合有关的技术标准，并经监理工程师认可后才能采用；

②到达现场以后，充分利用标志、路栏等安全设施管理好行人和交通并严格按照操作规则施工，以保证路人和操作人员的安全，尽量防止事故的发生，确保施工安全；

③严格按照施工图纸的要求并根据交通流的行进方向测定标志的设置位置；

④基础位置测定后按照设计图规定的尺寸于指定的地点进行基础开挖，并按规定进行处理后立模板、扎钢筋、浇注混凝土，地脚螺栓和底座法兰盘位置正确并达到规定标高；

⑤标志支撑结构的架设应在基础混凝土强度达到要求并得到监理工程师的批准后进行。支柱之法兰盘与混凝土基础的底座法兰盘应水平、密合，地脚螺栓配合妥当，拧紧螺栓后支柱不得倾斜。

2. 主要施工方法

（1）基坑开挖

基坑采用机械与人工相结合的方式进行开挖，无法使用机械时用人工开挖。所开挖的各种杂土清运到弃土场或监理指定的地点堆放。开挖过程中根据开挖深度及土质情况注意观察坑壁的稳定性，及时采取有效措施加强坑壁支挡，以保证施工安全。

（2）模板加工安装

模板用组合钢模，外露面精度要求高，用加工钢模，隐蔽面用组合钢模。首先按尺寸设计绘制组装配板图，并对不足模数的空缺部位按符合设计尺寸的钢模配补；现场组拼，组拼模板时，每块模板位置必须正确，表面平整，拧紧模板拉杆螺栓，并设立支撑，使模板保持整体稳定，防止浇筑砼时模板受力变形。模板安装的误差满足规范要求。

（3）砼浇筑

砼由现场强制式砼搅拌机供应，并由人工推手推车运至浇筑位置。

（4）模板拆除

在模板拆除时其拆除时间必须按国家有关规定执行，防止拆模过早或拆除过晚。

（5）砼养生

在砼浇筑完成时，要注意加强养生，防止砼开裂。

（6）M7.5砌砖

①砖浇水：黏土砖必须在砌筑前一天浇水湿润，一般以水浸入砖四边1.5cm为宜，含水率为10～15%，常温施工不得用干砖上墙；雨季不得使用含水率达到饱和状态的砖砌墙。

②砂浆搅拌：砂浆配合比应采用重量比，计量精度水泥为±2%，砂灰膏控制在±5%以内。宜用机械搅拌，搅拌时间不少1.5min。

③砌砖：砌砖宜采用一铲灰、一块砖、一挤揉的"三一"砌砖法，即满铺满挤操作法。

④装饰抹面

装饰工程中的抹灰，包括一般抹灰中的高级抹灰，高级抹灰的质量要求：表面光滑、洁净、平直方正。

所用材料品种、质量必须符合设计要求和现行材料标准的规定。

基层与各抹灰层间必须粘结牢固，无脱层、空鼓、爆灰和裂缝等缺陷。

⑤瓷砖铺贴

施工前对进场的砖开箱检查，对规格、颜色严加检查，选砖要求方正、平整，楞角完好。同一规格的面砖，力求颜色均匀。不同规格进行分类堆放，并分层、分间使用。允许几何尺寸公差：长度：±0.5毫米；厚度：±0.3毫米～0.5毫米；圆弧：±0.5毫米。

所选用的砖浸泡2～4小时（具体情况具体对待），取出阴干，待表面手摸无水气（空鼓、脱落、膨胀不均是砖没有很好浸水之故）。

铺贴应从最低一皮开始，并按基准点接线，逐排由下向上铺贴。面砖背面应满涂水泥膏，贴上墙面后用铁抹子木把手着力敲击，使面砖粘牢，同时用木杠（压尺）校平砖面及上皮。

砖缝必须横平竖直，间隔距控制在1～1.5毫米范围之内。

突出物、管线穿过的部位支撑处，不宜用碎砖粘贴，应用整砖中整割吻合。

施工中每铺完一排应重新检查每块面砖，发现空鼓、粘贴不密实，必须及时取下添灰重贴，不得在砖口处赛灰，以免产生空鼓。

铺贴完毕，待粘贴水泥终凝后，用清水将砖面洗干净，用勾缝剂将缝填平，完工后用棉纱、布片将表面拭擦干净至不留残灰迹为止。

四、盖板涵的施工工艺

1. 施工放样

仔细对施工图纸进行复查，领会设计意图。根据图纸确定的构造物的位置和标高，准确计算结构物中桩坐标和轴线方向，然后根据设计图纸的具体位置进行施工放样，为便于开挖后的检查校核，基础轴线控制桩应延长至基坑处加以固定。放样完成后，根据基础的结构尺寸放出结构基础的边线，申请驻地监理工程师复查，得到确认之后，方可进行基坑开挖。

2. 基坑开挖

基础开挖采用挖掘机施工并辅以人工整修，并在基础底四周做排水沟和集水井，利用水泵排除。基坑开挖至设计标高后，立即进行地基承载力的检验（方法采用动力触探方法），如承载力小于设计值，底部换填片石，使其达到设计要求，自检合格后，向监理工程师报验，经监理认可后，立即进行基础坼工施工。基础分两段间隔浇注，每段接缝设在沉降缝处，缝间安设2cm厚的硬质泡沫板，基础顶面墙身位置处预留接茬筋或接茬石。

3. 钢筋工程

（1）钢筋进场后，严格按规范要求，由试验员负责抽取试样做试验，确定质量是否合格，严禁不合格材料进场。

（2）钢筋工程严格按图纸及规范施工，由现场施工员检查合格后报监理检查。

（3）钢筋采用电弧搭接焊连接，钢筋焊接前，必须根据施工条件进行可焊性试验，合格后方可正式施焊。双面焊缝长度不小于5d，单面焊缝长度不小于10d。焊缝表面平顺、饱满、无缺口、裂纹和较大的金属焊瘤，焊缝断面满足规范要求。

（4）钢筋在加工场地集中制作，现场人工绑扎，下料制作钢筋时，使同一断面内焊接根数不大于50%。

（5）钢筋的交叉点处，用绑扎丝按逐点改变绕方向（8字形）交错扎结，或按双对角线（十字形）结扎。

（6）为保证保护层厚度，在钢筋与模板之间设置同等强度的砂浆垫块，垫块应与钢筋扎紧，并互相错开，保护层厚度要符合设计规定。

（7）在浇筑混凝土前，对已安装好的钢筋进行检查，合格后请监理工程师进行检查签证。

4. 模板与支架

（1）基础砼模板采用尺寸标准、表面平整光洁的木模板，模板必须保证其表面平整，板缝间不漏浆等要求。

（2）模板安装前，在模板表面涂层脱模剂，不得使用易粘在混凝土上或使混凝土变色的油料。

61

（3）支立模板时为了防止模板移位变形，支立基础侧模时在模板外设立支撑固定。墙身的侧模设立对拉杆固定，浇筑在混凝土中的拉杆，按拉杆拔出的要求设计，拉杆外套塑料管，模板拆出后拔出重复利用。

（4）模板安装完毕后，为保证位置正确，必须对其平面位置、平整度、垂直度、顶部标高、节点联系及纵横向稳定性进行自检，合格后方可报监理工程师抽检，监理工程师认可后方能浇筑。混凝土浇筑时，发现模板有超过允许偏差值的可能及时纠正。

5. 混凝土工程

混凝土由现场搅拌机进行拌和，农用运输车水平运输，人工配合入模，墙身砼串筒配合入模；盖板浇筑采用插入式振捣棒配合平板振捣器振捣，其他混凝土均采用插入式振捣器振捣。浇注完成后利用土工布覆盖洒水养生。

（1）混凝土基础

基础为整体式混凝土，当基坑开挖到设计基底标高后，经试验检查地基承载力等于或大于设计值，人工清除松软泥土，测量定点放样，跨段挂线安装基础模板，支撑牢固。自检合格后报监理检测，检查合格方可浇筑混凝土，混凝土分层连续浇筑，每层厚不大于30cm。

（2）混凝土涵身、台帽

墙身与台帽一次性立模完成施工，并分段进行浇注；首先在已完工的基础上定点挂线安装内外模板，模板设立对拉杆固定加固，两侧设斜撑。每段墙身一次浇筑完毕，浇注时分层自两端向中间浇注，每层厚30cm，插入式振捣棒捣固。

（3）钢筋混凝土盖板预制及安装

①钢筋的加工、绑扎成型：钢筋统一在钢筋场地按图纸要求下料、弯曲、制作，严格按规范要求进行焊接、绑扎，安装时做到尺寸准确。

②模板的支立：模板采用木模板，同时应具备足够的刚度以防浇筑混凝土时有明显的挠曲变形。模板安装前，在其表面涂刷脱模剂，不得使用易粘在混凝土上或使混凝土变色的油料。在支立过程中，要注意检查模板内侧是否与钢筋接触，以确保结构物构件有足够的保护层厚度。

③混凝土的拌合、浇筑：严格按配合比进行配料，采用现场拌合，最短拌合时间应符合施工规范要求，拌合时，在水泥和集料进入拌合机之前，应先加入一部分拌合用水，并在搅拌的最初15S内将水全部均匀注入拌合机中，拌制的混合料肉眼观察应分布均匀、颜色一致。混合料采用农用车运输，人工配合浇注，必须对混合料进行检查（包括混合料的坍落度、和易性等），浇筑前先对模板进行检查，清除模板内的杂物、积水，模板如有缝隙必须填塞严密。在浇注混凝土期间，应设专人检查模板、钢筋的稳固情况，当发现有松动、变形、移位时，应及时处理。

砼浇筑采用分层浇筑，厚度不超过30cm，采用插入式振捣棒振捣，插入点按梅花型或等边三角形布置，移动间距不应超过振捣器作用半径的 1.5 倍，棒头应插入下层砼 5 ~ 10cm，保证上下层的整体性，振捣过程中应使砼密实表面泛浆，不再有气泡冒出时，停止振捣，振捣棒应垂直提落，施工中应及时填写砼施工记录。

④混凝土的养生：混凝土浇筑完成之后，待表面收浆后尽快对混凝土进行人工洒水养生，洒水养生最少保持 7 天时间，结构物在拆模前应连续保持湿润。

6. 进口处理

进口设置检修踏步，急流槽面采用卵石镶嵌进行加糙处理。

混凝土采用现场搅拌，施工方法与涵身施工一致。浇筑完毕后，覆盖草袋，并洒水养生。

7. 沉降缝的处理

沉降缝的设置根据设计图纸洞身每墙 4 ~ 6 米设一道沉降缝，沉降缝的构造严格按施工图执行。沉降缝的设置必须上下贯通成一条垂线，基础墙身根据沉降缝的设计长度分段浇筑。浇筑时先在沉降缝位置处用泡沫板隔开。

先清除缝口杂物，用水冲洗干净，晾晒风吹干，置入沥青麻絮或不透水材料于缝内，压平，保持缝宽一致、缝深达 5 ~ 10cm；墙外坡面按桥涵施工规范要求进行施工。

8. 防水层

涵洞防水层施工是涵洞施工的关键工序，施工前首先编制作业指导书，对施工人员进行岗前培训，施工中严格按设计及规范要求进行。

9. 涵背回填

当涵身及盖板的砼强度达到 80% 以上后方可进行台背回填，所有台背填土必须分层填筑，每层厚度 20cm，采用小型碾压机碾压。

对于靠近墙身处及边缘、死角等地方可填筑碎石材料，用夯实机夯实，在填筑过程中必须对应涵台两侧对称分层碾压密实，压实度符合规范要求，严禁单侧填土及使用大型碾压机进行碾压。在涵顶填土时。

当涵洞上填土高度不足 50cm 后时，禁止采用振动或碾压设备对涵顶和涵洞范围的填土进行碾压。

10. 八字墙

八字墙施工基本要求。

（1）混凝土和砂浆按规定配合比施工。

（2）地基承载力及基础埋置深度符合设计要求。

（3）嵌填饱满密实，不得有空洞。

（4）抹面应压光，无空鼓现象。

11. 涵底铺砌

涵洞内底部采用浆砌片石铺砌，要求砂浆饱满，按规范按照桥涵施工规范规定及施工图要求进行施工。

12. 质量标准

涵洞施工完成后，按照《公路桥涵施工技术规范》（JTJ041-2000）的有关规定及施工图设计中的相关设计要求进行质量检查，检查主要包括：轴线偏位、流水面高程、涵洞长度等。

五、土方路堤施工技术

1. 土方路堤填筑施工工艺流程。

2. 土方路堤操作程序：取土—运输—推土机初平平地机整平—压路机碾压。

3. 土方路堤填筑作业常用推土机、铲运机、平地机、挖掘机、装载机等机械按以下几种方法作业。

（1）水平分层填筑法：填筑时按照横断面全宽分成水平层次，逐层向上填筑。是路基填筑的常用方法。

（2）纵向分层填筑法：依路线纵坡方向分层，逐层向上填筑。常用于地面纵坡大于12%，用推土机从路堑取料填筑，且距离较短的路堤。缺点是不易碾压密实。

（3）横向填筑法：从路基一端或两端按横断面全高逐步推进填筑。填土过厚，不易压实。仅用于无法自下而上填筑的深谷、陡坡、断岩、泥沼等机械无法进场的路堤。

（4）联合填筑法：路堤下层用横向填筑而上层用水平分层填筑。适用于因地形限制或填筑堤身较高，不宜采用水平分层法或横向填筑法自始至终进行填筑的情况。单机或多机作业均可，一般沿线路分段进行，每段距离以 20～40m 为宜，多在地势平坦，或两侧有可利用的山地土场的场合采用。

4. 施工一般技术要领

（1）必须根据设计断面，分层填筑、分层压实。

（2）路堤填土宽度每侧应宽于填层设计宽度，压实宽度不得小于设计宽度，最后削坡。

（3）填筑路堤宜采用水平分层填筑法施工。如原地面不平，应由最低处分层填起，每填一层，经过压实符合规定要求之后，再填上一层。

（4）原地面纵坡大于12%的地段，可采用纵向分层法施工，沿纵坡分层，逐层填压密实。

（5）山坡路堤，地面横坡不陡于 1：5 且基底符合规定要求时，路堤可直接修筑在天然的土基上。地面横坡陡于 1：5 时，原地面应挖成台阶（台阶宽度不小于 lm），并用小型夯实机加以夯实。填筑应由最低一层台阶填起，并分层夯实，然后逐台向上填筑，分层夯实，所有台阶填完之后，即可按一般填土进行。

（6）高速公路和一级公路，横坡陡峻地段的半填半挖路基，必须在山坡上从填方坡脚向上挖成向内倾斜的台阶，台阶宽度不应小于 lm。

（7）不同土质混合填筑路堤时，以透水性较小的土填筑于路堤下层时，应做成4%

的双向横坡；如用于填筑上层时，除干旱地区外，不应覆盖在由透水性较好的土所填筑的路堤边坡上。

（8）不同性质的土应分别填筑，不得混填。每种填料层累计总厚度不宜小于0.5m。

（9）凡不因潮湿或冻融影响而变更其体积的优良土应填在上层，强度较小的土应填在下层。

（10）河滩路堤填土，应连同护道在内，一并分层填筑。可能受水浸淹部分的填料，应选用水稳性好的土料。

六、填石路基施工技术

1. 填料要求

石料强度（饱水试件极限抗压强度）要求不小于15MPa，风化程度应符合规定，最大粒径不宜大于层厚的2/3。在高速公路及一级公路填石路堤路床顶面以下50cm范围内，填料粒径不得大于10cm，其他等级公路填石路堤路床顶面以下30cm范围内，填料粒径不得大于15cm。

2. 填筑方法

竖向填筑法、分层压实法、冲击压实法和强力夯实法。

（1）竖向填筑法（倾填法）主要用于二级及二级以下且铺设低级路面的公路在陡峻山坡施工特别困难或大量爆破以挖作填路段，以及无法自下而上分层填筑的陡坡、断岩、泥沼地区和水中作业的填石路堤。该方法施工路基压实、稳定问题较多。

（2）分层压实法（碾压法）是普遍采用并能保证填石路堤质量的方法。该方法自下而上水平分层，逐层填筑，逐层压实。高速公路、一级公路和铺设高级路面的其他等级公路的填石路堤采用此方法。填石路堤将填方路段划分为四级施工台阶、四个作业区段、八道工艺流程进行分层施工。四级施工台阶是：在路基面以下0.5m为第1级台阶，0.5～1.5m为第2级台阶，0.5～3.0m为第3级台阶，3.0m以下为第4级台阶。四个作业区段是：填石区段、平整区段、碾压区段、检验区段。施工中填方和挖方作业面形成台阶状，台阶间距视具体情况和适应机械化作业而定，一般长为100m左右。填石作业自最低处开始，逐层水平填筑，每一分层先是机械摊铺主骨料，平整作业铺撒嵌缝料，将填石空隙以小石或石屑填满铺平，采用重型振动压路机碾压，压至填筑层顶面石块稳定。

石方填筑路堤8道工艺流程是：施工准备、填料装运、分层填筑、摊铺平整、振动碾压、检测签认、路基成型、路基整修。

（3）冲击压实法利用冲击压实机的冲击碾周期性大振幅低频率地对路基填料进行冲击，压密填方；强力夯实法用起重机吊起夯锤从高处自由落下，利用强大的动力冲击，迫使岩土颗粒位移，提高填筑层的密实度和地基强度。

强力夯实法简要施工程序：填石分层强夯施工，要求分层填筑与强夯交叉进行，各分层厚度的松铺系数，第一层可取 1.2，以后各层根据第一层的实际情况调整。每一分层连续挤密式夯击，夯后形成夯坑，夯坑以同类型石质填料填补。由于分层厚度为 4 ~ 5m，填筑作业采用堆填法施工，装运用大型装载机和自卸汽车配合作业，铺筑时用大型履带式推土机摊铺和平整，夯坑回填也用推土机完成，每层主夯和面层的主夯与满夯由起重机和夯锤实施，路基面需要用振动压路机进行最后的压实平整作业。

强夯法与碾压法相比，只是夯实与压实的工艺不同，而填料粒径控制、铺填厚度控制都要进行，强夯法控制夯击击数，碾压法控制压实遍数，机械装运摊铺平整作业完全一样，强夯法需要进行夯坑回填。

七、土石路堤施工技术

1.填料要求

石料强度大于 20MPa 时，石块的最大粒径不得超过压实层厚的 2/3；当石料强度小于 15MPa 时，石料最大粒径不得超过压实层厚，超过的应打碎。

2.填筑方法

土石路堤不得采用倾填方法，只能采用分层填筑，分层压实。当土石混合料中石料含量超过 70％时，宜采用人工铺填；当土石混合料中石料含量小于 70％时，可用推土机铺填，最大层厚 40cm。

四、高填方路堤施工技术

水田或常年积水地带，用细粒土填筑路堤高度在 6m 以上，其他地带填土或填石路堤高度在 20m 以上时，称为高填方路堤。高填方路堤应采用分层填筑、分层压实的方法施工，每层填筑厚度根据所采用的填料决定。

八、粉煤灰路堤施工技术

粉煤灰路堤可用于高速公路。凡是电厂排放的硅铝型低铝粉煤灰都可作为路堤填料。由于是轻质材料，粉煤灰的使用可减轻土体结构自重，减少软土路堤沉降，提高土体抗剪强度。

粉煤灰路堤一般由路堤主体部分、护坡和封顶层，以及隔离层、排水系统等组成，其施工步骤主要有基底处理、粉煤灰储运、摊铺、洒水、碾压、养护与封层。

九、结构物处的回填施工技术

（一）一般规定

1. 填土长度：一般在顶部为距翼墙尾端不小于台高加 2m，底部距基础内缘不小于 2m；拱桥台背不少于台高的 3 ~ 4 倍；涵洞两侧填土长度不少于孔径的 2 倍及高出涵管顶 1.5m；挡土墙墙背回填部分顶部不少于墙高加 2m，底部距基础内缘不小于 2m。

填土高度：从路堤顶面起向下计算，在冰冻区一般不应小于 2.5m，无冰冻地区到高水位处，均应填以渗水性土，其余部分可用与路堤相同的土填筑，并在其上设横向排水盲沟或铺向外倾斜的黏土或胶泥层。

2. 桥涵等构造物处填土前，应完成台前防护工程及桥梁上部结构。

3. 结构物处的回填，一般要到基础混凝土或砌体的水泥砂浆强度达到设计强度的 70% 以上时才能填筑。

4. 填筑时，与路基衔接处填方区内的坡形地面做成台阶或锯齿形。

5. 桥台台背填土应与锥坡同时进行。

（二）填料要求

结构物处的回填材料应满足一般路堤填料的要求，优先选用挖取方便、压实容易、强度高的透水性材料，如石质土、砂土、砂性土。禁止使用捣碎后的植物土、白垩土、硅藻土、腐烂的泥炭土。黏性土不可用于高等级公路，在掺入小剂量石灰等稳定剂进行处理后可用于低等级公路结构物处的回填。

十、土质路堑施工技术

路堑的开挖方法根据路堑深度、纵向长短及现场施工条件，有横向挖掘法、纵向挖掘法和混合式挖掘法等几种基本方法。

（1）横向挖掘法包括适用于挖掘浅且短的路堑的单层横向全宽挖掘法和适用于挖掘深且短的路堑的多层横向全宽挖掘法；纵向挖掘法具体方法有分层纵挖法、通道纵挖法、分段纵挖法；混合式挖掘法为多层横向全宽挖掘法和通道纵挖法混合使用。

（2）推土机开挖土质路堑作业

推土机具有操作灵活、运转方便、所需工作场地小、短距离运土效率高等特点，既可独立作业，也可配合其他机械施工，带松土器的推土机还可进行松土作业，因此是土方路堑施工中最常用的机械之一。推土机开挖土方作业由切土、运上、卸土、倒退（或折返）、空回等过程组成一个循环。影响作业效率的主要因素是切土和运土两个环节。因此，必须以最短的时间和距离切满土，并尽可能减少土在推运过程中散失。推土机开挖土质路堑作业方法与填筑路基相同的有下坡推土法、槽形推土法、并列推土法、接力推土法和波浪式推土法。另有斜铲推土法和侧铲推土法。

（3）公路工程施工中以单斗挖掘机最为常见，而路堑土方开挖中又以正铲挖掘机使用最多。正铲挖掘机挖装作业灵活，回转速度快，工作效率高，特别适用于与运输车辆配合开挖土方路堑。正铲工作面的高度一般不应小于1.5m，否则将降低生产效率，过高则易塌方，损伤机具。其作业方法有侧向开挖和正向开挖。

十一、石质路堑施工技术

（一）基本要求

在开挖程序确定之后，根据岩石条件、开挖尺寸、工程量和施工技术要求，通过方案比较拟定合理的方式。其基本要求是：保证开挖质量和施工安全；符合施工工期和开挖强度的要求；有利于维护岩体完整和边坡稳定性；可以充分发挥施工机械的生产能力；辅助工程量少。

（二）开挖方式

1. 钻爆开挖：是当前广泛采用的开挖施工方法。有薄层开挖、分层开挖（梯段开挖）、全断面一次开挖和特高梯段开挖等方式。

2. 直接应用机械开挖：该方法没有钻爆工序作业，不需要风、水、电辅助设施，简化了场地布置，加快了施工进度，提高了生产能力。但不适于破碎坚硬岩石。

3. 静态破碎法：将膨胀剂放入炮孔内，利用产生的膨胀力，缓慢的作用于孔壁，经过数小时至24h达到300～500MPa的压力，使介质裂开。

（三）石质路堑爆破施工方法

1. 常用爆破方法

（1）光面爆破：在开挖限界的周边，适当排列一定间隔的炮孔，在有侧向临空面的情况下，用控制抵抗线和药量的方法进行爆破，使之形成一个光滑平整的边坡。

（2）预裂爆破：在开挖限界处按适当间隔排列炮孔，在没有侧向临空面和最小抵抗线的情况下，用控制药量的方法，预先炸出一条裂缝，使拟爆体与山体分开，作为隔震减震带，起保护和减弱开挖限界以外山体或建筑物的地震破坏作用。

（3）微差爆破：两相邻药包或前后排药包以毫秒的时间间隔（一般为15～75ms）依次起爆，称为微差爆破，亦称毫秒爆破。多发一次爆破最好采用毫秒雷管。当装药量相等时其优点是：可减震1/3～2/3左右；前发药包为后发药包开创了临空面，从而加强了岩石的破碎效果；降低多排孔一次爆破的堆积高度，有利于挖掘机作业；由于逐发或逐排依次爆破，减少了岩石夹制力，可节省炸药20%，并可增大孔距，提高每米钻孔的炸落方量。炮孔排列和起爆顺序，根据断面形状和岩性。多排孔微差爆破是浅孔深孔爆破发展的方向。

（4）定向爆破：利用爆破能将大量土石方按照指定的方向，搬移到一定的位置并堆积成路堤的一种爆破施工方法，称为定向爆破。它减少了挖、装、运、夯等工序，生产效率高。在公路工程中用于以借为填或移挖作填地段，特别是在深挖高填相间、工程量大的鸡爪形地区，采用定向爆破，一次可形成百米以至数百米路基。

（5）洞室爆破：为使爆破设计断面内的岩体大量抛掷（抛坍）出路基，减少爆破后的清方工作量，保证路基的稳定性，可根据地形和路基断面形式，采用抛掷爆破、定向爆破、松动爆破方法。抛掷爆破有三种形式：

平坦地形的抛掷爆破（亦称扬弃爆破）。自然地面坡角 a 在 <150，路基设计断面为拉沟路堑，石质大多是软石时，为使石方大量扬弃到路基两侧，通常采用稳定的加强抛掷爆破。

斜坡地形路堑的抛掷爆破。自然地面坡角。a 在 150 ～ 500 之间，岩石也较松软时，可采用抛掷爆破。

斜坡地形半路堑的抛坍爆破。自然地面坡度 a>300，地形地质条件均较复杂，临空面大时，宜采用这种爆破方法。在陡坡地段，岩石只要充分破碎，就可以利用岩石本身的自重坍滑出路基，提高爆破效果。

2. 综合爆破施工技术

综合爆破是根据石方的集中程度，地质、地形条件，公路路基断面的形状，结合各种爆破方法的最佳使用特性，因地制宜，综合配套使用的一种比较先进的爆破方法。一般包括小炮和洞室两大类。小炮主要包括钢钎炮、深孔爆破等钻孔爆破；洞室炮主要包括药壶炮和猫洞炮，随药包性质、断面形状和微地形的变化而不同。用药量 1t 以上为大炮，1t 以下为中小炮。

（1）钢钎炮通常指炮眼直径和深度分别小于 70mm 和 5m 的爆破方法。

特点：炮眼浅，用药少，每次爆破的方数不多，并全靠人工清除；不利于爆破能量的利用。由于眼浅，以致响声大而炸下的石方不多，所以工效较低。

优点：比较灵活，在地形艰险及爆破量较小地段（如打水沟、开挖便道、基坑等），在综合爆破中是一种改造地形，为其他炮型服务的辅助炮型。因而又是一种不可缺少的炮型。

（2）深孔爆破是孔径大于 75mm、深度在 5m 以上、采用延长药包的一种爆破方法。

特点：炮孔需用大型的潜孔凿岩机或穿孔机钻孔，如用挖运机械清方可以实现石方施工全面机械化，是大量石方（万方以上）快速施工的发展方向之一。

优点：劳动生产率高，一次爆落的方量多，施工进度快，爆破时比较安全。

（3）药壶炮是指在深 2.5 ～ 3.0m 以上的炮眼底部用小量炸药经一次或多次烘膛，使眼底成葫芦形，将炸药集中装入药壶中进行爆破。

特点：主要用于露天爆破，其使用条件是：岩石应在Ⅺ级以下，不含水分，阶梯高度（H）小于10 ～ 20m，自然地面坡度在700左右。如果自然地面坡度较缓，一般先用钢钎炮切脚，炸出台阶后再使用。经验证明，药壶炮最好用于Ⅶ～Ⅸ级岩石，中心挖深4～6m，阶梯高度在7m以下。

优点：装药量可根据药壶体积而定，一般介于10～60kg之间，最多可超过100kg。每次可炸岩石数十方至数百方，是小炮中最省工、省药的一种方法。

（4）猫洞炮系指炮洞直径为0.2～0.5m，洞穴成水平或略有倾斜（台眼），深度小于5m，用集中药锯炮洞中进行爆炸的一种方法。

特点：充分利用岩体本身的崩塌作用，能用较浅的炮眼爆破较高的岩体，一般爆破可炸松15～150ma。其最佳使用条件是：岩石等级一般为Ⅸ级以下，最好是Ⅴ～Ⅶ级；阶梯高度最小应大于眼深的两倍，自然地面坡度不小于500，最好在700左右。由于炮眼直径较大，爆能利用率甚差，故炮眼深度应大于1.5～2.0m，不能放孤炮。猫洞炮工效，一般可达4～10ma，单位耗药量在0.13～0.3kg/m³之间。

优点：在有裂缝的软石坚石中，阶梯高度大于4m，药壶炮药壶不易形成时，采用这种爆破方法，可以获得好的爆破效果。

十二、雨期施工地段的选择

1. 雨期路基施工地段一般应选择丘陵和山岭地区的砂类土、碎砾石和岩石地段和路堑的弃方地段。

2. 重黏土、膨胀土及盐渍土地段不宜在雨期施工；平原地区排水困难，不宜安排雨期施工。

3. 雨期施工前应做好下列准备工作

（1）对选择的雨期施工地段进行详细的现场调查研究，据实编制实施性的雨期施工组织计划。

（2）应修建施工便道并保持晴雨畅通。

（3）住地、库房、车辆机具停放场地、生产设施都应设在最高洪水位以上地点或高地上，并应远离泥石流沟槽冲积堆一定的安全距离。

（4）应修建临时排水设施，保证雨期作业的场地不被洪水淹没并能及时排除地面水。

（5）应储备足够的工程材料和生活物资。

4. 雨期填筑路堤

（1）雨期路堤施工地段除施工车辆外，应严格控制其他车辆在施工场地通行。

（2）在填筑路堤前，应在填方坡脚以外挖掘排水沟，保持场地不积水，如原地面松软，应采取换填措施。

（3）应选用透水性好的碎（卵）石土、沙砾、石方碎渣和砂类土作为填料。利用挖方工作填方时应随挖随填，及时压实。含水量过大无法晾干的土不得用作雨期施工填料。

（4）路堤应分层填筑。每一层的表面，应做成2%～4%的排水横坡。当天填筑的土层应当天完成压实。

（5）雨期填筑路堤需借土时，取土坑距离填方坡脚不宜小于 3m。平原区路基纵向取土时，取土坑深度一般不宜大于 lm。

5. 雨期开挖路堑

（1）土质路堑开挖前，在路堑边坡坡顶 2m 以外开挖截水沟并接通出水口。

（2）开挖土质路堑宜分层开挖，每挖一层均应设置排水纵横坡。挖方边坡不宜一次挖到设计标高，应沿坡面留 30cm 厚，待雨期过后整修到设计坡度。以挖作填的挖方应随挖随运随填。

（3）土质路堑挖至设计标高以上 30 ~ 50cm 时应停止开挖，并在两侧挖排水沟。待雨期过后再挖到路床设计标高后再压实。

（4）土的强度低于规定值时应按设计要求进行处理。

（5）雨期开挖岩石路堑，炮眼应尽量水平设置。边坡应按设计坡度自上而下层层刷坡，坡度应符合设计要求。

十三、冬期施工

1. 在反复冻融地区，昼夜平均温度在 -30℃以下，连续 10 天以上时，进行路基施工称为路基冬期施工。

2. 当昼夜平均温度虽然上升到 -3℃以上，但冻土未完全融化时，亦应按冬期施工。

3. 路基施工可冬期进行的工程项目

（1）泥沼地带河湖冻结到一定深度后，如需换土时可趁冻结期挖去原地面的软土、淤泥层换填合格的其他填料。

（2）含水量高的流动土质、流沙地段的路堑可利用冻结期开挖。

（3）河滩地段可利用冬期水位低，开挖基坑修建防护工程，但应采取加温保温措施，注意养护。

（4）岩石地段的路堑或半填半挖地段，可进行开挖作业。

4. 路基工程不宜冬期施工的项目

（1）高速公路、一级公路的土路基和地质不良地区的二级以下公路路堤。

（2）铲除原地面的草皮，挖掘填方地段的台阶。

（3）整修路基边坡。

（4）在河滩低洼地带将被水淹的填土路堤。

5. 冬期填筑路堤

（1）冬期施工的路堤填料，应选用未冻结的砂类土，碎石土、卵石土，开挖石方的石块石渣等透水性良好的土。

（2）冬期填筑路堤，应按横断面全宽平填，每层松厚应按正常施工减少 20% ~ 30%，且最大松铺厚度不得超过 30cm。压实度不得低于正常施工时的要求。当天填的土必须当天完成碾压。

（3）当路堤高距路床底面 lm 时，应碾压密实后停止填筑。

（4）挖填方交界处，填土低于 lm 的路堤都不应在冬期填筑。

（5）冬期施工取土坑应远离填方坡脚。如条件限制需在路堤附近取土时，取土坑内侧到填方坡脚的距离应不得小于正常施工护坡道的 1.5 倍。

（6）冬期填筑的路堤，每层每侧应按设计和有关规定超填并压实。待冬期后修整边坡，削去多余部分并拍打密实或加固。

6. 冬期施工开挖路堑表层冻土的方法

（1）爆破冻土法：当冰冻深度达 lm 以上时可用此法炸开冻土层。炮眼深度取冻土深度的 0.75 ~ 0.9 倍，炮眼间距取冰冻深度的 1 ~ 1.3 倍并按梅花形交错布置。

（2）机械破冻法：lm 以下的冻土层可选用专用破冻机械如冻土犁、冻土锯和冻土铲等，予以破碎清出。

（3）人工破冻法：当冰冻层较薄，破冻面积不大，可用日光暴晒法、火烧法、热水开冻法、水针开冻法、蒸汽放热解冻法和电热法等方法胀开或融化冰冻层，并辅以人工撬挖。

7. 冬期开挖路堑

（1）当冻土层破开挖到未冻土后，应连续作业，分层开挖，中间停顿时间较长时，应在表面覆雪保温，避免重复被冻。

（2）挖方边坡不应一次挖到设计线，应预留 30cm 厚台阶，待到正常施工季节再削去预留台阶，整理达到设计边坡。

（3）路堑挖至路床面以上 lm 时，挖好临时排水沟后，应停止开挖并在表面覆以雪或松土，待到正常施工时，再挖去其余部分。

（4）冬期开挖路堑必须从上向下开挖，严禁从下向上掏空挖"神仙土"。

（5）每日开工时先挖向阳处，气温回升后再挖背阴处，如开挖时遇地下水源，应及时挖沟排水。

（6）冬期施工开挖路堑的弃土要远离路堑边坡坡顶堆放。弃土堆高度一般不应大于 3m，弃土堆坡脚到路堑边坡顶的距离一般不得小于 3m，深路堑或松软地带应保持 5m 以上。弃土堆应摊开整平，严禁把弃土堆于路堑边坡顶上。

第三章 桥梁工程

第一节 概 述

桥梁工程指桥梁勘测、设计、施工、养护和检定等的工作过程，以及研究这一过程的科学和工程技术，它是土木工程的一个分支。桥梁工程学的发展主要取决于交通运输对它的需要。

桥梁工程学主要研究桥渡设计，决定桥梁孔径，考虑通航和线路要求以确定桥面高度，考虑基底不受冲刷或冻胀以确定基础埋置深度，设计导流建筑物等；桥式方案设计；桥梁结构设计；桥梁施工；桥梁检定；桥梁试验；桥梁养护等方面。

古代桥梁以通行人、畜为主，载重不大，桥面纵坡可以较陡，甚至可以铺设台阶。自从有了铁路以后，桥梁所承受的载重逐倍增加，线路的坡度和曲线标准要求又高，且需要建成铁路网以增大经济效益，因此，为要跨越更大更深的江河、峡谷，迫使桥梁向大跨度发展。

在建桥材料方面，以高强、轻质、低成本为选择的主要依据，仍以发展传统的钢材和混凝土为主，提高其强度和耐久性。

石材、木材、铸铁、锻铁等桥梁材料，显然不合要求，而钢材的大量生产正好满足这一要求。

在桥梁施工方面，对施工组织将充分利用电子计算机进行经济有效的管理。在施工技术中，将不断引用新技术和高效率、高功能的机具设备，借以提高质量、缩短工期、降低造价。

1. 桥梁下部结构施工

桥梁墩台施工：整体式墩台施工，有石砌墩台、混凝土墩台；装配式墩台施工；砌块式墩台施工；柱式墩台施工。

墩台基础施工：明挖扩大基础施工；桩与管柱基础施工；沉井基础施工。

2. 桥梁上部结构施工

桥梁承载结构施工：支架现浇法；预制安装法；悬臂施工法；转体施工法；顶推施工法；移动模架主孔施工法；横移法；提升与浮运法。

3. 梁式桥施工

简支梁桥，等截面连续梁桥，预应力混凝土变截面连续梁桥，预应力混凝土连续钢构桥，钢梁桥。

在桥梁维修检查中，引用新型精密的测量仪表，如用声测法对结构材料的缺陷以及弹性模量进行测定；用手携式金相摄影仪检查钢材的晶体结构性能及早进行加固防患于未然，以便延长桥梁的使用寿命。

桥梁工程始终是在生产发展与各类科学技术进步的综合影响下，遵循适用、安全、经济与美观的原则，不断的向前发展。

一、桥梁的组成

（一）桥梁的五"大部件"与五"小部件"

1. 五"大部件"包括：桥跨结构、支座系统、桥墩、桥台、墩台基础。

2. 五"小部件"包括：桥面铺装（或称行车道铺装）、排水防水系统、栏杆（或防撞栏杆）、伸缩缝、灯光照明。

（二）相关尺寸术语名称

1. 净跨径：梁式桥是设计洪水位上相邻两个桥墩（或桥台）之间的净距，用 l0 表示。对于拱式桥，净跨径是每孔拱跨两个拱脚截面最低点之间的水平距离。

2. 总跨径：是多孔桥梁中各孔净跨径的总和，也称桥梁孔径，它反映了桥下宣泄洪水的能力。

3. 计算跨径：对于具有支座的桥梁，是指桥跨结构相邻两个支座中心之间的距离，用 l 表示。拱圈（或拱肋）各截面形心点的连线称为拱轴线，计算跨径为拱轴线两端点之间的水平距离。

4. 桥梁全长简称桥长：是桥梁两端两个桥台的侧墙或八字墙后端点之间的距离，用 L 表示。对于无桥台的桥梁为桥面自行车道的全长。

5. 桥梁高度简称桥高：是指桥面与低水位之间的高差，或为桥面与桥下线路面之间的距离。桥高在某种程度上反映了桥梁施工的难易性。

6. 桥下净空高度：是设计洪水位或计算通航水位至桥跨结构最下缘之间的距离，以 H 表示。它应保证能安全排洪，并不得小于对该河流通航所规定的净空高度。

7. 建筑高度：是桥上行车路面（或轨顶）标高至桥跨结构最下缘之间的距离，它不仅与桥梁结构的体系和跨径的大小有关，而且还随行车部分在桥上布置的高度位置而异。公路（或铁路）定线中所确定的桥面（或轨顶）标高，与通航净空顶部标高之差，又称为容许建筑高度。桥梁的建筑高度不得大于其容许建筑高度，否则就不能保证桥下的通航要求。

8. 净矢高：是从拱顶截面下缘至相邻两拱脚截面下线最低点之间连线的垂直距离，f0

表示；计算矢高：是从拱顶截面形心至相邻两拱脚截面形心之间连线的垂直距离，用 f 表示。

9. 矢跨比：是拱桥中拱圈（或拱肋）的计算矢高 f 与计算跨径 l 之比（f/l），也称拱矢度，它是反映拱桥受力特性的一个重要指标。

二、桥梁的分类

（一）桥梁的基本体系

按结构体系划分，有梁式桥、拱桥、刚架桥、悬索桥四种基本体系，其他还有几种由几种基本体系组合而成的组合体系等。

1. 梁式体系

梁式体系是古老的结构体系。梁作为承重结构是以它的抗弯能力来承受荷载的。梁分简支梁、悬臂梁、固端梁和连续梁等。悬臂梁、固端梁和连续梁都是利用支座上的卸载弯矩去减少跨中弯矩，使梁跨内的内力分配更合理，以同等抗弯能力的构件断面就可建成更大跨径的桥梁。

2. 拱式体系

拱式体系的主要承重结构是拱肋（或拱箱），以承压为主，可采用抗压能力强的圬工材料（石、混凝土与钢筋混凝土）来修建。拱分单铰拱、双铰拱、三铰拱和无铰拱。拱是有水平推力的结构，对地基要求较高，一般常建于地基良好的地区。

3. 刚架桥

刚架桥是介于梁与拱之间的一种结构体系，它是由受弯的上部梁（或板）与承压的下部柱（或墩）整体结合在一起的结构。由于梁与柱的刚性连接，梁因柱的抗弯刚度而得到卸载作用，整个体系是压弯结构，也是有推力的结构。刚架分直腿刚架与斜腿刚架。刚架桥施工较复杂，一般用于跨径不大的城市桥或公路高架桥和立交桥。

4. 悬索桥

就是指以悬索为主要承重结构的桥。其主要构造是：缆、塔、锚、吊索及桥面，一般还有加劲梁。其受力特征是：荷载由吊索传至缆，再传至锚墩。传力途径简捷、明确。悬索桥的特点是：构造简单，受力明确；在同等条件下，跨径愈大，单位跨度的材料耗费愈少、造价愈低。悬索桥是大跨桥梁的主要形式。

5. 组合体系

（1）连续钢构：连续钢构是由梁和钢架相结合的体系，它是顶应力混凝土结构采用悬臂施工法而发展起来的一种新体系。

（2）梁、拱组合体系：这类体系中有系杆拱、桁架拱、多跨拱梁结构等。它们利用梁的受弯与拱的承压特点组成联合结构。

（3）斜拉桥：它是由承压的塔、受拉的索与承弯的梁体组合起来的一种结构体系。

（二）桥梁的其他分类

1.按用途划分，有公路桥、铁路桥、公路铁路两用桥、农桥、人行桥、运水桥（渡槽）及其他专用桥梁（如通过管路、电缆等）。

2.按桥梁全长和跨径的不同，分为特大桥、大桥、中桥和小桥。

3.按主要承重结构所用的材料划分，有圬工桥（包括砖、石、混凝土桥）、钢筋混凝土桥、预应力混凝土桥、钢桥和木桥等。

4.按跨越障碍的性质，可分为跨河桥、跨线桥（立体交叉）、高架桥和栈桥。

5.按上部结构的行车道位置，分为上承式桥、下承式桥和中承式桥。

三、桥梁施工准备工作

（一）施工准备工作的重要性

施工准备工作的基本任务是为桥梁工程的施工建立必要的技术和物质条件，统筹安排施工力量和施工现场，是施工企业搞好目标管理，推行技术经济承包的重要依据，同时也是施工得以顺利进行的根本保证。认真做好施工准备工作，对于发挥企业优势、合理供应资源、加快施工进度、保证工程质量和施工安全、降低工程成本、增加企业经济效益，为企业赢得社会效益、实现企业管理现代化等具有重要意义。

（二）施工准备工作的分类

根据施工阶段的不同，可将施工准备工作分为两类：

1.工程项目开工前的施工准备。这是在工程正式开工前所进行的一切施工准备工作，其目的是为工程正式开工创造必要的施工条件。

2.各施工阶段前的施工准备。这是在工程项目开工之后，每个施工阶段正式开工之前所进行的一切施工准备工作，其目的是为施工阶段正式开工创造必要的施工条件。

施工准备工作既要有阶段性，又要有连贯性，必须有计划、有步骤、分期分阶段地进行，要贯穿于工程项目施工的整个过程。

（三）施工准备工作的内容

施工准备工作主要包括：技术准备、劳动组织准备、物质准备和施工现场准备等。

1.技术准备

技术准备是施工准备的核心。由于技术准备上的差错和隐患将造成生命、财产和经济的巨大损失，因此必须认真做好技术准备工作。

技术准备的具体内容如下：

（1）熟悉设计文件、研究核对设计图纸

全面领会设计意图，透彻了解桥梁的设计标准、结构和构造细节；检查核对设计图纸与其各组成部分之间有无矛盾或错误；在几何尺寸、坐标、高程、说明等方面是否一致，技术要求是否正确等等，发现问题及时与设计单位和监理工程师涉商解决。

（2）进一步调查分析原始资料

施工前应对施工现场进行实地勘察，已尽可能多地获得有关原始数据的第一手资料，这对于正确选择施工方案、制定技术措施、合理安排施工顺序和施工进度计划以及编制切合实际的施工组织设计都是非常必要的。主要调查项目如下：

①自然条件的调查分析：地质、水文、气象、施工现场的地形地物、桥梁工程所在地区的国家水准基点和绝对标高等情况。

②技术经济条件的调查分析：施工现场的动迁、当地可利用的地方材料、砂石料场、水泥生产厂家及产品质量、地方能源和交通运输、地方劳动力和技术水平、当地生活物质供应、可提供的施工用水用电条件、设备租赁、当地消防治安、分包单位的力量和技术水平等状况。

（3）施工前的设计技术交底

通常由建设单位主持，设计、监理、施工单位参加，对设计图纸的疑问、建议或变更在形成统一认识的基础上，做好记录，形成设计技术交底纪要，由建设单位正式行文，参加单位共同会签盖章，作为施工合同的一个补充文本，与设计文件同时使用，是指导施工的依据，也是建设单位与施工单位进行工程结算的依据之一。

（4）确定施工方案，进行施工设计

（5）编制施工组织设计和施工预算

2. 劳动组织准备

（1）监理施工组织结构

（2）合理设置施工班组

（3）施工力量的集结进场和培训

（4）向施工班组和操作工人进行开工前的交底

（5）建立健全各项管理制度

3. 物质准备

物质准备工作的内容主要包括：工程材料的准备；构件和制品的加工准备；施工机具设备的准备以及各种工具和备件的准备。

物质准备工作的程序一般为：根据施工预算、分部分项工程的施工方法和施工进度安排制订需要量的计划；与有关单位签订供货合同；拟定运输计划和运输方案；按施工平面图的要求，组织物质按计划时间进场，在指定地点、按规定方式进行储存或堆放，以便随时提供给工程使用。

4. 施工现场准备

具体内容如下：

（1）做好施工测量控制网的复测和加密工作

（2）做好施工现场的补充钻探

（3）搞好三通一平

是指路通、水通、电通和平整场地。

（4）建造临时设施

（5）安装调试施工机具

（6）原材料的试验和储存堆放

（7）做好冬雨季施工安排

第二节　桥梁基础施工

一、明挖扩大基础施工

（一）基础定位放线

在基础开挖前，先进行基础的定位放线工作，以便正确地将图纸上的基础位置准确地设置到桥址上来。放样工作系根据桥梁的中心线与墩台的纵横轴线，推出基础边线的定为点，再放线划出基坑的开挖范围，具体的定为工作视基坑的深浅而有所不同。基坑较浅时，可使用挂线板划，拉线挂锤球进行定位；基坑较深时，用设置定位桩形成定位线等进行定位，基坑各制点标高及开挖过程中标高的检查按一般水准测量方法进行。

（二）施工方法

对刚性扩大基础的施工，一般采用明挖，根据开挖深度、边坡土质、渗水情况及施工场地、开挖方式、施工方法可以有多种选择。本标段因河床干涸、无水，故可采用放坡开挖及坑壁支撑开挖方法。

1.放坡开挖

（1）测量放线应在基础开挖前通知监理工程师，检查、测量基础平面位置和现有地面标高。用经纬仪测出墩、台基础纵、横中心线，放出上口开挖边桩，边坡的放坡率可参照下表3-2-1。基坑下口开挖的大小应满足基础施工的要求，渗水的土质，基底平面尺寸可适当加宽50cm～100cm，便于设置排水沟和安装模板，其他情况可放小加宽尺寸，不设基础模板时，按设计平面尺寸开挖。

（2）开挖作业方式以机械作业为主，采用反铲挖掘机配自卸汽车运输作业辅以人工清槽。单斗挖掘机（反铲）斗容量根据上方量和运输车辆的配置可选择0.4～0.1立方米，控制深度4～6m。挖基土应外运或远离基坑边缘卸土，以免塌方和影响施工。

明挖基础放坡开挖坑壁坡度表　表 3-2-1

坑壁土质	坑壁坡度		
	基坑顶缘无载重	基坑顶缘有静载	基坑顶面有动载
砂类土	1：1	1：1.25	1：1.5
碎石、卵石类土	1：0.75	1：1	1：1.25
亚黏土	1：0.6	1：0.75	1：1
软土	1：0 ~ 0.25	1：0.33	1：0.67
硬岩	1：0	1：0	1：0

（3）施工注意事项

①在基坑顶缘四周适当距离处设置截水沟，并防止水沟渗水，以避免地表水冲刷坑壁，影响坑壁的稳定性。

②坑壁边缘应当留有护道，静荷载不少于 0.5m，动荷载距坑边缘不小于 1.0m，垂直坑壁边缘的护道还应适当增宽，水文地质条件欠佳时应有加固措施。

③应经常注意观察坑壁边缘有无裂缝，坑壁有无松散、塌落现象发生，以确保安全施工。

④基坑施工不可延续时间过长，自开挖至基础完成，应抓紧时间连续施工。

⑤如用机械开挖基础，在挖至基底时，应保留不少于 30cm 的厚度，在基础浇筑圬工前用人工挖至基底标高。

2.坑壁支撑开挖

当坑壁土质不易稳定，并有地下水影响，或者放坡工程量过大，或者施工现场与邻近建筑物靠近，不能采用放坡开挖时，要采用直衬板支撑的基坑开挖方法。

（1）基底检验

基础是隐蔽工程，在基础砌筑前应按规定检验基础是否符合设计要求。检验的主要内容包括：检查基底平面位置、尺寸打下、基底标高；检查基底土质均匀性、地基稳定性及承载力等；检查基底处理和排水情况；检查施工日志及有关实验资料等等。基底平面周线位置容许偏差不得大于 20cm，基底标高不得超过 ±5cm（土质）、+5 ~ 20cm（石质）。

（2）基底处理

天然地基上的基础是直接靠土壤来承担荷载的，故基底土壤状态的好坏，对基础及墩台、上部结构的影响极大。不能仅检查土壤的名称与容许承载力大小，还应为土壤更有效地承担荷载创造条件，即要进行基底处理。具体的处理方法参见下表 3-2-2

表 3-2-2

基底处理	处理办法
岩层	1、未风化的岩层基底，应清除碎石、石块、淤泥、苔藓等；2、风化的岩层基底，开挖基坑尺寸要少留或不留余量。灌注基底圬工时，同时将坑底填满，封闭岩层；3、岩层倾斜时，应将岩面凿平或凿成台阶，使承重面与重力线垂直，以免滑动；4、砌筑前，岩层表面用水清洗干净
碎石及砂类土壤	承重面应修理平整夯实，砌筑前铺一层 2cm 厚的浓稠水泥砂浆
黏土层	1、铲平基坑时，不能扰动土壤天然结构，不得用土回填；2、必要时，加一层 10cm 厚的夯填碎石，碎石面不得高出基底设计标高；3、基坑开挖完处理后，应在最短期间内砌筑基础，防止暴露过久变质
湿陷性黄土	1、基底必须有防水措施；2、根据土质条件，使用重锤夯实、换填、挤密桩等措施，进行加固，改善土性质；3、基底回填不得使用砂、砾石等透水土壤，应用原土加夯封闭
软土层	1、基底软土小于 2m 时，可将软土层全部挖除，换以中、粗砂、砾石、碎石等力学性质较好的填料；分层夯实；2、软土层深度大时，应布置砂桩（或砂井）穿过软土层，上层铺砂垫层
冻土层	1、冻土基础开挖宜用天然或人工冻结法施工，并应保持基底冻层不隔化；2、基底设计标高以下，铺一层 10 ~ 30cm 粗砂或 10cm 的冷砼垫层，作为隔热层
溶洞	1、暴露的溶洞应用浆砌片石、砼填充或填砂、沙砾后，压水泥浆充实加固；2、检查有无隐蔽溶洞，在一定深度内钻孔检查；3、有较深的溶洞时，也可作钢筋混凝土概板或梁跨越，亦可改变跨径避开
泉眼	1、插入钢管或做木井，引出泉水使与圬工隔离，以后用水下混凝土填实；2、在坑底凿成暗沟，上放盖板，将水引出至基础以外的汇水井中抽出，圬工硬化后，停止抽水

3. **基础砼浇注**

重要的基础构造物施工应先浇注大于 10cm 的砼垫层以便在其上支立模板、绑扎钢筋，砼垫层也有利于施工排水。

（1）基础施工时，应加强排水，保持在无水的条件下进行基础钢筋绑扎、模板安装。

①基础砼浇注前，干土基要洒水湿润，湿土基要铺以碎石垫层或水泥砂浆层，石质地基要清除松散粒料，才可浇注基础砼。

②砼浇注应连续进行，当必须间歇时，应在前层砼初凝之前将下层砼浇注完毕。

③在基底渗水严重的基坑中修筑基础，先浇水下砼封底，待其达到要求强度时，排水清淤凿出新的砼顶面，再进行浇筑。

（2）大体积砼的施工

①大体积砼具有以下特点：

砼结构物体积大，需要浇注大量的砼。

大体积砼常处于潮湿或与水接触的环境条件下，因此除满足强度外，还必须具有良好的耐久性和抗渗性，甚至耐侵蚀性和抗冲击能力。

大体积砼强度等级高，水泥用量大，水化热和收缩容易造成结构的开裂。

大体积砼由于其水泥水化热不容易很快消夫，蓄热于内部，使温度升高较大，因此对温度进行控制，是大体积砼施工最突出的问题。一般当结构物最小尺寸在 3m 以上，单面散热面积最小尺寸在 75cm 以上，双面散热在 100cm 以上，水化热引起的最高温度与外界气温之差大于 25℃时，即可视为大体积砼施工。

②施工准备

水泥：选用水化热低、初凝时间长的矿渣水泥 325#、425#。

砂：选用粗砂或中砂，含泥量＜3%。

石子：0.5 ~ 3.2cm 粒径的碎石或卵石。

外加剂：可选用复合型外加剂和粉煤灰以减少绝对用水和水泥用量，延缓凝结时间。

施工配合比一般要求，水泥用量控制在 300Kg/m³ 以下，泵送砂率在 0.4 ~ 0.45 间，坍落度 10 ~ 14cm 为宜。

夏季施工采用冷却拌和水或掺冰屑的方法，达到降低拌和温度的目的。夏季砂石料堆可设简易遮阳棚，必要时可向骨料喷水。

砼搅拌：加料顺序如下：石子—水泥—砂子—（水＋外加剂），为使砼拌合均匀，自全部拌合料倒入搅拌筒中算起，搅拌时间应不少于 1．5 分钟。

4. 砼的浇注

（1）砼必须分层浇注，分层捣实。根据基础不同情况、浇注方案可分为：

①一次整体浇注：采用全面分层法，即第一层全面浇注完毕后再浇注第二层，每层的间隔时间以砼未初凝为准，如此逐层进行。施工时从短边开始，沿长边进行，必要时也可以从中间向两边或两边向中央进行。除此之外还可以选用分段分层和斜面分导的砼浇注方法。施工前，根据基础尺寸、砼数量、初凝时间，分层厚度，选择浇注方法和砼泵、罐车数量及相应的搅拌砼设备能力。如设计要求敷设冷却水管，应适当增加一些构造钢筋，保证冷却水管有一定的稳定性。

②分层浇筑：当基础厚度较厚，一次浇筑砼方量过大时，可分层浇筑，分层的厚度 0.6 ~ 1.5m 为宜。分层的目的是通过增加表面系数，以利于砼的内部散热，层间的间隔时间从理论上讲应以砼表面温度降至大气平均温度为好，最小间隔时间应不小于砼内部最高温度出现以后，一般 5 ~ 14 天之间。上层浇筑前，应清除下层砼水 泥薄膜和松动石子以及软弱砼面层，并进行湿润、清洗。

（2）大体积砼的水化热温度控制

①选用低水化热的矿渣水泥或大坝水泥。

②采用双掺技术，即在砼中掺加高效外加剂和粉煤灰。

③掺加适量缓凝剂，推迟凝固时间。

④在高温季节对砼用水、砂、石采取降温措施尽量降低砼入模温度。

⑤严格控制砼的坍落度，在保证强度的前提下尽量减少水泥用量。

⑥如设计要求在砼中埋设冷却水管，通过冷却降温进出水温差不宜大于 10℃，以防止水管周围产生温度裂缝。

⑦保持砼内部温度与外界温差 < 25℃。

（3）砼的振捣

使用插入式振捣器，振捣方式可以垂直于砼面插入振捣棒，或与砼面成 40 ~ 50 倾角斜向插入振捣棒，振捣棒的使用要"快插慢拔"，每一个插点振捣时间以 20 ~ 30s 为宜，为保证砼质量最好采用复振措施。

（4）砼的养护

砼达到初凝后即开始进行塑料布覆盖，为防止砼脱水开裂，在塑料布上应再双层覆盖草袋，二层草袋迭缝，因一般砼浇筑后第 3 ~ 4 天内部温度最高，以后逐渐降低，所以覆盖的拆除不能过早、过快，一般以 10 天左右为宜。

（5）测温工作

①根据基础平面尺寸、厚度的不同情况，合理、经济地布设测温点，并绘制测温布置图。

②采用热电隅温度计和玻璃温度计共同测温方式，其敷设间距高度方向 50 ~ 80cm，平面方向 250 ~ 500cm。距边角和表面应大于 5cm。测温应有专人负责，每 4 小时一次。

（6）大体积砼施工工艺流程：施工准备—清理和湿润模板—埋设测温装置—确定砼配合比—砼搅拌—砼运输—砼浇筑（分层）—振捣—砼养护—测温。

5. 基坑回填

（1）基坑的回填必须采用监理工程师批准的能够充分压实的材料，坚决禁用草皮土、垃圾和有机土等回填，严禁结构物基础超挖回填虚土。

（2）未经监理工程师的许可，不对基坑进行回填。回填时应同时在两侧及基本相同的标高进行，特别要防止对桥墩、台形成单侧施压。必要时，挖方内的边坡应修成台阶形。

（3）回填材料应分层摊铺并用蛙式打夯机压实至设计或监理工程师要求的标准。回填土的含水量要严格控制。

（4）需回填的即＝及时排水，若无法排除基坑积水时，则应用沙砾材料回填，并在水中分薄层铺筑，直到回填进展到该处的水全部被回填的沙砾材料所掩盖并达到充分压实的程度时，再进行充分夯实。

二、桩基础施工

（一）施工工艺

本工程冲孔桩的施工工艺主要包括以下工序。

1. 护筒设置及定位；

2. 冲孔机冲击成孔；

3. 钢筋笼制作、安装；

4. 灌注水下混凝土。

（二）工艺流程和施工技术措施

1. 工艺流程

本工程的工艺流程如下采用如下工艺流程，（见图），并各工序的技术措施如下：

冲孔灌注桩施工工艺流程。

2. 技术措施

（1）准备工作

①测量放线

建立临时施工控制网：为保证桩位定点的准确性，本工程拟采用外围控制网及场内定点控制网的方法进行施工测量、定点；

建立外围控制网：根据施工图纸各轴线关系，选择控制轴线，延伸至施工场地外建立控制点网，以便校对桩位时进行测量复核；

建立场内控制网：因本工程的轴线交错较大，场外控制网点不能完全确定轴位走向及定点，因而必须在场内建立与场外控制网关联的牢固网点，进行控制；

放桩定位，在建立控制网后，对全建筑物桩位进行放样，建立固定标桩，标桩采用 $\geq \phi 16$ 钢筋，其埋设深度不低于 0.8m，并高出地面 10cm，标桩固定用混凝土覆盖加以保护；

建立标桩时，应反复测量核对，建立放线册，交付监理单位存档及现场复核。

②护筒设置及桩机定位

冲孔桩径小，护筒一般用 4～8mm 厚的钢板加工制成，高度为 1.5～2m。冲孔桩的护筒内径应比钻头直径大 100mm。护筒顶部应开设溢浆口，并高出地面 0.15～0.30m。

护筒有定位、保护孔口和维持水位高差等重要作用。护筒位置要根据设计桩位，按纵横轴线中心埋设。埋设护筒的坑不要太大。坑挖好后，将坑底整平，然后放入护筒，经检查位置正确，筒身竖直后，四周即用黏土回填，分层夯实，并随填随观察，防止填土时护筒位置偏移。护筒埋好后应复核校正，护筒中心与桩位中心应重合，偏差不得大于 50mm。

护筒的埋设深度：在粘性土中不得小于 1m；在砂土中不得小于 1.5m，并应保持孔内泥浆液面高于地下水位 1m 以上。

桩机定位：桩机对桩位采用十字交叉法，即在已设置的护筒上拉十字线，令其十字交叉点与标桩重合，然后移机就位，将桩机钢丝绳的作用中心与十字交叉点重合；

桩机安装定位后，要精心调平，保持机座水平，天车转盘中心与桩位中心三点在同一直线上，再将冲机固定，确保施工中不发生偏移。

3. 循环系统布置

在整个施工过程中钻孔采用自流式正循环系统，在灌注混凝土前的清孔中则采用掏渣筒掏渣，因而在循环系统在布置上亦分设两部分：

（1）自流式正循环系统：在施工现场内配设循环池，循环池容积不少于 3m³，具体位置在成孔位附近，水沟长度不少于 3m，这样有利于碴样沉淀。

（2）掏渣筒掏渣：在灌注混凝土前的清孔阶段采用。

4. 基坑土方开挖后进行钻（冲）孔桩的地基处理

（1）基坑支护及土方开挖是由上一标段施工，土方开挖后根据现场地基地质的实际情况进行地基处理，并必须修筑道路至基坑底。

（2）地基处理方法：采用 50 ~ 150mm 的碎石（毛石）500mm 厚进行基层处理，在基层处理时边用挖土机边铺设平整进行来回压实。

5. 施工道路的设置

（1）按勘察结果资料查明该工程地基存在溶洞。在桩基础施工时，有可能随时出现地面下沉、坍塌等事情发生，必须备足填充材料。

（2）在钻（冲）孔（溶洞）施工过程中，有可能造成的塌孔、地陷等现象发生。

（三）成孔作业

1. 成孔注意事项

（1）根据工程地质情况，成孔直径及入岩情况，本工程高层房屋的桩基成孔采用冲机冲进成孔，开孔时，应低锤密击。

（2）在冲进时，根据各地层的地质情况，适当选择泥浆的稠度，在开始冲进时，由于表层回填土较易形成泥浆，可加入清水冲进，待至一定的深度后，可进行泥浆循环冲进；

（3）在冲进过程中，注意地层的变化，对不同的土层，在冲进时，要适当调整泥浆的浓度，以利形成有效的护壁，防止出现塌孔。根据超前钻的勘察报告中看出，地质土层由砂层为主，在冲孔过程中冲锤的震动等原因可能会导致砂层松动塌落下来，桩会变为大肚桩，使得实际混凝土用量增大。为防止这情况出现，设计给出建议在施工过程中桩身每冲进 2 米左右时添加相应体积的黄泥来增加泥浆的黏稠度，保证泥浆比重保持在一个高值，泥浆护壁的厚度，控制好桩身的尺寸。

（4）保证成孔的垂直度，要注意观察桩机的机座是否平稳，钢丝绳是否与孔中心重合。

如果出现偏孔，应回填块石进行修孔，在确保成孔垂直后方可继续冲进；

（5）进入基岩后，应低锤冲击或间断冲击，如发现偏孔应回填片石至偏孔上方 300mm ~ 500mm 处，然后重新冲孔；

（6）遇到孤石时，采用高低冲程交替冲击，将大孤石击碎或击入孔壁；

（7）每冲进 5m 深度验孔一次，在更换钻头前或容易缩孔处应进行验孔；

（8）进入基岩后，非桩端持力层每钻进 300 ~ 500mm，桩端持力层每钻进 100 ~ 300mm 取样一次。

2. 入岩深度的判断与终孔

入岩深度的判断是本工程的关键控制因素，是关系本工程桩质量的主要技术环节。

入岩深度的判断方法，主要参考设计要求、地质勘查资料反映的持力层埋深，结合孔底的岩渣样进行判断。在确定持力层岩样达到设计要求时，应及时通知监理及甲方代表，会同地质勘查单位、设计单位进行确认。当桩孔按要求达到设计的岩层深度后，由现场监理及甲方确认签字后，方可终孔，并留取碴样，以备检查。

3. 垂直度及桩孔直径检查

为了保证桩的垂直度和桩的直径满足设计和规范要求，在确定达到入岩深度后，在桩锤上用 φ14 钢筋焊接一个同桩的直径相同的圆，然后将桩锤放入桩孔中上下垂直运动两次，将桩的孔壁上附着的超厚泥浆刮掉，以保证桩的直径符合要求。

4. 清孔

当冲孔达到设计深度，冲孔应停止冲进，泥浆同时通过泥浆泵泵入孔中补充，自然溢出，反复循环将孔内的泥土带出，泥浆比重将逐渐随之下降。这一工序谓之清孔，当泥浆比重下降至 1.05 ~ 1.20，黏度 ≤28s，含砂率 ≤8% 时，清孔完毕，可将钻孔交付验收。

（1）清孔

第一次清孔：冲进达到设计深度后，先将冲头提离孔底约 50mm，进行换浆清孔，回流泥浆比重控制在 1：30 左右。

第二次清孔：在下入钢筋笼、灌注混凝土前，用掏渣筒进行第二次清孔，确保沉渣厚度满足设计要求。

（2）清孔时，必须检测桩底沉渣厚度、泥浆比重、泥浆性能是否满足规范要求。符合要求时，立即停止清孔，以防孔壁塌落。桩底沉渣厚度用标准绳量测，泥浆比重用比重计测定，黏度用黏度计测定。

（3）第二次清孔时，应不断换泥浆，直到混凝土车运到孔桩边或用砼泵送开始（注：如果先挖土后进行冲孔桩施工采用泵送砼施工），孔底沉渣、泥浆性能满足要求后，立即开始进行混凝土灌注准备，浇注水下混凝土。浇灌混凝土前，孔底 500mm 以内的泥浆比重小于 1：25，含砂率不大于 8%，黏度不大于 28s。

5. 冲孔桩成孔施工允许偏差

（1）桩径允许偏差 +100，-50；

（2）垂直允许偏差 0.8%；

（3）桩位允许偏差。

①单桩、双桩沿垂直轴线方向以及群桩基础的边桩：

当桩径 ≤1000mm 时，不大于 100mm；

当桩径 >1000mm 时，不大于 100+0.01H mm；

②双桩沿轴线方向以及群桩基础的中间桩：

当桩径 ≤1000mm 时，不大于 150mm；

当桩径 >1000mm 时，不大于 150+0.01H mm。

（四）钢筋施工

1. 钢筋加工

钢筋加工在现场所设加工场内完成，严格按加工料表执行，发现料表有误时应遵循正常程序予以改正。

（1）钢筋切断

将规格钢筋根据不同长短搭配，统筹排料，先断长料，后断短料，减少短头，减低损耗。断料时钢筋切断机安装平稳，并在工作台上标出尺寸刻度线和设控制断料尺寸用的挡板，切断过程中如发现断口有劈裂缩头、严重弯头或断口呈马蹄形时必须切掉。并要求钢筋加工人员如发现钢筋硬度与钢种有较大出入时，要及时反映，查明情况。钢筋切断长度力求准确，其允许偏差为 ±10mm。

（2）钢筋弯曲成型

①加劲箍由钢筋弯曲机完成，弯曲前，根据料表尺寸，用粉笔将弯曲点位置划出，弯曲时应控制力度，一步到位，不允许一次反弯或重复弯曲。

②钢筋笼主筋保护层为 70mm，允许偏差不超过 20mm。

③钢筋笼的螺旋箍要点焊在主筋上。

④为防止钢筋在搬运和吊装过程中产生变形，钢筋笼成形后要焊接斜接钢筋作加固处理。

（3）钢筋接头

钢筋的接长一般用焊接接头，钢筋的接头根据图纸和规范要求进行。钢筋现场接头要符合如下要求：

①在加劲箍上点焊固定主筋时，位置要准确，间距要均匀。

②在钢筋笼搭接的主筋接头要错开，在 35d 钢筋直径区段范围内的接头数量不超过钢筋总数的 50%。

（4）焊接钢筋保护层钢筋时，应控制保护层钢筋的高度，钢筋保护层厚度为 70mm，混凝土护筒直径比桩径大 200mm，所以在钢筋笼的四个对角靠近混凝土护筒最下一节与桩直径相同处用 φ14 钢筋焊高度为 160mm 的保护层定位钢筋，以便保证钢筋保护层满足设计要求。

2. 钢筋笼吊装

本工程桩的钢筋笼现场加工，用人工配合机械搬运到桩位后采用汽车吊吊装，若因条件所限整体吊放有困难，钢筋笼可分段制作安装，使用吊机将下节钢筋笼吊起，对准孔中心，直将钢筋笼缓慢放入孔内，临时搁稳在孔口处，将上节钢筋笼与下节钢筋笼的上端垂直对准，笼上的长短钢筋对应，用手工电弧焊接，两主筋搭接长度单面焊接应为 10d。为了提高工效，钢筋笼在焊接接口时，用两至三名焊工，均衡从几个方面同时进行焊接。全部主筋焊接完毕，绕上钢筋笼连接段的螺旋箍筋绑扎牢固，并等待主筋降温然后将钢筋笼全部下放到桩孔内。钢筋笼的固定采用在钢筋笼上部焊二个吊环穿上钢管固定在设计标高位置，避免钢筋笼在浇注水下混凝土时上浮或下沉。

（五）混凝土工程

先进行基坑土方开挖后进行钻（冲）孔桩施工，采用长臂式汽车泵进行泵送混凝土到桩位的施工方法进行施工。

1. 桩顶浮浆的确定

由于本工程采用泥浆护壁成孔，在清孔过程中，泥浆须保持一定的浓度，因此桩顶会形成混凝土与泥浆的混合体，为保证桩身的混凝土质量，将桩顶的浇灌高度预先统一加高 600mm。含泥浆的混凝土在混凝土灌注完毕可以用泵抽出，但必须保证桩顶标高满足设计要求。

2. 作业条件

项目部在下达混凝土任务单时，对商品混凝土必须包括工程名称、地点、桩号、数量，对混凝土的各项技术要求（强度等级、防腐等级、缓凝及特种要求）、现场施工方法、生产效率（或工期），交接班交接要求，须由供需双方及时协调，互相配合。混凝土配合比通知单应由混凝土搅拌站（混凝土供应商）连同混凝土一起送到现场，交给资料员。

3. 现场混凝土生产的质量要求

（1）每个工作班应安排质安员值班。

（2）对现场使用的水泥合格证及复检单等资料进行核对，核对是否符合要求。试配混凝土，确定混凝土的配合比。

（3）混凝土生产前，搅拌站及混凝土泵需进行检查，确定设备运转正常后方可开拌，在泵送前，混凝土的坍落度经检验合格后方可进行泵送。

4. 现场检验混凝土坍落度的要求

（1）搅拌站生产出第一盘混凝土时，质安员应检验混凝土的坍落度，坍落度如符合

180mm～220mm 要求，则可以泵送浇筑；坍落度如不能满足 180mm～220mm 要求，混凝土倒掉重新拌制，直至符合要求；生产过程中的坍落度检验，按规范要求执行。

（2）商品混凝土运到现场后，质安员应检验混凝土的坍落度，坍落度如符合180mm～220mm 要求，则可以泵送浇筑；坍落度如不能满足 180mm～220mm 要求，混凝土退回商品混凝土生产厂，由混凝土生产厂重新调整坍落度。

5. 原地面商品混凝土运载车砼施工

（1）准备工作：修筑行车、行机道路，保证机械设备施工作业的安全。

（2）备用好修筑运输道路的材料（拆除旧房的废砖头渣土等物料），备用于砼及下雨时的修筑道路铺垫。

6. 泵送混凝土施工

（1）准备工作：在准备开始施工前，要将混凝土汽车泵设置在基坑的运输道路靠近砼桩芯位置附近；在开始泵送前；要检查泵管安装是否牢固，管内是否干净；保证不漏气，不含杂物，防止在泵送过程出现堵管现象；

（2）泵送时，要先放入约 1 立方米水泥砂浆，泵送出泵体后，才可放入混凝土泵送；

（3）在泵送过程中，要确保混凝供应的连续性，如出现堵管现象，应及时组织人力进行抢修；

（4）在泵送完毕后，应彻底清洗输送管，以备下次使用。

7. 导管浇注水下混凝土

（1）采用 &cent255 两端带法兰、中间垫橡胶止水圈的导管，导管最下一段长度为 4 米，其余每节长度为 2.5m，另备 0.5m、1.0m、1.5m 短管各 2 节，以适应不同深度的桩，在浇注时调节整根导管的总长度。

（2）导管使用前必须进行拼装试压，试压压力一般为 0.6～1.0MPa，管接头如有漏损，必须及时修补或更换，否则导管在桩孔内作业时渗入泥水，造成混凝土骨料与水泥砂浆离析，导管堵塞，正常的浇注作业被迫中止，造成断桩。

（3）每次浇注水下混凝土前，导管须进行连接拆卸检查，各管之间的连接，采用螺旋快速接头或法兰胶垫止水接头，均应将螺纹或连接螺栓拧紧，密封止水胶圈，胶垫完好无损，否则其后果与第二项所述一样，会给工程带来较大的损失。

（4）导管可以数根相连为一段，在孔口处数段连成一整根缓慢下放到下端距孔底0.3～0.5m 处。也可整根或分两根由吊车吊起插入孔中，加快操作进度，节约时间，相对缩短二次清孔后至浇注开始之间的时间，对于减少孔底沉渣大有好处。

（5）整根导管的上口应连接容量为 $3m^3$～$5m^3$ 以上的储料漏斗（小于 Φ1600 桩采用不少于 $3m^3$；以上的储料漏斗），在漏斗出口与竖管连接处，悬吊一个用轻质木头制成的隔水塞，初始首槽浇注，漏斗内必须装满混凝土。剪断吊隔水塞的铅丝（8#），漏斗中的流态混凝土推压着隔水塞猛冲坠落，开始了导管浇注水下混凝土的第一道工序。

（6）第一漏斗流态混凝土落入孔底，混凝土导管将下口封住，这时导管之内已是无水状态，此后相继而来的流态通过漏斗倒入管中，流态混凝土因重力作用自行从导管下口流出，混凝土表面随着管中混凝土浇筑而升高，最终形成桩身。

灌注首批混凝土时，导管埋入混凝土内的深度不小于 0.8m，在以后的灌注过程中，导管埋入混凝土中的埋深不宜少于 2m，严禁导管提出混凝土面，并派专人测量导管埋深及管内外混凝土面高差。

（7）浇铸过程中，流态混凝土主要靠自身的重力作用下坠到桩孔内，也可以在每斗混凝土注入之后，间歇性地上下提升导管捣插，这样可以进一步使混凝土密实并加快浇注速度。

（8）水下灌注的混凝土必须具有良好的和易性，浇筑前应对导管的接缝进行密封处理，防止浇筑中漏水影响混凝土质量。

三、沉井基础施工

（一）施工前准备

1.详细调查了解水文地质情况，对沉井下沉所通过的地层地质构造，土层深度，特性，地勘孔位（每个沉井应至少有两个钻孔），以及河道通航，流水，高水位等各项水文资料。

2.清理场地

（1）筑岛沉井在修围堰和筑岛前，应对墩位场地的孤石，杂草，树根，等杂物予以清除，并平整场地，对软硬不均的地表应换土或加固。

（2）浮式沉井在浮运前，对河床标高，冲刷情况进行测定，对倾斜较大的河床面应整平。

（二）沉井制作（砼及钢筋砼沉井制作）

1.筑岛：分无围堰的土岛和有围堰的岛（用砂夹卵石填筑）

（1）土岛：适用于浅水，流速不大的场所，筑岛用料为砂及砾石，其外侧边坡不应陡于1：2。为避免冲刷迎水面应堆码草袋。

（2）围堰筑岛：各种围堰形式详见桩基施工。

2.砼及钢筋砼沉井制作

在岸滩式浅水中修造沉井，采用筑岛法施工，在深水中修造沉井，采用浮式沉井施工。

（1）筑岛法施工沉井的制作

①筑岛：依据设计图纸和桥位测量基线桩定出筑岛中心桩，整平，填实，筑岛顶面应高出施工水位 0.5m 以上。

②铺设垫木：刃脚下应满铺垫木，一般使用长、短两种垫木相同布置，具体要求见下表：

序号	项目	要求
1	垫木材料	质量良好的短方木
2	垫木铺设方向	刃脚的直线修垂直铺设，圆弧段径向铺设
3	垫木下承压应力	应小于岛面允许压应力
4	刃脚下和隔墙下垫木应力	应基本上相等
5	铺垫次序	应先从各定位垫木开始向两边铺设
6	支撑排架下的垫木	应对正排架中心线铺设
7	铺垫顶平面最大高差	≥3cm
8	调整垫木高度	不应在垫木下塞石块，木块以免受力不均
9	相邻两垫木高差	≥0.5cm
10	垫木间空隙	填沙捣实
11	垫木埋入岛面深度	垫木高度的一半

垫木铺设数量计算公式 $n=G/（L×b×[\sigma]$

式中 $[\sigma]=$ 基底土壤承压力

$n=$ 垫木根数

$G=$ 第一节沉井重

$L×b=$ 垫木的长和宽

③沉井模板安装：首先精确放出沉井平面大样（弹线）。

a.外侧要刨光，拼接平顺。

b.模板安装顺序为：刃脚斜面及隔墙面模板——> 井孔模板——> 绑扎钢筋——> 主外模——> 调整各部尺寸——> 全面紧固拉杆，拉箍，支撑等。

c.沉井模板支好后，须复核尺寸，位置，刃脚标高，井壁垂直度，检查模板支撑。

d.支立第二节以上各节模板时，应用圆钢拉杆，环箍加劲牢固，不易支撑于地面上，以防沉井浇筑中下沉造成跑模。

④沉井砼灌筑，养护及拆模

a.沉井砼灌注应沿四壁对称均匀进行，避免因高差产生不均匀下沉，每节沉井砼应一次浇完。

b.养护：正常洒水，覆盖。沉井顶面砼凿毛可在砼强度 >2.5MP 时提早进行。

c.拆模：砼达到规定强度后即可拆模，拆模顺序为：井壁外侧面模板及井孔内侧模板——> 隔墙下支撑及隔墙底模——> 刃脚斜面下支撑及刃脚斜面模板。

拆模的注意事项：

隔墙及刃脚下支撑应对称依次拆模，由中向边进行。

拆模后，下沉抽垫前应将刃脚回填密实，防止不均匀下沉。

⑤沉井接高注意事项

a. 接高时底节顶面应高出地面 0.5 ~ 1.0m，应在下沉偏差允许范围内接高。

b. 当沉井底节在偏斜状态时，严禁竖直向上接高，接高时各节的竖向中轴线应与下面的一节重合，外壁应竖直。

三、沉井下沉

沉井下沉主要是通过从井孔内挖土，清除刃脚下阻力，依靠自重克服井壁摩擦力下沉。下沉挖土方法有：

土质	下沉除土方法	说明
砂土	抓土吸泥	若抓土宜用两瓣式抓斗
卵石	吸泥，抓土	以直径大于卵石粒径的吸泥机吸泥为好，若抓斗宜选用四瓣式
黏性土	吸泥，抓土	一般需辅以高压射水，冲碎土层
风化岩	射水，放炮	碎块可用抓斗或吸泥机取出

（一）排水开挖下沉

在稳定的土层中，渗水量小于 $1m^3/m^2$ 小时，可采用排水开挖下沉。

1. 挖土时先将刃脚内侧的回填土分层挖去，定位承垫处的土最后挖除，一层挖完再挖第二层。

2. 土质松软时，在分层挖回填土的过程中，沉井即逐渐下沉，当刃脚下沉至沉井中部土面大体齐平时，即可在中部先向下沉沉 40 ~ 50cm，再向四周均匀扩挖，再分层挖除刃脚内侧的土台。

3. 在坚硬的土层中，可先分段掏空刃脚，随即回填沙砾。即跳槽法开挖，最后挖定位承垫下的土（岩）层。

4. 遇有岩层时，顺序开挖刃脚内侧和外侧，风化岩（或软岩）可用风镐，风铲挖除，硬岩层可以打眼爆破。

（二）不排水开挖下沉

1. 具体要求

（1）井内挖土深度，一般根据土质而定，最深不应低于刃脚下 2m。

（2）尽量加大刃脚对土的压力。

（3）通过粉砂，细砂等松软地层时，不宜以降低井内水位而减少浮力的办法，促使沉井下沉。应保持井内水位比井外高 1 ~ 2m 以防止流沙涌向井内，引起沉井倾斜。

（4）除了纠偏外，井内的土应由各井孔均匀清除，各孔内高差不超过 50cm。

2. 抓土下沉施工

抓土一般锅底比刃脚低 1 ~ 1.5m，刃脚周边不易坍落时，应采用高压水抢冲刃脚部位辅助下沉，多孔井时，每个井孔需配备一套抓土设备。出土方式可采用特制的挂钩甩土或利用井顶运输轨道（震于抓斗工作范围）。

3. 吸泥下沉

吸泥机有水力吸泥机，水力吸石筒及空气吸泥机。通常采用吊架或吊机维持其悬吊状态，管力垂直，并能在井内移动位置。吸泥时，其吸泥管口泥面高度一般为 0.15 ~ 0.5m。吸泥时应经常变换位置，提高吸泥效果，使井底泥面均匀下降，靠近刃脚及隔墙下的土层如不能向中间锅底自行坍落时，可用高压水抢射水冲击。吸泥操作水深不宜小于 5m，因此筑岛一段开始下沉时，可采用排水开挖或抓斗下沉方法，或向井内注水，增大吸泥深度。吸泥机工作时应经常调整吸泥管口距泥面的高度，以能经常吸出最稠的泥浆为准。工作时注意泥面变化，防止周边坍方埋住吸泥机，停吸时，应先将吸泥机提升一定高度后再关闭风阀。

4. 沉井的施工测量

（1）沉井顶面中心测量：在岸上导线点利用红外线测距仪，直接测出沉井中心位置或利用预先设置的基线三角网进行交汇法测出沉井中心位置，根据中心位置检查沉井各点下沉中的偏差，在施工中予以纠正。

（2）刃脚标高测量

①沉井下沉前求出刃脚假定标高，下沉接高时，将刃脚底面标高返至井顶面。

②接高测量：沉井接高时，其基准面也要逐节向顶面返，保持上、下基准面平行，竖向轴线垂直。

③下沉深度测量：按实测顶面标高和量得的沉井高度，计算下沉深度标高。

④当最后一节沉井，下沉至顶面露出水面 0.5m 时，应设置防水挡土墙围堰，再继续下沉至设计标高。

5. 沉井下沉过程中发生偏差的原因及预防措施

序号	产生原因	预防措施
1	筑岛被水流冲坏或沉井一侧的土被水流冲空	事先加强对筑岛的防护，对水流冲刷的一侧可抛卵石或片石防护
2	沉井刃脚下土层软硬不均	随时掌握地层情况，多挖土层较硬地段，对土质较软地段应少挖，多留台阶或适当回填和支垫
3	没有对称地抽出垫木或未及时回填夯实	认真制订和执行抽垫操作细则，注意及时回填夯实
4	除土不均匀，使井内土面高低相差过大	除土时严格控制井内泥面高差

序号	产生原因	预防措施
5	刃脚下掏空过多，沉井突然下沉	严格控制刃脚下除土量
6	刃脚一角或一侧被障碍物搁住没有及时发觉和处理	及时发现和处理障碍物，对未被障碍物搁住的地段，应适当回填或支垫
7	井外弃土或河床高低相差过大，偏土压对沉井的水平推移	弃土应尽量远弃，或弃于水流冲刷作用较大的一侧面，对河床较低的一侧可抛土（石）回填
8	排水开挖时，井内大量翻砂	刃脚处应适当留有土台，不宜挖通，以免在刃脚下形成翻砂通水通道，引起沉井偏斜
9	土层或岩面倾斜较大，沉井沿倾斜面滑动	在倾斜面低的一侧填土挡御，刃脚到达倾斜岩面后，应尽快使刃脚嵌入岩层一定深度，或对岩层钻孔，以桩（柱）锚固
10	在软塑至流动状态的淤泥土中，沉井易于偏斜	可采用轻型沉井，踏面宽度宜适当加宽，以免沉井下没过快而失去控制

6.沉井纠偏施工方法

请查阅公路桥梁施工手册有关章节。

四、沉井基底清理

沉井下到设计标高后，应进行基底清理以便封底。

（一）排水清基

1.当沉井刃脚下岩面较平整，刃脚与岩面间空隙不大时（20cm以内），可用1∶1水泥砂浆封堵间隙后排水清基。

2.岩石风化层较多，清基时应将风化层全部凿除，然后由潜水工将刃脚与岩石间空隙部分泥沙软层清理干净，在刃脚内侧堆码一圈沙袋，作为封堵砂浆的内模，用塑料袋或桶盛1∶1水泥砂浆（必要时可掺2%氟化钠）缓缓吊送给潜水工，由潜水工将砂浆倒内沙袋与刃脚的空间内进行封堵，施工应连续进行。待砂浆达到一定强度后抽水进行井内清基工作。

（二）非岩石类土基底水下清基

基底设置在非岩石类土层上的沉井、井孔内、刃脚及隔墙下的土层均应进行清理，以形成封底锅底坑。清基时可采用射水，吸泥式抓泥交替进行。清基时应注意控制泥面高度以及不要过分扰动刃脚下土层，以免引起翻砂或下沉，基底范围内的浮泥松土不宜超过10cm，封底砼高度内的井壁及隔墙底面的粘泥应尽可能洗净。由潜水员和测量人员共同测定井孔底面标高。

五、沉井封底

可分为排水封底和不排水封底两种，依据井度渗水情况选用。不排水封底有三种方法：垂直导管法灌注水下砼，堆土灌浆法和装袋法灌注水下砼。

（一）导管法灌注水下砼

其施工方法与钻孔桩水下砼基本要求相同，一般采用一根或多根导管砼时(或依次灌注)。

1. 导管平面布置：应使各导管的有效灌注半径互相搭接，并覆盖满基底全范围。一根导管的灌注的范围可参考下表：

导管作用半径（m）	当宽：长 =1：1 时		当宽：长 =1：2 时		当宽：长 =1：3 时	
	宽和长（m）	面积（m²）	宽和长（m）	面积（m²）	宽和长（m）	面积（m²）
3.0	4.2×4.2	17.6	2.7×5.4	13.6	1.9×5.7	10.8
3.5	5.0×5.0	25	3.1×6.2	19.2	2.2×6.5	14.3
4.0	5.6×5.6	31.4	2.5×7.1	24.8	2.5×7.5	18.7
4.5	6.3×6.3	39.8	4.0×8	32	2.8×8.4	23.5

2. 在井顶搭设灌注支架，悬挂储料斗、漏斗、导管，在灌注砼全部过程中，导管埋入砼的深度至少应保持 1.0 ～ 1.8m 以上（导管作用半径大，埋深亦大）。

3. 主要设备：储料槽，串筒，漏斗，导管，震动器，导管提升设备，隔水球，检查锤，测深锤，抽水设备，射水设备，清孔设备，砼拌和、运输设备等。

4. 质量检查：可采用钻芯取样方法。

第三节　桥梁墩台施工

一、概述

桥墩和桥台是支撑桥跨结构并将恒载和车辆等活载传到地基的结构物。通常设在桥梁两端的称为桥台，设在中间的称为桥墩。桥墩除承受上部结构的荷重外，还要承受流水压力，水面以上的风力以及可能出现的冰荷载、船只、排筏或漂浮物的撞击力。桥台除了是支撑桥跨结构的结构物外，它又是衔接两岸接线路堤的构筑物，既要能承受上部结构的荷重，又要能挡土护岸、承受台背填土及填土上车辆荷载所产生的附加侧压力。因此，桥梁墩、台不仅本身应具有足够的强度、刚度和稳定性，而且对地基的承载能力、沉降量、地基与基础之间的摩阻力等也都提出一定的要求，以避免在这些荷载作用下有过大的水平位移、转动或者沉降发生。桥梁下部结构的发展趋势为向轻型合理的方向发展。自20世纪50年代以来，国内外出现了不少新型的桥梁墩台，尤其是在桥墩的表现形式上显得更为突出，把结构上的轻型合理与艺术造型上的美观有机地统一起来。目前桥梁墩台种类繁多，本章的目的是从最基本和常见的墩台形式入手，掌握它们的基本构造、设计原则和一般的计算方法。公路桥梁上常用的墩台按受力特点和构造特点大体可归纳为重力式墩台和轻型墩台两大类。

1. 重力式墩、台

重力式墩台由墩（台）帽、墩（台）身和基础三个部分组成。这类墩、台的主要特点是靠自身重量来平衡外力而保持其稳定。因此，墩、台身比较厚实，可以不用钢筋，而用天然石材或片石混凝土砌筑。它适用于地基良好的大、中型桥梁或流冰、漂浮物较多的河流中。在砂石料方便的地区，小桥也往往采用重力式墩、台。重力式墩、台的主要缺点是圬工体积较大，因而其自重和阻水面积也较大。

2. 轻型墩、台

属于这类墩、台的型式很多，而且都有各自的特点和使用条件。选用时必须根据桥位处的地形、地质、水文和施工条件等因素综合考虑确定。一般说来，这类墩台的刚度小、受力后允许在一定的范围内发生弹性变形。所用的建筑材料大都以钢筋混凝土和少量配筋的混凝土为主，但也有一些轻型墩台，通过验算后，可以用石料砌筑。

二、钢筋混凝土墩台施工

（一）适用范围

适用于公路及城市桥梁工程中基础（承台或扩大基础）以上的现浇钢筋混凝土轻型墩台、重力式墩台的施工。

（二）施工准备

1. 技术准备

（1）认真审核设计图纸，编制分项工程施工方案，进行模板设计并经审批。

（2）已进行钢筋的取样试验、钢筋翻样及配料单编制工作。

（3）组织有关方面对模板进行进场验收。

（4）进行混凝土各种原材料的取样试验工作，设计混凝土配合比。

（5）对操作人员进行培训，向有关人员进行安全、技术交底。

2. 材料要求

（1）钢筋：钢筋出厂时，应具有出厂质量证明书和检验报告单。品种、级别、规格和性能应符合设计要求；进场时，应抽取试件做力学性能复试，其质量必须符合国家现行标准《钢筋混凝土用热轧带肋钢筋》（GB 1499）、《钢筋混凝土用热轧光圆钢筋》（GB 13013）等的规定。当发现钢筋脆断、焊接性能不良或力学性能显著不正常等现象时，应对该批钢筋进行化学分析或其他专项检验。

（2）电焊条：电焊条应有产品合格证，品种、规格、性能等应符合国家现行标准《碳素钢焊条》（GB/T 5117）的规定。选用的焊条型号应与母材强度相适应。

（3）水泥：宜采用硅酸盐水泥和普通硅酸盐水泥。水泥进场应有产品合格证或出厂检验报告，进场后应对强度、安定性及其他必要的性能指标进行取样复试，其质量必须符合国家现行标准《硅酸盐水泥、普通硅酸盐水泥》（GB 175）等的规定。

当对水泥质量有怀疑或水泥出厂超过 3 个月时，在使用前必须进行复试，并按复试结果使用。不同品种的水泥不得混合使用。

（4）砂：应采用级配良好、质地坚硬、颗粒洁净、粒径小于 5mm 的河砂，也可用山砂或用硬质岩石加工的机制砂。砂的品种、质量应符合国家现行标准《公路桥涵施工技术规程》（JTJ 041）的规定，进场后按国家现行标准《公路工程集料试验规程》（JTJ 058）进行复试合格。

（5）石子：应采用坚硬的碎石或卵石。石子的品种、规格、质量应符合国家现行标准《公路桥涵施工技术规程》（JTJ 041）的规定，进场后按现行《公路工程集料试验规程》（JTJ 058）进行复试合格。

（6）外加剂：外加剂应标明品种、生产厂家和牌号。出厂时应有产品说明书、出厂检验报告及合格证、性能检测报告，有害物含量检测报告应由有相应资质等级的检测部门出具，其质量和应用技术应符合国家现行标准《混凝土外加剂》（GB 8076）和《混凝土外加剂应用技术规范》（GB50119）的规定。进场应取样复试合格，并应检验外加剂与水泥的适应性。

（7）掺合料：掺合料应标明品种、等级及生产厂家。出厂时应有出厂合格证或质量证明书和法定检测单位提供的质量检测报告，进场后应取样复试合格。混合料质量应符合国家现行相关标准的规定，其掺量应通过试验确定。

（8）水：宜采用饮用水。当采用其他水源时，其水质应符合国家现行标准《混凝土拌合用水标准》（JGJ 63）的规定。

3. 机具设备

（1）脚手架：φ48 扣件式钢管脚手架或碗扣式钢管脚手架、钢管扣件、脚手板、可调底托等。

（2）钢筋加工机具：钢筋弯曲机、钢筋调直机、钢筋切断机、电焊机、砂轮切割机等。

（3）模板施工机具：电锯、电刨、手电钻、模板、方木或型钢、可调顶托等。

（4）混凝土施工机具：混凝土搅拌机、混凝土运输车、混凝土输送泵、行走式起重机、混凝土振捣器等。

（5）其他机具设备：空压机、发电机、水车、水泵等。

（6）工具：气焊割枪、扳手、铁契、铁锹、铁抹、木抹、斧子、钉锤、缆风绳、对拉螺杆及PVC管、钉子、8#铁丝、钢丝刷等。

4. 作业条件

（1）基础（承台或扩大基础）和预留插筋经验收合格。

（2）基础（承台或扩大基础）与墩台接缝位置按有关规定已充分凿毛。

（3）作业面已临时通水通电，道路畅通，场地平整，满足施工要求。

（4）所需机具已进场，机械设备状况良好。

（三）施工工艺

1. 工艺流程

钢筋加工　　模板加工

↓　　　　　↓

测量放线→搭设脚手架→钢筋绑扎→模板安装→混凝土浇筑→混凝土成型养生→模板拆除

2. 操作工艺

（1）测量放线

墩柱和台身施工前应按图纸测量定线，检查基础平面位置、高程及墩台预埋钢筋位置。放线时依据基准控制桩放出墩台中心点或纵横轴线及高程控制点，并用墨线弹出墩柱、台身结构线、平面位置控制线。测放的各种桩都应标注编号，涂上各色油漆，醒目、牢固，经复核无误后进行下道工序施工。

（2）搭设脚手架

①脚手架安装前应对地基进行处理，地基应平整坚实，排水顺畅。

②脚手架应搭设在墩台四周环形闭合，以增加稳定性。

③脚手架除应满足使用功能外，还应具有足够的强度、刚度及稳定性。

（3）钢筋加工及绑扎

①墩、台身钢筋加工应符合一般钢筋混凝土构筑物的基本要求，严格按设计和配料单进行，加工方法参照"2.2桥梁钢筋加工及安装"。

②基础（承台或扩大基础）施工时，应根据墩柱、台身高度预留插筋。若墩、台身不高，基础施工时可将墩、台身钢筋按全高一次预埋到位；若墩、台身太高，钢筋可分段施工，预埋钢筋长度宜高出基础顶面1.5m左右，按50%截面错开配置，错开长度应符合规范规定和设计要求，一般不小于钢筋直径的35倍且不小于500mm，连接时宜采用帮条焊或直螺纹连接技术。预埋位置应准确，满足钢筋保护层要求。

③钢筋安装前，应用钢丝刷对预埋钢筋进行调直和除锈除污处理，对基础混凝土顶面应凿去浮浆，清洗干净。

④钢筋需接长且采用焊接搭接时，可将钢筋先临时固定在脚手架上，然后再行焊接。

采用直螺纹连接时，将钢筋连接后再与脚手架临时固定。在箍筋绑扎完毕即钢筋已形成整体骨架后，即可解除脚手架对钢筋的约束。

⑤墩、台身钢筋的绑扎除竖向钢筋绑扎外，水平钢筋的接头也应内外、上下互相错开。

⑥所有钢筋交叉点均应进行绑扎，绑丝扣应朝向混凝土内侧。

⑦钢筋骨架在不同高度处绑扎适量的垫块，以保持钢筋在模板中的准确位置和保护层厚度。保护层垫块应有足够的强度及刚度，宜使用塑料垫块。使用混凝土预制垫块时，必须严格控制其配合比，保证垫块强度，垫块设置宜按照梅花形均匀布置，相邻垫块距离以750mm左右为宜，矩形柱的四面均应设置垫块。

（4）模板加工及安装

①圆形或矩形截面墩柱宜采用定型钢模板，薄壁墩台、肋板桥台及重力式桥台视情况可使用木模、钢模和钢木混合模板。

②采用定型钢模板时，钢模板应由专业生产厂家设计及生产，拼缝以企口为宜。

③圆形或矩形截面墩柱模板安装前应进行试拼装，合格后安装。安装宜现场整体拼装后用汽车吊就位。每次吊装长度视模板刚度而定，一般为4m～8m。

④采用木质模板时，应按结构尺寸和形状进行模板设计，设计时应考虑模板有足够的强度、刚度和稳定性，保证模板受力后不变形，不位移，成型墩台的尺寸准确。墩台圆弧或拐角处，应设计制作异形模板。

⑤木质模板的拼装与就位

木质模板以压缩多层板及竹编胶合板为宜，视情况可选用单面或双面覆膜模板，覆膜一侧面向混凝土一侧，次龙骨应选用方木，水平设置，主龙骨可选用方木及型钢，竖向设置，间距均应通过计算确定。内外模板的间距用拉杆控制。

木质模板拼装应在现场进行，场地应平整。拼装前将次龙骨贴模板一侧用电刨刨平，然后用铁钉将次龙骨固定于主龙骨上，使主次龙骨形成稳固框架，然后铺设模板，模板拼缝夹弹性止浆材料。要求设拉杆时，须用电钻在模板相应位置打眼。每块拼装大小应根据模板安装就位所采用设备而定。

模板就位可采用机械或人工。就位后用拉杆、基础顶部定位撅、支撑及缆风绳将其固定，模板下口用定位楔定位时按平面位置控制线进行。模板平整度、模内断面尺寸及垂直度可通过调整缆风绳松紧度及拉杆螺栓松紧度来控制。

墩台模板应有足够的强度、刚度和稳定性。模板拼缝应严密不漏浆，表面平整不错台。模板的变形应符合模板计算规定及验收标准对平整度控制要求。

薄壁墩台、肋板墩台及重力式墩台宜设拉杆。拉杆及垫板应具有足够的强度及刚度。拉杆两端应设置软木锥形垫块，以便拆模后，去除拉杆。

墩台模板，宜在全桥使用同一种材质、同一种类型的模板，钢模板应涂刷色泽均匀的脱模剂，确保混凝土外观色泽均匀一致。

混凝土浇筑时应设专人维护模板和支架，如有变形、移位或沉陷，应立即校正并加固。预埋件、保护层等发现问题时，应及时采取措施纠正。

（5）混凝土浇筑

①浇筑混凝土前，应检查混凝土的均匀性和坍落度，并按规定留取试件。

②应根据墩、台所处位置、混凝土用量、拌合设备等情况合理选用运输和浇筑方法。

③采用预拌混凝土时，应选择合格供应商，并提供预拌混凝土出厂合格证和混凝土配合比通知单。

④混凝土浇筑前，应将模内的杂物、积水和钢筋上的污垢彻底清理干净，并办理隐、预检手续。

⑤大截面墩台结构，混凝土宜采用水平分层连续浇筑或倾斜分层连续浇筑，并应在下层混凝土初凝前浇完上层混凝土。

水平分层连续浇筑上下层前后距离应保持 1.5m 以上。

倾斜分层坡度不宜过陡，浇筑面与水平夹角不得大于 25°。

⑥墩柱因截面小，浇筑时应控制浇筑速度。首层混凝土浇筑时，应铺垫50mm ~ 100mm 厚与混凝土同配比的减石子水泥砂浆一层。混凝土应在整截面内水平分层，连续浇筑，每层厚度不宜大于 0.3m。如因故中断，间歇时间超过规定则应按施工缝处理。

⑦柱身高度内如有系梁连接，则系梁应与墩柱同时浇筑，当浇筑至系梁上方时，浇筑速度应适当放缓，以免混凝土从系梁顶涌出。V 形墩柱混凝土应对称浇筑。

⑧墩柱混凝土施工缝应留在结构受剪力较小，且宜于施工部位，如基础顶面、梁的承托下面。

⑨在基础上以预制混凝土管等作墩柱外模时，预制管节安装时应符合下列要求：

基础面宜采用凹槽接头，凹槽深度不应小于 50mm。

上下管节安装就位后，用四根竖方木对称设置在管柱四周并绑扎牢固，防止撞击错位。

混凝土管柱外模应加斜撑以保证浇筑时的稳定性。

管口应用水泥砂浆填严抹平。

⑩钢板箍钢筋混凝土墩柱施工，应符合下列要求：

钢板箍、法兰盘及预埋螺栓等均应由具有相应资质的厂家生产，进场前应进行检验并出具合格证。厂内制作及现场安装应满足钢结构施工的有关规定。

在基础施工时应依据施工图纸将螺栓及法兰盘进行预埋，钢板箍安装前，应对基础、预埋件及墩柱钢筋进行全面检查，并进行彻底除锈除污处理，合格后施工。

钢板箍出厂前在其顶部对称位置焊吊耳各一个，安装时由吊车将其吊起后垂直下放到法兰盘上方对应位置，人工配合调整钢板箍位置及垂直度，合格后由专业工人用电焊将其固定，稳固后摘下吊钩。

钢板箍与法兰盘的焊接由专业工人完成，为减小焊接变形的影响，焊接时应对称进行，以便很好的控制垂直度与轴线偏位。混凝土浇筑前按钢结构验收规范对其进行验收。

钢板箍墩柱宜灌注补偿收缩混凝土。

对钢板箍应进行防腐处理。

⑪浇筑混凝土一般应采用振捣器振实。使用插入式振捣器时，移动间距不应超过振捣器作用半径的1.5倍；与侧模应保持50mm～100mm的距离；插入下层混凝土50mm～100mm；必须振捣密实，直至混凝土表面停止下沉、不再冒出气泡、表面平坦、不泛浆为止。

（6）混凝土成型养生

①混凝土浇筑完毕，应用塑料布将顶面覆盖，凝固后及时洒水养生。

②模板拆除后，及时用塑料布及阻燃保水材料将其包裹或覆盖，并洒水湿润养生。养生期一般不少于7d。也可根据水泥、外加剂种类和气温情况而确定养生时间。

（7）模板及脚手架拆除

侧模在混凝土强度能够保证结构表面及棱角不因拆模被损坏时进行，上系梁底模的拆除应在混凝土强度达到设计值的75%后进行。

3. 季节性施工

（1）雨期施工

①雨期施工中，脚手架地基须坚实平整、排水顺畅。

②模板涂刷脱模剂后，要采取措施避免脱模剂受雨水冲刷而流失。

③及时准确地了解天气预报信息，避免雨中进行混凝土浇筑。

④高墩台采用钢模板时，要采取防雷击措施。

（2）冬期施工

①应根据混凝土搅拌、运输、浇筑及养护的各环节进行热工计算，确保混凝土入模温度不低于5℃。

②混凝土的搅拌宜在保温棚内进行，对集料、水泥、水、掺合料及外加剂等应进行保温存放。

③视气温情况可考虑水、集料的加热，但首先应考虑水的加热，若水加热仍不能满足施工要求时，应进行集料加热。水和集料的加热温度应通过计算确定，但不是超过有关标准的规定。投料时水泥不得与80℃以上的水直接接触。

④混凝土运输时间尽可能缩短，运输混凝土的容器应采取保温措施。

⑤混凝土浇筑前应清除模板、钢筋上的冰雪和污垢，保证混凝土成型开始养护时的温度，用蓄热法时不得低于10℃。

⑥根据气温民政部和技术经济比较可以选择使用蓄热法、综合蓄热法及暖棚法进行混凝土养护。

⑦在确保混凝土达到临界强度且混凝土表面温度与大气温度差小于15℃时，方可撤除保温及拆除模板。

（四）质量标准

1. 基本要求

①钢筋、电焊条的品种、规格和技术性能应符合国家现行标准规定和设计要求。

②受力钢筋同一截面的接头数量、搭接长度和焊接、机械接头质量应符合规范要求。

③所用的水泥、砂、石、水、掺合料及外加剂的质量规格，必须符合有关技术规范的要求，按规定的配合比施工。

④混凝土应振捣密实，不得出现空洞和露筋现象。

2. 实测项目

墩、台身实测项目

项次	检查项目	规定值或允许偏差	检查方法和频率
1 △	混凝土强度（MPa）	在合格标准内	按 JTG F80/1 附录 D 检查
2	断面尺寸（mm）	±20	尺量：检查 3 个断面
3	竖直度或斜度（mm）	0.3%H 且不大于 20	吊垂线或经纬仪：测量 2 点
4	顶面高程（mm）	±10	水准仪：测量 3 处
5 △	轴线偏位（mm）	10	全站仪或经纬仪：纵、横各测量 2 点
6	节段间错台（mm）	5	尺量：每节检查 4 处
7	大面积平整度（mm）	5	20m 直尺：检查竖直、水平两个方向，每 20m 测 1 处
8	预埋件位置（mm）	符合设计规定，设计未规定时：10	尺量：每件

注：H 为墩、台身高度。

3. 外观鉴定

（1）混凝土表面平整，施工缝平顺，外露面色泽一致，沉降装置必须垂直、上下贯通。

（2）混凝土蜂窝麻面面积不得超过该面面积的 0.5%，深度超过 10mm 的必须处理。

（3）混凝土表面不应出现非受力裂缝，裂缝宽度超过设计规定或设计未规定时超过 0.15mm 必须处理。

（五）成品保护

1. 钢模板安装前均匀涂抹脱模剂，涂好后立即进行安装，防止污染，不得在模板就位后涂刷脱模剂，以免污染钢筋。

2. 现浇墩台拆模（不含系梁）须在混凝土强度达到 2.5MPa 后进行，在拆除模板时注意轻拿轻放，不得强力拆除，以免损坏结构棱角或清水混凝土面。

3. 在进行基坑回填或台背填土时，结构易损部位要用木板包裹，以免夯实机械运行过程中将其损坏。回填时，宜对称回填对称夯实，距离结构 0.5m ~ 0.8m 范围内宜采用人工夯实。

（六）应注意的质量问题

1. 混凝土浇筑前要用高强度等级砂浆将底口封严，以防出现烂根现象。

2. 为防止出现露筋现象，要按要求的位置或数量安装保护层垫块。当使用混凝土垫块时，要保证其具有足够的强度。在施工中宜使用塑料垫块。

3. 为保证结构表面质量，要保证脱模剂涂刷均匀并避免脱模剂流失，以免混凝土硬化收缩出现粘模现象；混凝土浇筑时振捣适宜，以防产生孔洞及麻面。

4. 保证混凝土供应的连续性，以确保混凝土不出现冷缝。

5. 墩台混凝土浇筑脚手架，不得与模板支架联结，应自成体系，防止模板出现位移。

（七）环境、职业健康安全管理措施

1. 环境管理措施

（1）施工垃圾及污水的清理排放处理

①在施工现场设立垃圾分拣站，施工垃圾及时清理到分拣站后统一运往处理站处理。

②进行现场搅拌作业的，必须在搅拌机前台及运输车清洗处设置排水沟、沉淀池，废水经沉淀后方可排入市政污水管道。

③其他污水也不得直接排入市政污水管道内，必须经沉淀后方可排入。

（2）施工噪声的控制

①要杜绝人为敲打、叫嚷、野蛮装卸噪声等现象，最大限度减少噪声扰民。

②电锯、电刨、搅拌机、盆压机、发电机等强噪声机械必须安装在工作棚内，工作棚四周必须严密围挡。

③对所用机械设备进行检修，防止带故障作业、噪声增大。

（3）施工扬尘的控制

①对施工场地内的临时道路要按要求硬化或铺以炉渣、砂石，并经常洒水压尘。

②对离开工地的车辆要加强检查清洗，避免将泥土带上道路，并定时对附近的道路进行洒水压尘。

③水泥和其他易飞扬的细颗粒散体材料，应安排在库内存放或严密遮盖。

④运输水泥和其他易飞扬的细颗粒散体材料和建筑垃圾时，必须封闭、包扎、覆盖，不得沿途泄漏遗撒，卸车时采取降尘措施。

⑤运输车辆不得超量运载。运载工程土方最高点不得超过槽帮上沿 500mm，边缘低于车辆槽帮上沿 100mm，装载建筑渣土或其他散装材料不得超过槽帮上沿。

2. 职业健康安全管理措施

（1）施工前应搭好脚手架及作业平台，脚手架搭设必须由专业工人操作。脚手架及工作平台外侧设栏杆，栏杆不少于两道，防护栏杆须高出平台顶面 1.2m 以上，并用防火阻燃密目网封闭。脚手架作业面上脚手板与龙骨固定牢固，并设挡脚板。

（2）采用吊斗浇筑混凝土时，吊斗升降应设专人指挥。落斗前，下部的作业人员必须躲开，不得身倚栏杆推动吊斗。

（3）高处作业时，上下应走马道（坡道）或安全梯。梯道上防滑条宜用木条制作。

（4）混凝土振捣作业时，必须戴绝缘手套。

（5）暂停拆模时，必须将活动件支稳后方可离开现场。

三、砌筑墩台施工

1. 施工方法

①准确测出墩台纵横向中线，放出实样、挂线砌浇。

②在砌筑墩台身的底层块时，如基底为岩石或砼时，应将其表面清洗干净，坐浆砌筑。如基底为土质时，应夯实，则不必坐浆。

③墩台身须分段分层砌筑，二相邻工作段的砌筑高差不宜超过 1.2m，分段位置以设在沉降缝或伸缩缝处为宜。

④砌筑用的石料应经过精细加工，分层分块编号，对号入座，砌筑时，较大石料用于下部，坐满砂浆后再依次砌筑上层，砌筑上层时，不得振动下层石料。

⑤砌筑斜面墩台时，斜面要逐层收坡，保证规定坡度。

⑥砼预制块砌筑顺序先从角石开始，竖缝用厚度比灰缝略小的铁片控制，缝内坐满灰浆，安砌后立即用扁铲捣实。

⑦砌块用砂浆黏结，不得直接接触，要使砌缝均匀整齐。

⑧随着砌体的升高，适时搭设脚手架，用以堆放材料及砂浆，施工脚手架有轻型固定式、梯子式、滑动升高式、简易活动式等数种，可根据具体情况选用。

⑨砌筑材料及砂浆的提升方法，在砌体不高时，可用简单马凳、跳板直接运送；砌体较高时，可用各种吊机、扒杆等小型起重设备运送。

2. 主要机械设备

灰浆拌和机、运输汽车。

四、装配式墩台施工

装配式墩台是将高大的墩台沿垂直方向、按一定模数、水平分成若干构件，在桥址周围的预制场地上进行浇筑，通过运输车船，现场拼装。装配式墩台比较适用于桥梁长度较长，桥墩数量较多，桥墩高度相对较高；现场无混凝土拌和施工场地或较难布置；混凝土输送管道设备较难布置的桥梁墩台的施工。装配式墩台的主要特点是：可以在预制场预制构件，受周围外界干扰少，但相对来说，对运输、起重机械设备要求较高。

装配式柱式墩系将桥墩分解成若干构件，如承台、柱、盖梁（墩帽）等，在工厂或现场集中预制，再运送到现场装配成桥墩。其施工工序主要为预制构件、安装连接与混凝土填缝。其中拼装接头是关键工序，既要牢固、安全，又要结构简单便于施工。常用的拼装接头有以下几种：

（1）承插式接头

将预制构件插入相应的承台预留孔内，插入长度一般为 1.2 ~ 1.5 倍的构件宽度，底部铺设 2cm 的砂浆，四周以半干硬性混凝土填充，常用于立柱与基础的接头连接。

（2）钢筋锚固接头

构件上预留钢筋形成钢筋骨架，插入另一构件的预留槽内，或将钢筋互相焊接，再浇筑半干硬性混凝土，多用于立柱与墩帽处的连接。

（3）焊接接头

将预埋在构件中的钢板与另一构件的预埋钢板用电焊连接，外部再用混凝土封闭。这种接头易于调整误差，多用于水平连接杆与立柱的连接。

（4）扣环式接头

相互连接构件按预定位置预埋环式钢筋，安装时柱脚先坐落在承台的柱芯上，上下环式钢筋互相错接，扣环间插入 U 形钢筋焊接，立模浇筑外侧接头混凝土。

（5）法兰盘接头

在相连接构件两端安装法兰盘，连接时用法兰盘连接，要求法兰盘预埋件位置必须与构件垂直。接头处可以不用混凝土封闭。

装配式柱式墩台施工应注意以下几点：

（1）墩台柱构件与基础顶面预留杆形基座应编号，并检查各个墩、台高度和基坐标高是否符合设计要求；基口四周与柱边空隙不得小于 2cm。

（2）墩台柱吊入基环内就位时，应在纵、横方向测量，使柱身竖直度或倾斜度以及平面位置均符合设计要求；对重量大、细长的墩柱，需用风缆或撑木固定后，方可放吊钩。

（3）在墩台柱顶安装盖梁前，应先检查盖梁上预留槽眼位置是否符合设计要求，否则应先修凿。

（4）柱身与盖梁（墩帽）安装完毕并检查符合要求后，可在基杯空隙与盖梁槽眼处浇筑稀砂浆，待其硬化后，撤除楔子、支撑或风缆，再在楔子孔中灌填砂浆。

随着预应力技术的成熟与发展，预应力开始应用于墩台上，特别是后张法预应力钢筋混凝土装配式墩台。它的施工方法与装配式柱式墩台施工方法相似，除了安装时的连接接头处理技术之外，节段预制构件之间的连接方式主要依赖于预应力钢束。

后张法预应力钢筋混凝土装配式墩台采用的预应力钢材主要有高强度低松弛钢丝和冷拉Ⅳ级粗钢筋两种。高强度低松弛钢丝，其强度高，张拉力大，预应力束数较少；施工时穿束较容易，在预应力钢束连接处受预应力钢束连接器的影响，需要局部加大构件壁厚。冷拉Ⅳ级粗钢筋要求混凝土预制构件中的预留孔道精度高，以利冷拉Ⅳ级钢筋的连接。

后张法预应力钢筋混凝土装配式墩台的预应力张拉方式有以下两种：张拉位置可以在墩帽顶上张拉；亦可以在墩台底的实体部位张拉。一般采用墩帽顶上张拉。

（1）墩帽顶上张拉预应力钢束其主要特点是：①张拉操作人员及设备均处于高空作业，张拉操作虽然方便，但安全性较差；②预应力钢束锚固端可以直接埋入承台，而不需要设置过渡段；③在墩底截面受力最大位置可以发挥预应力钢束抗弯能力强的特点。

（2）墩底实心体张拉预应力钢束其主要特点是：①张拉操作人员和设备均为地面作业，安全方便；②在墩底处要设置过渡段，既要满足预应力钢束张拉千斤顶安放要求，同时，又要布置较多的受力钢筋，满足截面在运营阶段受力要求；③过渡段构件中预应力钢束的张拉位置与竖向受力钢筋相互关系较为复杂。

预应力钢束的张拉要求、预应力管道内的压浆要求与预应力混凝土梁的要求一致，不再重述。特别应注意的是，压浆最好由下而上压注；构件装配的水平拼装缝采用 35 号水泥砂浆，砂浆厚度为 15mm，一方面可以起调节水平，另一方面可避免因渗水而影响预制构件的连接质量。

五、高墩施工

1. 人工翻升模板设计

翻升模板由两节大块模板（内、外模都采用钢模板）与支架、内外钢管脚手架工作平台组合而成（施工中随着墩柱高度的增加将支架与已浇墩柱相连接，以增加支架的稳定性）。施工时第一节模板支立于基顶，第二节模板支立于第一节段模板土。当第二节混凝土强度达到 3MPa 以上、第一节混凝土强度达到 10MPa 以上时，拆除第一节模板并将模板表面清理干净、涂上脱模剂后，用塔吊和手动葫芦将其翻升至第二节模板上。此时全部施工荷载由已硬化并具有一定强度的墩身混凝土传至基顶。依此循环，形成接升脚手架→钢筋接长绑扎→拆模、清理模板→翻升模板、组拼模板→中线与标高测量→灌注混凝土和养生的循环作业，直至达到设计高度。

每一节翻转模板主要由内外模板及纵横肋、刚度加强架、内外脚手架与作业平台、模板拉筋、安全网等组成。

内外模板均分为标准板和角模板两种，每大节模板高度 6m（每节模板由高度 2m 的三个小节模板拼组而成），宽度划分以 1.5m 为模数。

模板之间用 Φ30 螺栓连接，用 [12 槽钢支撑拉筋垫板，[12 槽钢间距不超过 1m，拉筋用 Φ16mm 的圆钢或螺纹钢。在拉筋处的内外模板之间设 Φ18mmPVC 硬管，以便拉筋抽拔及再次利用。灌注混凝土前在模板顶面按 1.5m 的间距设临时木或铁支撑，以控制墩身壁厚。内外模板均设模板刚度加强架，以控制模板变形。内外施工平台搭设在内外脚手架上。在内侧施工平台上铺薄钢板，临时存放用运送来的混凝土。在外侧施工平台顶面（脚手架）的周边设立防护栏杆，并牢固地挂立安全网。

2. 翻升模板施工要点

（1）安装内外脚手架。为兼顾钢筋绑扎与混凝土灌注两方面的因素，内平台与待灌节段的混凝土顶面基本平齐，外平台与待绑扎钢筋的顶部基本平齐。脚手架安装完毕后安装防护栏杆和安全网，搭设内外作业平台。

（2）钢筋绑扎与检查。按设计要求绑扎钢筋后进行检查。绑扎中注意随时检查钢筋网的尺寸，以保证模板安装顺利。由于模板高度 4m，因此每次钢筋绑扎的最低高度不小于 4m 加钢筋搭接长度。若钢筋绑扎长度大于 6m，则需将钢筋的中上部支撑在脚手架上，以防钢筋倾斜。

（3）首次立模准备。根据墩身中心线放出立模边线，立模边线外用砂浆找平，找平层用水平尺抄平。待砂浆硬化后即可立模。

（4）首节模板安装。模板用塔吊吊装，人工辅助就位。先拼装墩身一个面的外模，然后逐次将整个墩身的第一节外模板组拼完毕。外模板安;装后吊装内模板;然后上拉筋。每节模板安装时，可在两节模板间的缝隙间塞填薄钢板纠偏。

（5）立模检查。每节模板安装后，用水准仪和全站仪检查模板顶面标高;中心及平面尺寸。若误差超标要调整，直至符合标准。测量时用全站仪对三向中心线（横向、纵向、45 方向）进行测控。每次测量要在一个方向上进行换手多测回测量。测量要在无太阳强光照射、无大风、无振动干扰的条件下进行。

（6）混凝土灌注。模板安装并检查合格后，在内外模板和钢筋之间安装 L 混凝土灌注漏斗，混凝土经混凝土输送泵送至内施工平台土，通过漏斗由人工铲送入模。混凝土采用水平分层灌注，每层厚度 40cm 左右，用插入式振捣器振捣，不要漏捣和过度振捣。灌注完的混凝土要及时养生。待混凝土初凝后、终凝前，用高压水冲洗接缝混凝土表面。

（7）重复如上步骤，灌注第二节混凝土。灌注混凝土中要按要求制作试件，待第一节混凝土强度达到 10Mpa、第二节混凝土强度达到 3MPa 以土时，做翻升模板、施工第三节混凝土的准备。

（8）模板翻升。将第一节模板用手动葫芦挂在第二节模板上，松开并抽出第一节模板之间的拉筋，用塔吊和手拉葫芦分别起吊第一节模板的各部分并运至第二节模板顶部或地面，清理模板涂刷脱模剂后在第二节模板顶按上述次序安装固定各组成部分。如此循环，直至墩顶。

3. 墩顶段施工

当模板翻升至墩顶实心段底部时，拆除墩身内施工平台和脚手架，搭设外侧施工平台和安装防护栏杆与安全网，并在墩身内侧安装封闭段托架和模板。然后绑扎钢筋、安装外模板、灌注混凝土、养生。墩柱施工高度至墩柱截面变化的底面处。封闭段托架采用横桥向布设 7 根 I20b 工字钢，工字钢间距为 60 厘米，工字钢上铺方木，方木上铺设模板，模板采用木模。

4. 模板拆除

待模板内混凝土强度大于 10Mpa 时，拆除所有外模板。拆除时按先底节段后顶节段的顺序进行。

5. 墩身钢筋制作与绑扎

钢筋在加工棚内制作，要保证制作钢筋的精度。为验证钢筋制作的精度，可在弯制少量钢筋后，先在地面平地上进行绑扎试验，并根据实验结果调整弯制方法与尺寸。形状与尺寸已确定的钢筋可采取经常拉尺检查的办法对精度进行有效的控制。钢筋必须严格进料、出库管理，加工好的钢筋分类存放，挂牌标识。标识内容包括规格、型号、安装位置等，对检验不符合要求的材料做好标识，防止误用。

钢筋采用现场绑扎法。根据设计图纸要求，对 Φ25mm 以上的主筋采用机械接头接长；对直径 25mm 以下的钢筋采用搭接焊接法，接焊时，钢筋采用 T502 以上焊条。机械接头需作破坏试验，焊接接头应做焊接工艺试验。当钢筋竖直长度超过 6m 时，应将其临时支撑固定在脚手架上，以防钢筋倾斜不垂直。

6. 墩身混凝土浇筑

混凝土采用拌合站集中拌合、混凝土输送泵运送、串筒入模、插入式振捣器振捣的施工方法。灌注混凝土前应检查模板、钢筋及预埋件的位置、尺寸和保护层厚度，确保其位置准确、保护层足够。

由于混凝土施工高度大于 2m，为使混凝土的灌注时不产生离析，混凝土将通过串筒滑落。为保证混凝土的振捣质量，振捣时要满足下列要求：

（1）混凝土分层浇筑，层厚控制在 40cm 左右。混凝土垂直运输采用输送泵进行。

（2）振捣前振捣棒应垂直或略有倾斜地插入砼中，倾斜适度，否则会减小插入深度而影响振捣效果。

（3）插入振捣棒时稍快，提出时略慢，并边提边振，以免在混凝土中留下空洞。

（4）振捣棒的移动距离不超过振捣器作用半径的 1.5 倍，并与模板保持 5~10cm 的距离。振捣棒插入下层混凝土 5~10cm，以保证上下层混凝土之间的结合质量。

（5）混凝土浇筑后随即进行振捣，振捣时间一般控制在 30 秒以上，有下列情况之一时即表明混凝土已振捣密实：

①混凝土表面停止沉落或沉落不明显；

②振捣时不再出现显著气泡或振动器周围元气泡冒出；

③混凝土表面平坦、无气体排出；

④混凝土已将模板边角部位填满充实。

墩身施工中，注意对预埋件的施工，以便进行后续的工程的施工。

混凝土的浇注要保持连续进行，若因故必须间断，间断时间要小于混凝土的初凝时间，其初凝时间由试验确定。如果间断时间超过了初凝时间，则需按二次灌注的要求，对施工缝进行如下处理：凿除接缝处混凝土表面的水泥砂浆和松弱层，凿除时混凝土强度要达到 5Mpa 以上。在浇注新混凝土前用水将旧混凝土表面冲洗干净并充分湿润，但不能留有积水，并在水平缝的接面上铺一层 1 ~ 2cm 厚的同级水泥砂浆。根据混凝土保护层厚度采用相应尺寸的垫块，垫块数量按底模 5 ~ 7 个 /m²、侧模 3 ~ 5 个 /m² 放置。在混凝土强度达到 10Mpa 以上时即可拆模。进行不少于 7 天的标准养护，墩身混凝土的养护在拆模后立即用塑料薄膜包裹洒水养护。

7. 墩身线形、顺直度及平面误差控制

（1）在承台浇注完混凝土后，利用护桩恢复墩中心，并从大桥控制网对其校核，准确放出墩身大样，然后立模、施工墩身实心段混凝土。实心混凝土施工完后，在桥墩中心处设置一直径为 40cm、高 40cm 的钢筋混凝圆台，将墩中心准确地定位在预埋的钢筋头上。每提升 1 次模板根据墩不同高度，利用全站仪或经纬仪对四边的模板进行检查调整。施工中要检查模板对角线，将误差控制在 5mm 以内，以保证墩身线形。检查模板时，已灌混凝土的模板上每个方向作 2 个方向点，防止大雾天气不能检查模时，可以拉线与经纬仪互为校核，不影响施工。检查模板时间在每天上午 9 点以前或下午 4 点以后，避免日照对墩身的影响；墩身上的后视点要量靠近承台，每次检查前校核各个方向点是否在一条直线土，如有偏差，按墩高比例向相反方向调整。

（2）墩身竖直度及错台控制

由于墩身高、循环浇注次数多、测量作业面小等因素导致墩身垂直度控制难度很大，而墩身垂直度的偏差对整体受力及外观都会产生严重的影响。我们采取了如下措施确保墩身竖直度及错台：

①建立独立的三角网，确保导线基点不下沉、不偏位；严格执行换手复测制度，精确定位后反测后视点坐标。通过采用三角高程配合悬挂钢尺法精确测定墩柱模板顶标高，采用全站仪精确放样墩身模板主要角点的平面位置，使其满足设计要求。全站仪放样后钢尺校核各个角点的相对尺寸，两者无误后才准许锁紧拉杆，锁完后再次复测确保无误。

②翻模安装：翻模组装前对各部件尺寸、规格进行检查，按预排顺序组装成片，检查合格后方可进行基础段墩身模板安装。模板与模板连接采用 φ16 螺栓锁紧，上好纵横拉杆。

③安装第 1 节模板时，先准确放样出墩身的 4 个角点，然后弹出墨线，再安装模板，模板的 4 个角支垫钢板将模板顶面调整水平，其余处用 M10# 水泥砂浆填塞，顶面 4 个角的相对高差控制在 2mm 以内。

④模板初步安装好后用全站仪或经纬仪检校模板的竖直度，每层模板的竖直度偏差大于 5mm 时，用不同厚度的钢板块支垫模权的角点进行纠偏。砼浇筑前对模板的纵、横向竖直度进行复检。

⑤施工中要严格控制模板刚度、加工精度及测量定位的准确性，重视模板紧固措施，尽量避免过大调整模板。

⑥保证主筋预埋位置的准确；首先在承台钢筋上焊接固定墩身4角的主筋骨架，保证预埋主筋的竖直度；浇筑承台砼时，防止主筋倾斜，在主筋骨架4角对称用 φ6mm 钢绞线加地锚锚固；接长主筋时，将主钢筋上部用水平钢筋将位置固定，然后用倒链校正其竖直度。

⑦砼浇筑时对称浇筑，对称振捣。从一端浇筑，一端浇筑过高一端没料，容易对模板形成偏压，振捣的不对称，也容易对模板形成偏压，影响模板的竖直度。

⑧固定模板的拉杆由于在振捣过程中会引起螺栓的松动而引起模板变形，在振捣过程中尽量避开拉杆，加派专人观察，发现有松动螺母及时紧固。

⑨模板在安装、拆卸、翻升过程中，严禁碰撞，拆卸后立即清理刷油，放置平整。如放置不平整，模板易产生扭曲变形，影响模板的竖直度。

⑩随着墩身高度的增加，日照引起的摇摆摆幅越来越大，为避免日照影响，浇筑前的模板效验与精确定位均在早晨日出之前进行。

⑪每节砼浇注3m高，模板刚度稍有不足，在浇注下一节时，接缝处均易产生错台，影响墩身的竖直度，如将砼浇注面比模板顶面降低10cm，可避免接缝错台。

⑫模板刷油宜使用食用油，可使砼表面光泽一致。

⑬浇注完成一层，墩身表面及时用塑料薄膜包裹养生。

8.支架搭设、稳定性验算

（1）技术要求。墩柱脚手架主要起操作架及垂直运输作用，必须具有足够的强度、刚度和稳定性；支承部分必须有足够的支承面积，如有底托的碗扣件安置在铺设好的枕木上或已浇筑的承台上，有基土时必须坚实并有排水措施；脚手架立杆间距及横杆步距必须满足使用要求。

（2）搭设方法。清平夯实基土（条件容许时最好将脚手架支承于墩柱承台上），围绕墩柱搭设碗扣件支架，我们在三口大桥3#高墩柱施工过程中采用双排碗扣件作为支架，立杆及横杆采用1.2m间距，排间距为0.9m。

（3）支架受力分析及计算。对于一般的扣件式钢管脚手架在搭设前首先必须力学验算，架体结构的主要传力途径为：操作平台上的各种竖向荷载横向—水平杆—纵向水平杆—立杆—垫木—地基。从传力途径可以看出，结构杆件中立杆底段是受力最大，因此在计算过程中主要计主杆底段和地基。计算时主要考虑的荷载可分为恒荷载和活荷载。前者主要包括结构自重和构配件自重，后者主要包括操作平台上的施工荷载和水平风荷载，还应考虑河流中水的冲刷产生的荷载。在脚手架的搭设计算中，最主要的是通过荷载的分布情况及大小，验算立杆的刚度和稳定性是否满足要求。另外，脚手架构造、脚手架加强加固必须满足施工要求和安全技术规范要求。

第四章　桥梁施工技术

第一节　现代桥梁施工技术

国在桥梁的建造技术上是有着很悠久的历史的，并且有着光辉的成就，这些都有很多相关的史料可以考证，在 3000 年前周文王的朝代，就已经有了在渭河上架设浮桥以及建造粗石桥等的文字类记载。在隋唐时期，更是国古代桥梁发展的兴盛年代，不论在桥梁的形式和结构或其他方面都有很多的创新，很多独具匠心的桥梁在当时被建造成功。到了宋代以后，国的建桥数量大大增加了，桥梁的跨越能力、桥梁的功能和造型方面都有了很大的提高，在其施工方面也充分表现出国古代的工匠智慧以及艺术的水平，这些都是我国桥梁建造史上值得珍惜的历史财富。

到了解放初期，我国公路和城建部门在新建、改造和恢复公路和城市道路的内容上进行了新的创新。但是由于起重设备上的限制，装配式桥梁只是在简支梁的桥上使用，而其他类型的桥梁施工则仍然采用的是砌筑施工、拱架现浇、竹木支架等。随着科学不断进步，施工相关的材料、设备和机具等的发展，桥梁在施工技术上有了很大的进步和提高。

南京长江大桥、武汉长江大桥等，都是桥梁工程施工技术发展的一大进步体现。南京长江大桥的桥梁施工过程中，通过很多试验的研究设计制造出了很多关键性的施工设备，并且创造了一些新施工工艺，譬如高强螺栓安装、循环压浆、管桩下沉等，这些新机具设备和施工工艺保证了桥梁工程质量按要求完成。

90 年代以来，我国交通事业和桥梁的建设都出现了全新的时期，突出地体现在高速公路的建设及桥梁的技术、跨越能力、桥型和施工管理的水平升华上。

一、土方开挖与回填

（一）土方开挖

本工程土方工程单体构筑物土方工作量小，分布比较零散。

在进行土方开挖前，对基坑的开挖边线作详细的查对。施工时必须严格按照施工图纸及规范进行施工。在使用人工开挖时，采用分层开挖法，开挖时由中间向两侧，先深后宽。

边坡处先挖成台阶状以控制边坡，待完工时再进行削坡。

基坑坑底高程、边坡等要达到设计要求，严禁超挖。基底和边坡表面要平整，边线直顺，曲线圆滑。

使用机械开挖土方时，实际施工的边坡坡度应适当留有修坡余量，机械开挖后，再用人工修整，达到设计图纸要求的坡度和平整度。

弃土要放置合理，不能随意堆弃。

根据土质情况，最大垂直开挖深度1.0～1.5米；深度为3.0～5.0米时，应开挖为复式梯形断面，层间戗台宽度1.0米，各级边坡1∶1～1∶0.5；地面废土堆放在基坑口线1.0米以外。

土方开挖计划采用人工开挖的方式进行施工，在条件许可的情况下，也可采用农村改装的小型挖掘机进行开挖。土方开挖应在无水的情况下施工。因此，对于有积水的开挖面在开挖前采用基坑集中抽排的办法进行排水。开挖土方应在测量放线的范围内开挖，建筑物基础土方开挖还要在放样时考虑开挖边坡，开挖过程中应避免边坡稳定范围内积水而造成塌陷。对于开挖或拆除的弃渣，需分别运至指定地点堆放。对于经批准可以利用的渣料则按使用要求堆放到工作面附近。对于沟槽的土方开挖，须在开挖时保留 5cm 以上的预留保护层，待砌筑时削除。建筑物基础土方开挖后，立即进行基础砌筑，避免基础面土壤受扰动和侵蚀软化。

（二）土方回填

填方材料要用能被压实到规定密度的土石填方材料，基坑回填要分层夯实，每层厚度不大于 30 厘米，干容重达到设计要求。

对于填筑在建筑物下用作土模的土料，要在建筑物达到设计强度的70%时，方可清除。

土方回填计划采用人工回填的方式进行施工，土方回填前须确定回填设计压实度，回填土的压实度需达到设计要求。回填所用的土料在满足回填土料质量要求的情况下，应尽量采用开挖出的土方进行回填。对于含水量不符合设计要求的土料，应进行洒水或摊开晾晒。所用土料土块限制直径 ≤5cm。土方回填的基础面应进行刨毛处理，基础面上的杂质和不合格土质予以清除并洒水保持回填基础面湿润。对于是砼或岩石的基础面还应进行刷黏土泥浆处理。涂刷工作应与回填土同层进行。

土方回填应按水平分层由低处开始逐层填筑不得顺坡铺填，每层铺土厚度采用15～20cm。已铺土料在夯实前被晒干时，应洒水湿润。填筑过程中按规范要求进行取样，达到设计压实度后方可进行下一层。若发现局部"弹簧土"、层间光面、层间中空、松土层或剪切破坏的质量问题时，应及时进行处理。填筑层检验合格后因故未继续施工，复工前应进行夯实处理。

土方夯实时应采用连环套打法，夯迹双向套压，夯压夯 1/3，分段、分片夯实时，夯迹搭压宽度应不小于1/3 夯径。

二、砌石工程施工

（一）施工方法及工艺流程

块石采用人工抬运，人工砌筑。砌筑砂浆从拌和场由机械拌和，自卸汽车（翻斗）运至作业区，人工挑抬至作业面。砌筑前要放样立标尺，拉线砌筑，浆砌石料保持干净，湿润，砂浆按设计要求拌制，随拌随用。采用铺浆法砌筑，自下而上、逐层进行，均匀坐浆，随铺随砌。沉降缝、伸缩缝平整、垂直。

浆砌石施工工艺流程为：建基面处理→砌浆拌和运至现场→铺底浆→选放块石→灌砂浆及插捣密实→勾缝→养护。

（二）原材料技术要求

块石：块石选用石质密实坚固、强度高、耐风化、自由面较为平整且没有明显层次纹痕的石料。砌石所用块石应以使用大、中块石为主。大块石：石块的上下两面大致平行、平整，无尖角薄边，块厚一般不小于20厘米。中块石：单块重应大于25公斤，中部厚度一般不小于15厘米。小块石：其用量不得超过该处砌石用量的10%。

（三）砌石施工

护坡砌筑需在已削好或回填夯实的建基面上进行，并严格按照施工测量放线的要求砌筑，砌筑面保持湿润。护坡浆砌块石的施工要领是："平、稳、满、紧"四个字。平—坡面要大致砌平；稳—石料大面要向下座稳避免晃动；满—胶结材料砂浆要填满捣实；紧—石块间缝隙要用小石头及砂浆嵌紧。

①砂浆的配合比通过试验确定后，用磅计量拌和，砂、水泥、水误差与砼相同。

②砌筑块石砂浆应拌和均匀，稠度以用手能将砂浆捏成小团，松手后既不松散、又不由灰铲上流下为度。

③砂浆应随拌随用，保质适宜的稠度，一般宜在3～4小时内内使用完毕，气温超过30℃时，宜在2～3小时内使用完毕，在运输过程和在贮存器中发生离析、泌水的砂浆，砌筑前应重新拌合，已凝结的砂浆不得使用。

④砌体所用块石应质地坚硬，无风化剥落和裂纹，块石每块重量不宜小于35kg，砌筑前应将块石的表面泥垢洗刷干净，洒水湿润，以免影响砂浆强度。

⑤砌体应采用铺浆法砌筑，一般先铺浆（坐浆），后安放块石，砂浆稠度3～5cm，并根据气候条件适当调整，砌体灰缝厚度宜2～3cm，砂浆应饱满，要选好角石及角石的位置，角石砌好后，把样线挂在角石上，面石可选用长短不等的块石，便于同腹石交错搭接。砌面石要试放修凿，铺浆，将石翻回坐浆，并使灰浆挤紧。腹石须大面朝下放稳，尽量使石块间的缝隙最小，再用砂浆填满空隙的1/3～1/2，并放入合适的石块嵌实，用扁

铁插捣密实，不得采用灌浆法砌筑。

⑥砌体灰缝相互错开，避免形成通缝，坡面砌石要丁砌，或丁顺砌相间，并力求整个坡面同时上升。

⑦安排砌石进度时，最好是连续不断地逐层砌筑上去，否则，在砂浆或砼终凝前应将砌体表面清理干净，以免时间过长清理困难。对停砌已久的砌体，表面要作特殊处理后（如凿毛、清理松动块石，冲洗等），才能继续砌筑。

⑧坡面砌石层面尽量砌成微向上游倾斜的坡面，即迎水面比背水面略低。分段砌筑和高度不易过大，一般控制在 1 ~ 1.5cm 以下，段面相接除设计有施工缝外，以斜面为好。

⑨坡面在砌筑过程中应及时做好防暑、防冻、防雨、防冲等工作，经常收听、收看天气预报，对"四防"要有充分的思想准备和物资准备。

⑩新砌体的防震、保温、保湿等养护工作可参照砼的要求办理，养护期一般不少于一周。

（四）浆砌石施工保证措施

①砌筑所用块石厚度不小于 20cm，每块重不应小于 30kg，砂料径为 0.15 ~ 5mm，细度模数为 2.5 ~ 3.0。

②砌筑所用砂浆需经过试验确定，配料拌和时多种材料称量误差应符合规定：水泥为 ±2%，砂为 ±3%，水外加剂为 ±1%。砂浆机械拌和时间不少于 2 ~ 3min。局部少量的人工拌和，至少干拌三遍，再湿拌至色泽均匀，方可使用。

③砂浆应随拌随用，其允许间歇时间不超过规范要求。发生离析、析水的砂浆，砌筑前应重新拌和。初凝的砂浆不得使用。

④砌筑前，应在砌体外将石料上的泥垢冲洗干净，砌筑时保持块石表面湿润。

⑤采用铺浆法砌筑，砌第一皮石块应坐浆，且大面向下。砌石体转角处和交接处应同时砌筑，对不能同时砌筑的面，必须留置临时间断处，并应砌成斜槎。

⑥应分皮卧砌，并上下错缝，内外搭砌，不得采用外面侧立砌，中间填心的砌法。灰缝应为 2 ~ 3cm，砂浆应饱满，石块间较大的空隙应先填塞砂浆，后用碎块或片石嵌实，不得先摆碎石块后填砂浆或干填碎石块的砌筑方法，石块间不应相互接触。砌体外露面，应平整美观，外露面上的砌缝应预留约 4cm 深的空隙，以备勾缝处理。上下层砌石应错缝砌筑。

⑦墙体砌筑时必须设置拉结石。拉结石应均匀分布相互错开，一般每 0.7m² 墙面至少应设置一块，且同皮内的中距不应大于 2m。拉结石的长度，若其墙厚等于或小于 40cm 时，应等于墙厚，若其墙厚大于 40cm 时，可用两块拉结石由外搭接，搭接长度不小于 15cm，且其中一块长度不应小于墙厚的 2/3。

⑧每砌 3 ~ 4 皮为一个分层高度，应找平一次，块石砌体每日砌筑高度不应超过 1.2m。砌筑因故停顿，砂浆已超过初凝时间，应待砂浆强度达到 2.5MPa 后才可继续施工，在继续砌筑前，应将原砌体表面的浮渣清除，砌筑应避免振动下层砌体。

⑨水泥砂浆砌体在砌筑后 12～18h 之间应及时养护，养护采取覆盖洒水的办法，养护时间不少于 14 天。

（五）混凝土工程施工

1. 原材料技术要求

水泥：本工程施工必须使用具有产品质量合格证的普通硅酸盐水泥。同时有国家认证质资的试验部门出具的试验合格报告单，现场应做试块进行强度试验。水泥运至工地后应妥善保管，严防水泥受潮变质、失效。严禁使用次品和过期失效水泥。

碎石：选用强度高、比重大、颗粒密实坚固的碎石。严禁使用沉积岩、片麻岩及风化岩类碎石。碎石在堆放时，一定要按碎石大小级别分别堆放。严禁使用河卵石代替碎石。

河砂：河砂必须使用中粗砂，砂子含杂量控制在 0.5％以内，使用前要过筛。除用于勾缝外，不得使用"面砂"。

水：凡适合饮用的地下水和洁净的地表水，均可作为工程施工用水。未经处理的工业污水和沼泽水，不得使用。

2. 混凝土的拌和

本项目工程混凝土应使用 PO.32.5MPa 或 PO.42.5MPa 普通硅酸盐水泥，骨料三级配。施工时严格控制水灰比、混凝土配合比和坍落度。混凝土宜采用机械拌合，拌合时间从投料完毕算起不得少于 2.5 分钟；人工拌合时，先将砂和水泥拌和均匀，再和碎石一起干拌三遍，然后适度加水拌和四遍，达到稠度和色泽均匀。拌和好的混凝土要及时浇筑，以免放置时间过长而凝固。

混凝土运输。

为保证砼浇筑质量，要尽量缩短砼运输的时间，防止砼入仓前产生初疑。本工程砼水平运输采用人力斗车运送熟料至现场，然后用铁皮制作的溜槽下料入仓。

3. 混凝土的浇筑

混凝土入仓前，应测试入仓温度。一般控制温度范围：板为 5～25℃，墙体为 5～15℃。本工程为冬季施工，当外界气温低于 -5℃时，应停止浇筑，否则要采取保温防冻措施，方能施工。

基础的标高、尺寸、承载能力等达到设计要求时，方可进行混凝土浇筑。

凝土应随拌随运随用。混凝土因故发生分离、漏浆、严重浸水和坍落度降低等问题时，应在浇筑地点重新拌和。若混凝土初凝应按废料处理。

混凝土的收面：现场混凝土浇筑完后，应及时收面。收面后混凝土表面达到应密实、平整、光滑。

防冻措施：当冬季施工气温较低时，混凝土拌和时应适当掺入防冻剂，施工中氯盐等的掺配量控制在 2％以内。

混凝土养护：混凝土浇筑完后，养护时间一般不少于 15 天。

4. 钢筋工程施工

钢筋作业中，必须严格按照图纸设计及有关规范要求施工，注意分别钢筋型号，做到合理下料，保证几何尺寸，并掌握好钢筋接头搭配。钢筋焊接，焊工人员要持证上岗，按要求施焊。钢筋绑扎，间距要均匀，扎丝要拧紧，横要平、竖要直、严格控制保护层，必要时，预制标准的砼垫块和砂浆垫块控制。本工程钢筋施工主要是控制室、泄洪闸、坝底板、铺盖板及消力池，在底板作业中，墙体钢筋即已预埋其中，所以，要结合立模、砼浇筑等搭设合理的脚手架，使其钢筋在墙体模板没有站立之前即能够架设牢固，以免钢筋倾斜，影响保护层和下道工序的施工。

第二节　水上桥梁基础施工技术

随着国内交通设施建设的迅猛发展，大跨径桥梁也越来越多地呈现在人们面前。在大跨度桥梁施工过程中大型深水基础成为桥梁施工的重点和难点。目前，公路桥梁深水基础以高桩承台或低桩承台结构为主。施工方法的选择要根据桥梁基础结构、桥梁附近水域情况、墩位离岸远近、墩位处水下地形、覆盖层厚度和土层性质、基岩埋深及表面状况，水深及水位变幅、水流速度和流态、施工期通航要求等方面来选择确定。

一、平台设计及搭设

1. 平台设计

桥梁深水桩基础所处的深水环境对其设计和施工方面都有影响。在设计过程中无论是基础类型选择、基础埋深确定、外荷载或作用力计算等方面都要考虑是环境的特性。由于在深水环境中桥梁深水基础所受的水平力比陆地上或浅水环境中要大得多，同时，深水基础属于水下隐蔽工程，其设计与施工时，必须将水的流速、深度等方面因素综合考虑，并采取相应的技术措施。

2. 平台基槽开挖

深水桩基础所需平台一般要保证施工水深达数十米要求，一次一般采用双壁钢围堰止水工艺。在搭设施工平台前必须将钢围堰范围内河床面清平至水面以下一定深度，之后根据当地河床岩层情况，采用特定的施工机械进行开槽作业，施工过程中要尽量减少爆破作业以免对周围环境造成破坏。采用该种方法同时能节省开槽作业时间、施工费用。

3. 平台搭设

平台搭设一般采用浮吊及驳船、平板船配合施工。浮吊上设钢管桩简易导向装置，一般按照从上游侧至下游侧顺序打入钢管桩，钢管桩插打完后，再用水平两层型钢和竖面剪刀撑型钢将钢管桩连接，形成固定插打钢护筒平台。平台搭设完成后利用钢护筒导向架精确定位上游钢护筒，利用浮吊和振动锤振动下沉护筒，然后利用浮吊上的钢管桩简易定位导向架定位并插打下一排钢管桩，并将其与上一排钢管桩采用水平两层型钢和竖面剪刀撑型钢连接，又形成固定插打钢护筒的平台。依次类推，按照从上游至下游的顺序进行施工。

二、钢围堰施工

钢围堰一般为双壁型，其平面形状多为圆形，近年来也有将围堰平面形状做成非圆形状的。为了方便施工，常常将围堰在长度方向分成若干节，每节在水平方向又分为若干个互不联通的独立隔舱。

首节围堰的下水方法一般采用在近岸处的浮式拼装平台上组拼首节围堰，然后用大型起重船将其吊运至墩位处的导向船组中，然后将其下放入水中，或者采用在岸边组拼好首节围堰，以简易滑道下水自浮，再牵引送人导向船组之中。其余各节的下水接高，一般采用大型起重船将在浮式拼装平台上组拼好的分节整体吊运至墩位，与已入水自浮的下节围堰对接的方法。采用该种方法实行对接工效高，质量好，更安全，劳动强度较小，但需要大型起重机械。

由于钢围堰在着床前必须处于自浮状态，因而其水密性必须保证。钢围堰在着床前逐节接高下沉过程中会导致墩位处河床产生明显的冲淤变化。面对此现象一般采用防止或抑制河床的过度冲刷或是考虑河床冲淤变化的实况以及水流等因素，使围堰"预偏着床"以便控制和减小下沉的最终偏位等措施进行预防补救。围堰着床以后，一般采用空气吸泥机等设备在不排水状态下除土下沉，并且在施工过程中常常填充一定高度的混凝土，以增加围堰的强度、刚度和下沉重力。

围堰施工的最关键的施工工序是对围堰进行封底，封底的质量直接关系到承台施工的成败。往往大型深水围堰的围护面积可达千余平方米，封底厚可达近十米，封底所用混凝土可达数千方。在围堰封底施工过程中首先应确保施工材料采取选用低热水泥，可以采用掺加粉煤灰、高效外加剂来降低其绝热温升，防止温度应力裂缝的产生。其次，施工过程中保证混凝土能够连续浇筑，并采用多导管浇注方法，使混凝土面均匀上升。

三、钻孔灌注桩施工

1. 钻孔

在钻孔施工前在钻孔平台的顺桥向布置机具垫梁和钻机走道，并进行试钻，同时取得钻进的各施工参数。在施工场所适当位置设置泥浆池，最好选用优质膨润土进行造浆，在造浆前应提前试验并记录泥浆性能指标，以便施工中参考。在刚开孔时，钻机应轻压慢转，在正常钻进时要密切注意泥浆指标和钻进速度，根据泥浆指标来保证用制备的泥浆能够将钻进中形成的劣质泥浆置换出来。钻孔过程中如果发现偏斜现象应及时采取措施给予纠正。

2. 捞渣及清孔

钻孔结束后将钻头提至孔外，然后采用气举反循环钻对孔内进行清渣，其工作方法是将高压风通至导管内，在导管上部形成气水混合物负压区，由于上部负压导致孔底泥浆及石碴沿着导管随负压区上升，最终排出孔外，排出孔外的泥浆经泥浆分离器进行分离后，纯泥浆回流到孔内，因该方法施工原理是从孔底直接抽渣，所以能在很短时间内将孔底石碴及浓浆等沉淀物吸附出来。清孔完成后需向孔内补充清水以保证孔内水头，之后便可拆除钻机，准备下道工序施工。

3. 钢筋笼制作与吊装

在对桩孔清孔完成后，应立即进行钢筋笼安放工作。钢筋笼钢筋的连接方式以往多采用现场电焊，该方法不仅进度慢，而且质量不易保证，近年来多数深水桩工程使用冷挤压套筒连接或直螺纹连接等连接方式。由于钢筋笼一般为在岸上通过单独施工方制作，然后再用自制简易钢筋运输车运送，到达水域后再经驳船运输至施工平台，所以为保证钢筋笼在运输途中遇阻时可随起随落和正反旋转，在制作时一般在笼内对称布置声测管，该管一般采用焊接方式连接，以保证足够的密封长度，并且一般在接头处缠绕塑料胶带做辅助保护。并在管体上预留卡环，卡环之间用铁丝连接以抵抗混凝土上升过程中对管壁的摩擦力，并用铁丝将声侧管与钢筋笼连接，防止管体上浮。钢筋笼吊装要保证笼体与桩孔垂直，吊装要慢速、匀速，以确保钢筋笼与孔壁减少摩擦。

4. 混凝土浇筑

水下混凝土浇筑前应做好机械设备检查工作，机修人员要做好应急准备工作。并应协调好搅拌站、实验室、生产调度、技术等部门之间的协调工作，确保混凝土从搅拌到运输到浇筑层层都有部门把关，保证施工过程中不出现任何事故导致影响施工质量或施工工期。一般水下混凝土性能要求为初凝时间不少于18h，坍落度不小于20cm，无离析、泌水现象。浇筑过程中首盘混凝土放量应控制在10m³左右，引流导管的悬空高度为50cm左右，在首盘浇筑完成后导管埋深一般不小于100cm，并在以后施工中每次拆管前都必须确认导管埋深。混凝土浇筑要快速连续，混凝土配合比要严格控制，应首选低热水泥外掺粉煤灰和高效复合外加剂，施工时要分层浇筑，甚至采用在内部预埋水管以便通水降温。同时要防止在施工过程中发生堵管、卡管等现象，混凝土的搅拌、运输、浇筑速度要配合好，以防混凝土浇筑不连接或混凝土在现场堆积现象发生。混凝土灌注结束时，混凝土表面要高于设计桩顶标1～1.5m左右，以防止桩顶出现夹层或砼不密实。浇筑完成后在拔最后一节导管时，速度要慢，以防止桩顶沉淀的杂质挤入导管下形成夹心现象。

第三节　预应力砼桥梁施工工艺

预应力混凝土连续梁桥，因为地形适应性强，设计、施工技术成熟，跨越能力大，造价合理，近年来被广泛采用。它具有结构受力性能好、变形小、伸缩缝少、行车平稳舒适、养护简易、造型简洁美观等优点。预应力混凝土连续梁桥是一种经典的梁式结构体系，在20世纪50年代前，预应力混凝土连续梁虽是一种常被采用的结构体系，但跨度均在百米以下，当时主要采用满堂支架施工，费工费时，限制了它的发展。50年代后期，由于应用了传统的钢桥悬臂施工拼装方法，并加以改进与发展，及逐跨架设法与顶推法的应用，使连续梁桥废弃了昂贵的满堂支架施工方法，代之以经济有效的高度机械化施工方法，从而使连续梁桥方案获得新的竞争力。20世纪80年代，特别是90年代以来，随着高速公路交通的迅速发展，连续梁桥在行车平稳舒适及跨越能力大上获得了新的竞争力，在桥梁界得到了迅速的推广。

一、后张法预应力施工

预应力混凝土 T 梁制作在预制场内完成，台座制作时考虑梁板的预拱度，按设计要求在跨中设置 2.4cm 的反拱值（下拱度）。

二、模板的拼拆

预应力 T 梁内外模均为专门生产的定型钢模板，模板到场后先进行试拼，发现问题及时联系模板厂家进行处理。预应力 T 梁的长度及局部地方用小尺寸的调整板调整。浇筑之前内外模均应安装校正好，内模的底模暂不安装，边浇边封底模。人工进行模板的安装和拆除，龙门吊辅助吊装，装拆时应注意以下事项：

1. 在整个施工过程中要始终保持模板的完好状态，认真做好维修保养工作，及时刷脱模剂。

2. 模板在吊运过程中，注意避免碰撞。

3. 装拆时，要注意检查接缝的严密情况，必要时采用石膏粉或原子灰等材料填缝，以保证接缝不漏浆。预制前应对钢模板进行预拼，对与砼接触的钢模表面应打磨除锈，达到视觉上无锈迹。

为保证 T 梁内模位置准确，在两侧腹板内对应每段内模应设置两根内模定位钢筋，该定位钢筋应与腹板内钢筋点焊。内模底板上面的垫块应在钢筋绑扎后一次布置。

4. 在安装过程中，要及时对各部分模板进行精度控制，安装完毕后应进行全面检查，若超出容许偏差，则及时纠正。

三、钢筋骨架的制作与安装

钢筋骨架的制作在加工厂进行，钢筋下料尺寸严格按照设计图纸进行，由于两侧钢筋直径较细，注意保持钢筋的平直度，底板主筋采用焊接头，并保证规范规定的焊缝长度，在同一搭接长度段内的接头数量不得超过钢筋总截面积的50％，其加工安装必须符合公路桥涵施工技术规范规定。

当钢筋和预应力管道在空间发生干扰时，移动钢筋以保证钢束管道位置准确。

钢筋绑扎好后，校正内外模，在监理工程师检查合格后进行混凝土浇筑。进行预制T梁梁的技术干部和钢筋班组、模板施工班组必须固定，不准随意调换主要技术人员，以保证钢筋、模板施工有条不紊地进行，增进熟练程度，加快速度，节约时间。

当在安装有预应力筋的构造附近进行电焊时，对全部预应力筋和金属件均进行保护，防止溅上焊渣或造成其他损坏。

四、波纹管及锚具预埋

预留孔道的制作为预埋波纹管。预留孔道的位置应准确，注意管道轴线在垫板处必须与锚垫板垂直，管道与管道间、管道与喇叭管的连接要密封，每块管道沿长度方向每隔一米设井字形定位钢筋并焊在主筋上，管道位置的容许偏差纵向不得大于10mm，横向不得大于5mm。

混凝土浇筑前按施工需要设置压浆孔、排气孔、检查孔，其中排气孔应设在孔道最高位置，孔径 8 ~ 10mm，灌浆孔宜设在下方，孔径 25mm。

五、预应力钢绞线的下料

钢绞线运到现场后，下料长度由孔道长度和工作长度决定：

钢绞线的下料长度：$L=L1+2L2$

式中 L1——构件混凝土孔道长度

L2——张拉端所需要的钢绞线工作长度,视具体所采用的锚具和张拉千斤顶类型确定。

六、穿钢绞线

穿钢绞线前，可用空压机吹风等方法清理孔道内的污水和积水，以确保孔道畅通。穿线工作一般采用人工直接穿束，或借助一根 $\phi 5$ 的长钢丝作为引线，用卷扬机牵引较长的束筋进行穿束。

七、混凝土浇筑

预应力 T 梁混凝土的浇筑整体施工顺序为：底板→腹板→顶板，为确保 T 梁混凝土浇筑质量现场浇筑预应力 T 梁时分两次进行浇筑。即第一次进行底板、腹板浇筑，第二次进行顶板混凝土浇筑施工。

顶板混凝土必须在腹板混凝土初凝前完成，为此混凝土应具备足够的初凝时间。底板混凝土振捣只能使用振捣棒在底板上顺板跨方向顺拖。为避免振捣棒碰坏波纹管，必要时可先用铁丝标线，规定振捣范围。

为使桥面铺装与 T 梁紧密地结合为整体，预制梁板时先清除顶板浮浆，在顶面砼初凝前对板顶横桥方向拉毛。

钢筋、模板和预埋件安装完毕，经监理工程师检查验收并签认后方可进行混凝土的浇筑施工。梁体混凝土一般应水平分段、分层，一次整体浇筑成型。

混凝土在拌和站集中拌制，水平运输采用混凝土运输车，门机配吊罐直接入模。

浇筑混凝土时，侧模采用附着式振动器联合振动为主，以插入式振捣器振捣为辅，振捣器布置时按照间距 2m 呈梅花形布置，具体布置参数根据实际情况进行调整。预应力 T 梁腹板、预应力钢材锚固端以及其他钢筋密集部位，宜特别注意振捣，应避免碰撞预埋管道及预埋件等，以保证其位置及尺寸符合要求。

每片板除留足标准养护试件外，还应制作随梁同条件养护的试件 3 组，作为拆模、张拉等工序强度控制依据。

根据施工工期及进度安排，T 梁的预制需要在冬季进行，T 梁除覆盖草席洒水养护外，必要时采用蒸汽养护。

八、后张法工艺

1. 预应力锚具及锚垫板

桥梁设计的预应力锚具型号为 M15-5 扁锚、BM15-4 扁锚、BM15-5 扁锚。浇筑混凝土前按照设计图纸要求布置锚垫板，浇筑混凝土时必须对锚板后的部分进行充分捣固，以避免发生蜂窝。

2. 张拉工艺

梁板混凝土强度达到设计标号的 90% 以上（龄期 7 天以后），方可进行张拉，采用两端张拉。施加预应力采用张拉力与引伸量双控，单根钢绞线控制张拉力为 195.3kN，伸长量误差为 ±6% 以内，每束钢绞线断丝和滑丝不应超过 1 丝，每断面断丝之和不超过该断面钢绞线总数的 1%。每次张拉应有完整的原始张拉记录，且应在监理在场的情况下进行。

张拉前，应就实测的弹性模量和截面积对计算引伸量做修正。

引伸量修正公式为：

$$\Delta'=EA \, / \, E'A' \times \Delta$$

式中： E' 、 A' 为实测弹性模量及截面积；

E、A 为计算弹性模量及截面积；

Δ 为设计计算引伸量值。

Δ' 修正引伸量值。

张拉前还需做好千斤顶和压力表的校验，与张拉吨位相应的油压表读数和钢绞线伸长量的计算、张拉顺序的确定和清孔、穿束等工作。对千斤顶和油泵进行标定，以保证各部分不漏油并能正常工作。画出油压表读数和实际拉力的标定曲线，确定预应力钢绞线中应力值和油压读数间的直接关系。

初应力宜为张拉控制应力 σcom 的 10% ~ 15%。引伸量的量测应测定钢绞线的直接伸长值，不宜测千斤顶油缸变位。若伸长量误差超过 ±6%，应查明原因并采取措施解决后，方可继续张拉。

各钢绞线的张拉顺序，对称于构件截面的竖直轴线，同时考虑不使构件的上下缘砼应力超过容许值。

钢绞线运抵工地后放置在室内并防止锈蚀。钢绞线切割不准采用电焊或气焊切割，使用砂轮锯切割，严禁钢绞线作电焊机导线用，且钢绞线的放置应远离电焊地区。

千斤顶和油泵必须配套标定后配套使用，且采用后卡式千斤顶，不允许使用前卡式千斤顶；张拉前应检查千斤顶内摩阻是否符合有关规定要求，否则停止使用。张拉施工过程中要注意梁板的变化，若发现梁板开裂立即停止张拉施工，查明原因后再进行处理。

3. 孔道压浆和封锚

压浆的目的是防护构件内的预应力钢绞线免于锈蚀，并使它们与构件相黏结而形成整体。预应力钢束张拉完毕压浆封锚应在 24 小时内完成。

压浆是用压浆机将水泥浆压入孔道，务使孔道从一端到另一端充满水泥浆，并且不使水泥浆在凝结前漏掉。为此需在两端锚头上或锚头附近的构件上设置连接带阀压浆嘴的接口和排气孔。

水泥浆配合比需做实验确定最优配合比，水灰比不大于 0.4，不得掺入各种氯盐。根据试验结果掺入一定量的铝粉或膨胀剂，能使水泥浆凝固时的膨胀稍大于体积收缩，因而使孔道能充分填满。水泥浆强度等级不得低于结构自身的混凝土强度等级。

压浆前先压水冲洗孔道，然后从压浆嘴慢慢压入水泥浆，这时另一端的排气孔有空气排出，直至有水泥浆流出为止。流出浓浆后，关闭压浆和出浆口的阀门，静置一段时间后（在水泥浆初凝前）补压一次。

压浆前需将预应力钢绞线露于锚头外的部分（张拉时的工作长度）截除。压浆后将所有锚头用混凝土封闭，最后完成梁的预制工作。

（1）压浆的压力以保证压入孔内的水泥浆密实为准，开始压力要小，逐步增加，一般为 0.5MPa ~ 0.7MPa，每个孔道压浆至最大压力后，有一定的稳定时间。压浆应达到孔道另一端饱满出浆，并应达到排气孔排出与规定稠度相同的水泥浆为止。

（2）孔道压浆顺序是先下后上，要将集中在一处的孔一次压完。若中间因故停歇时，立即将孔道内的水泥浆冲洗干净，以便重新压浆时，孔道畅通无阻。

（3）压浆过程中及压浆后 48 小时内，结构混凝土的温度不得低于 5℃，否则采取保温措施。当气温高于 32℃时，停止压浆施工。

（4）为检查孔道内水泥浆的实际密度，压浆后从检查孔抽查压浆的密实情况，如有不实，及时处理和纠正。要在拌制水泥浆同时，制作标准试块，经与构件同等条件养护到 30MPa 后可撤销养护，方可进行移运和吊装。

孔道压浆后立即将梁端水泥浆冲洗干净，同时清除支承垫板，锚具及端面混凝土的污垢，并将端面混凝土凿毛，以备浇筑封端混凝土，封端混凝土程序如下：

九、预应力 T 梁存放

采用捆绑吊装，将 T 梁吊至堆放场地集中堆放，梁板堆放均采用四点支承堆放，支承中心顺桥向距梁端 28 厘米左右，横桥向距腹板外缘 15cm，支承垫板宽平面尺寸为 20 × 20 cm。当受场地限制需采用多层堆放时，最多可叠放三层，各层之间用垫木（在吊点处）隔开，且板与板之间的支撑垫块高度宜为 30cm。

第四节　斜拉桁架体系桥梁施工技术

一、斜拉桁架桥梁概述

在桥梁结构形式中，斜拉桁架桥梁是比较新颖的，它的上部结构就是由三种杆组成的，包括上弦杆、下弦杆以及腹杆。它们的节点之间就是一种刚性的连接，该种桥梁的特点主要是有以下几点：

第一，对于斜拉桁架桥梁来说，其结构主要是由局部的杆件组成，组成为一个整体性的体系，局部的杆件强度较小，组成之后的杆件强度就会变大，它的受力主要是以轴力为主，其构造也比较简单，能够在一定程度上对于抗扭产生有效作用，而且也便于悬臂的施工；第二，为了更好地保护预应力筋，用桁杆将斜拉索予以取代，混凝土包裹预应力索，对于整个桁杆来说，其与一般的预应力混凝土能够基本的一致，这就从根本上将斜拉索的腐烂问题予以解决；第三，造型比较优美，这种桥梁与自然环境能够达到一种良好的协调性；第四，对于结构的整体受力情况更加的合理化，更进一步的将材料的特性予以发挥出来；第五，成本比较低，而且耗材比较省；第六，对于一些活载大但是挠度限制比较严格的一些桥梁，使用桁杆将减小活载的挠度，使得跨度与梁高之间的比值能够进一步的降低。此外，在施工的过程中，就应该主要做到以下几点：要注意桥梁设计的美观性、施工的难度、上弦杆的相关工作效率以及斜拉的桁架桥的高度，不能过于高也不能过于低。

二、施工技术

（一）斜拉桁架桥梁其体系桥梁的施工技术

对于斜拉桁架桥梁的施工方法而言，主要有两种，一种是自架设的方法；一种是非自架设的方法。相关技术都是来自连续性桥梁的悬浇以及悬拼工艺，不用大型的挂篮以及大型的浮运设备，而且也不用拘泥于一种较为单一的悬拼或者是悬浇，在这个过程中，可以将这两种同时性使用，这种桥梁的技术特点就是其施工较快，也经济，它的工艺简单而且吊装也比较方便。

对于斜拉桁架桥的主桁架来说，其采用的就是悬臂拼装、有支架拼装、有支架浇筑等相结合的一种施工方案。在大浮吊的工作中，其半径内部的主孔以及边孔的构件采用的是悬臂的拼装法，岸上边的孔构件的部分有两种，拼装与有支架的浇筑，还有部分采用的是汽车的吊悬拼。应该根据相应的起重能力、设备条件，主桁架除了主塔之外，对于悬臂的拼装就可以将其分为单根、单元以及桁架片这三种相关构件的组拼法。具体的体现：

第一，单根杆的悬拼。包括以下几种：吊装上弦杆，进行穿束张拉；吊装带上的节点进行受压腹杆；吊装带下的节点其下弦杆；吊装的受拉腹杆，进行穿束张拉，然后再安装桥梁，再然后就是要安装桥面桥；

第二，单元的构件悬拼，包括以下几点：吊装带以上的节点、受压的腹杆以及上弦杆的相关单元构件，进行穿束张拉的上弦杆；吊装带以下的节点、受拉腹杆以及下弦杆的单元构件、穿束张拉的受拉腹杆，然后安装桥面桥以及横梁；

第三，桁架片悬拼的穿束、腹杆张拉、起模装船将其运至桥位、吊装、张拉上弦的杆通长束，然后是安装受压的腹杆，最后是安装桥面板以及横梁，这个工序是比较简单的。

（二）施工技术的关键

桥梁施工的过程中，其时间尽管是很短，但是在施工过程中，其结构行为并不是那么简单的。对于桥梁技术的关键就是桥梁的施工技术。比如说，自架设法以及非自架设法。

首先是自架设法。在施工的过程中，能够将上部的结构分为具有独立成分的几个组成部分，应该按照多个施工阶段进行拼装或者是现浇。而这些组成部分在已经完成之后，又可以为后续的施工阶段提供一个支撑体系，一直到起来的施工过程全部完成。

其次就是非自架设法的方法。就是采用一种临时的施工设施来对桥梁进行架设，在平常中能够涉及这种方法的主要有以下几种：吊装法、支架法以及转体法。对于非自架设的相关成本是很难控制的，它的优势也会受到一定的限制，所以说，在大跨径的桥梁施工中，经常采用的方法就是自架设法。这种方法的特点主要有以下几点：

第一，在架设的过程中，其受力的状况与在成桥之后的受力状况如果是越接近，对于施工中的辅助设备或者是一些其他材料的相关要求就会减少；

第二，对于自架设体系的桥梁，其先架设的部分就会先受力，而后架设的部分就会后受力，所以说，其结构就具有一种能力，能自动地调整一些受力的状态，也可以借助于一种外力来对内力进行调整；

第三，对于先架设的部分应该要保证其质量较轻，以及具有较高的强度，这样才能够为后续的施工结构部分来提供一个比较强有力的支撑。

第五节　模板及支架施工方案

一、支架设计

总体施工流程：

场地清理→软基处理→碾压换填→碗扣支架混凝土基础施工→碗扣支架安装→设置预拱度→模板系统安装→安全设施布置→预压→预压符合要求后进行后续工程施工。

（一）地基处理

该桥顺桥向直接上跨机场路东延线下穿隧道，满堂支架，应尽量置于原有路面上，承台开挖范围和遇绿化带地基承载力不足部位必须处理，处理方式：1.承台、泥浆池开挖范围：a.承台、泥浆池基坑底面至原路面以下40cm范围，回填材料采用水泥稳定碎石，回填要求，人工逐层夯实；b.原路面至路面下40cm采用C30砼回填，回填要求，振捣密实。2.绿带范围：a.挖除绿化种植土，深度80cm；b.拆除路缘石；c.下面40cm采用水泥稳定碎石逐层人工夯实，上面40cm采用C30砼振捣回填密实。砼回填后必须保证砼龄期达到7天，使基础承载力≥200kpa。

（二）满堂支架搭设

1.支架的材质要求

（1）所有支架材质应符合GB700中Q235钢B级的规定。

（2）支架钢材表面锈蚀等级不超过GB8923的A、B级；当表面有锈蚀、麻点划痕等缺陷时，其深度不得大于钢材负偏差的1/2。

（3）支架租赁站能提供支架轴向抗压、抗弯、抗剪等检验报告。

2.支架的技术要求

（1）完成各项技术准备以及必需的技术交底工作和施工专项方案评审。

（2）碗扣、普通钢管、型钢材料和自行加工构件进场后必须进行认真的验收，其质量必须满足设计和规范要求。

（3）地基承载力必须满足设计要求，混凝土强度必须满足设计要求的强度等级。

（4）支架搭设和拆除时必须严格按照施工方案和各种规范进行施工。

（5）支架搭设完毕必须进行支架检查和验收以及支架预压。

3. 各衔接工序的工艺

工序项目	桩基、承台、墩柱、盖梁、箱梁、防撞墙花池
砼浇筑成型方案	两次浇筑成型法，第一次浇筑底板、腹板，第二次浇筑顶板
基底处理	尽量利用现有迎晖路路面，对拆除绿化带和承台开挖泥浆池部分进行填筑水稳层及 C30 混凝土达到承载力大于 200KPa
桩基	根据地勘报告采用钢护筒
墩柱	根据图纸设计要求、采用定型钢模
防撞墙花池	根据图纸设计要求、采用定型钢模
盖梁	根据图纸设计要求、采用定型钢模
支架	满堂式碗扣支架
底模	竹胶板作面板，型钢及木枋作分配梁，人工配合吊车安装
箱梁侧模及翼缘板	竹胶板作面板，型钢及木枋作分配梁，人工配合吊车安装
内模板系统	普通架管作支撑，组合钢模作面板，木板作异形模板，人工配合吊车安装
钢筋	制作场内制作成型，人工配合汽车转运至现场，人工配合吊车进行安装
混凝土浇筑	外购商品混凝土，输送泵泵送入模，插入式振捣器振实
预应力	波纹管成孔，人工配合机械穿束，配型千斤顶张拉压浆
其他	支座、垫石、路灯基础、平石、湿接缝、齿口

二、支架地基的处理

桥梁的满堂支架搭设范围部分位于迎晖路上，可以直接作为支架基础，对部分需要处理。由于绿化带内为回填土，部分为垃圾土，支架前先对回填土和垃圾土进行清理并弃置后，进行原土碾压，部位再作 40cm 厚换填砂卵石层，表面再作 40cm 厚的 C30 砼作为支架基础。A、承台破除、泥浆池范围的地基硬化，B、地基硬化宽度为 28 米、桥宽各边加 3 米。（地基处理范围及断面见后图）

三、支架搭设布置及支架、模板拆除

1. 支架搭设布置

（1）砼梁板浇筑采用满堂碗扣脚手架，并规范设置斜撑增强支架的稳定性。

支架横向宽度为超出桥梁每侧各 2m+ 双排脚手架 1.5m+ 防护架挂密目网高于桥梁 2m。支架搭设时，道路绿化带做过基础处理的可直接将支架立杆放在砼上。原有道路为沥青路面，为了不使钢管底部与沥青面层直接接触，防止立杆直接立于沥青表面应力过分集中而使路面损坏造成支架受损，为此，在立杆底部垫一块 150×150×10mm 的钢板，钢板以下铺设 15×15cm 方木以加大其受力面，同时钢管必须位于垫块中心，以均匀分散立杆压力。

（2）搭设支架过程中要及时设置斜撑杆、剪刀撑，避免脚手架在搭设过程中发生偏斜和倾倒，增加支架的稳定性。

（3）立杆与横杆必须将碗扣扣紧，不得隔步设置或遗漏，相邻的接头位置应该错开布置在不同的步距内，与相应横杆的距离不宜大于步距的 1/3。上、下横杆的接长位置错开布置在不同的立杆纵距中，与相近立杆的距离不大于纵距的 1/3。相邻步距的横杆应错开布置在立杆的里侧和外侧，以减少立杆偏心承载情况。

（4）纵横剪刀撑沿支架纵、横向连续布置，纵向每隔 2 根立杆设一道，搭设角度 45°，上下必须交叉连接。每片架子不少于三道，剪刀撑的斜杆除两端用旋转扣件与脚手架的立杆扣紧外，其余凡与立杆交叉位置必须采用转扣与立杆扣紧。水平剪刀撑分上中下 3 层设置，设置方法同纵横剪刀撑。

（5）由于排架搭设是依靠扣件螺栓紧固完成，因此，每个结点的扣件螺栓施工中都必须用力矩扳手进行检查，只有当力矩达到 45nm ~ 60nm 时才能通过，对顶端放槽钢的横杆与立杆之间的扣件应作重点检查，每跨抽查 50%，对其他扣件每跨抽查 10%。

（6）支架立杆上下托螺杆外露长度不得大于 20cm。

（7）支架顶托应与横、纵梁很好地吻合，坡桥主楞与次楞之间空余部分楔口应用木楔楔紧，且保证横或纵梁在 U 型支撑中心。横、纵梁应用水平仪测量控制高程，且各立柱应顶紧横、纵梁。横、纵梁间应用扒钉牢固联结，不得顺向重叠。

2. 模板施工

（1）为了保证连续梁外表面混凝土的光洁和平整，其模板采用加厚 δ =20mm 的清水复合胶模板、合胶模板底部采用方木和满铺钢管形式、梁端模板支架固定于墩柱。

（2）砼现浇梁分二次成型。梁肋的内模采用木模，腹板采用钢管或方木支撑固定。

（3）在铺设梁底模时应设置一定的预拱度，以抵消基础沉降、支架、底板等压缩造成的影响。由于本工程支架基础位于迎晖路上，基础处理后，承载力才能满足要求。支架底加垫石，支架沉降变形的可能性不确定，因此必须采用预压，但应注意方木与方木、方木与钢管、模板与脚手架、钢管等支架的压缩变形，预拱度按预压观测成果设置。

（4）根据已布置支撑和两墩柱间的坡度，再加预拱度施工抛高值来测量底板标高，然后在欲铺设底模板上精确放出梁板的边线和中心线，作为侧模和布置钢筋的依据。

（5）底模铺完后，再用仪器检验梁底标高和边线。

（6）内模安装应在钢筋及预应力筋定位后进行。

（7）模板安装完毕后，应对其平面位置，顶部标高，节点联系及纵、横向稳定性进行复核。

（8）模板与模板的接缝中应嵌入吹塑纸，防止混凝土漏浆。

（9）施工脚手架不能和模板及其支撑相连。

（10）模板在使用前应涂刷脱模剂，外露面混凝土模板的脱模剂，应采用一种品牌，不能使用易粘在混凝土上或使混凝土变色的油料。

（11）固定在模板上的预埋件和预留孔须安装牢固，位置准确。

（12）浇筑混凝土时要设置沉降标志，模板要派专人看模，发现模板有超过允许偏差变形值的可能时，要及时纠正。

（13）梁体支座位置处理：在底模板上割与支座同样大小的洞，梁底与支座的间隙按设计要求用模板支护，落架时将其拆除即可。

（14）落架严格按照规范要求进行操作，每跨先在跨中开始拆除支架，再延伸至支点，横向应对称均衡卸落。

3. 支架、模板拆除

（1）拆除原则

按由上而下、先搭后拆、后搭先拆的反工序原则：即先拆模板、顶托、木方料、顶部钢管、底模板，然后按"一步一清"原则进行，依照水平方向一致往下拆卸，严禁垂直方向上下同时进行拆除作业。

（2）拆除顺序

松顶托→拆底模→拆工字钢、方木→拆支架。

（3）拆除要求

①支架拆卸前应划分清楚作业区域，周围设绳绑围栏或设置警示标语；安排人检查支架上有无电源线经过或其他障碍物阻塞，如发现应立即排除，然后派专人进行指挥，禁止非作业人员入内。

②拆卸支架的高处作业人员必须戴好安全帽、系好安全带、扎紧裤脚口、穿软底鞋才能上架，防护措施不齐者严禁上架拆卸。

③拆立杆时，要抱住立杆再拆开最后两个扣；拆除大横杆、斜撑、剪刀撑时，应先拆中间扣，然后托住中间，再解端头扣。

④拆除支架时要统一指挥、上下呼应、动作协调一致，当解开与另一人有关的结扣时，

应通知对方，相互注意安全、以防坠落。

⑤大面积支架、模板拆除后所预留的歇道、上料平台、马道等，应在大片支架拆卸前先进行加固，以便拆卸后能确保其完整、安全和稳定。

⑥拆卸模板进行的悬空作业，应有稳固的立足点；高处拆模作业应配置登高用具或搭设架板；结构复杂的模板拆卸应严格按照施工组织设计的措施进行。

⑦拆卸时严禁碰撞支架附近的电源线，电源线如能拆除或转移的尽量移开、远离支架，以防事故的发生。

⑧拆卸下来的材料，（模板和杆件）应用绳索拴住徐徐下运，严禁往下抛掷；运至地面后的材料应按照指定地点堆放，随拆随运、分类堆放，当天拆、当天清，拆下的扣件、下托要集中回收保养处理。

⑨在拆卸过程中，一般情况下严禁中途换人上架作业；如遇特殊情况必须换人时，前者应向来人将拆卸情况交代清楚后方可中途停歇，以防模板落下伤人。

⑩如遇雷雨和大风等恶劣天气，严禁进行拆卸作业。

⑪在拆卸支架和模板过程中必须坚决杜绝违章作业和违章指挥现象，严格遵守以上安全操作要求并做到安全生产。

四、支架的预压

在底模安装完成后进行配重预压，以测定支架的弹性和非弹性变形值，为立模标高提供依据。同时避免浇筑砼时发生不均匀沉降导致支架整体变形坍塌。

预压取一孔整孔预压，合理布置观测点，分级加载，分级观测，卸载时相应同级卸载，同级观测，及时观测预拱度数据。

1. 预压范围的选择

该桥梁梁体荷载为超荷载，高支模要求较高。必须对支架和地基进行预压试验，预压范围：桥梁现浇部分支架全断面预压，认真记录分析在荷载作用下的非弹性及弹性变形情况。

2. 预压荷载的确定

采用各区段混凝土荷载的120%，对支架进行预压。加载材料采用钢筋、沙袋等。

3. 预压加载前的准备工作

（1）加载前，在梁截面的主要特征点布置观测点，并测定其初始高程，做好记录以作为分析支架变形的依据。

（2）加载前，做出具体的加载方案并向参与人员作详细的技术交底。

（3）加载前，做好各分区加载物的准备工作。

4. 加载及监测程序

以35m+55m+35m跨为例共2615.56m³，混凝土钢筋量约等于2%，每立方重量取2.5t，共计6538.9t。其他荷载系数取0.2，共计6538.9×1.2=7846.68T。

（1）首先将各分区加载至混凝土自重的30%，共计2354.004T，静止2小时，观测其特征点高程，记录在案。

（2）将各分区加载至混凝土自重的75%，共计5885.01T，静止2小时，观测其特征点高程，记录在案。

（3）将各分区加载至混凝土自重的100%，共计7846.68T，静止2小时，观测其特征点高程，记录在案。

（4）将各分区加载至混凝土自重的120%，共计9416.016T，静止24小时，观测其特征点高程，记录在案。

（5）将各分区卸载至混凝土自重的100%，共计7846.68T，静止1小时，观测其特征点高程，记录在案。

（6）将各分区卸载至混凝土自重的75%，共计5885.01T，静止1小时，观测其特征点高程，记录在案。

（7）将各分区卸载至混凝土自重的30%，共计2354.004T，静止1小时，观测其特征点高程，记录在案。

（8）将各分区加载物全部卸载，静止24小时，观测其特征点高程，记录在案。

五、支架安全措施

1.支架搭设人员必须经过考核合格的专业架子工。上岗人员须定期检查，合格者方可持证上岗；

2.搭设支架人员必须戴安全帽、系安全带、穿防滑鞋，同时安全帽、安全带必须具备有检验部门批量检验证和出厂合格证；

3.支架搭设完毕必须经检查验收合格后才能进入下一道工序施工；

4.搭设、拆除模板及支架时，地面设置围栏和警戒标志，并派专人看守，严禁非操作人员入内，同时必须严格按施工方案进行；

5.脚手架的外侧按规定设置密目网（安全网必须符合要求），安全网设置在外排立杆的里面。密目网必须用符合要求的系绳将网周边每隔45cm（每个环间隔）系牢在脚手管上。

6.钢管架的立杆及大横杆的接长采用对接方法。剪刀撑的接长采用搭接，搭接长度不小于50cm，接头处设置扣件不少于两个，同时所有接头应交错排列不得设置在一个平面内。

7.支架搭设必须选用同一种材质，不得混搭。

8.电源线不得与钢支架接触，脚手架不得与支架共用，也不应系在一起。

9.各类人员上下脚手架必须在专门设置的人行通道（斜道）行走，不准攀爬脚手架，通道附着在脚手架设置，其构造要求如下：

①人行道宽度不小于1m，坡度宜用1：3 运输斜道宽度不小于1.5m，坡度1：6；

②拐弯处设平台，通道及平台按临边防护要求设置防护栏杆及挡脚板；

③脚手板横铺时，横向水平杆中间增设纵向斜杆，脚手板顺铺时，接头采用搭接，下面板压住上面板；

④通道应设防滑条，间距不大于 30cm。

10. 在建工程地面出入口（特别是人行通道、汽车通道）和施工现场在施工人员流动密集的通道上方，应设置防护棚，防止因落物产生的物体打击事故。同时防护棚上部严禁堆放材料。

防护棚顶部材料采用 5cm 厚木板或相当于 5cm 厚木板强度的其他材料，两侧应沿栏杆架密目式安全网封严。防护棚的长度视建筑物的高度确定，符合坠落半径的尺寸要求。

六、砼浇筑

采用商品砼通过输送泵泵送浇筑，浇筑顺序为：从低点往高点方向浇筑。梁体每次浇筑结束后，终缝留在孔跨的 1/4 附近处。

工程箱梁混凝土采用 C50 商品混凝土，石料最大粒径 20mm。

分两次浇筑时分界线应控制在翼板腋下 5cm 处，为了拆除顶板内模应在顶板跨中部位留出人孔，以备拆除顶板模板之用。

为了使混凝土不开裂，可采用缓凝混凝土。振捣时采用分层振捣，并确保锚具齿板部位混凝土密实。箱梁混凝土浇筑过程中应按规定留取足够的混凝土试件。作为预应力混凝土还应有试件进行同条件养护，作为预应力张拉的依据。

混凝土浇筑时应避免混凝土直接冲击管道、振捣时振捣棒不得接触预应力管道，引避免管道破裂，造成漏水、漏浆。

七、预应力施工

预应力张拉严格按设计要求进行，按照设计要求编制施作如下：

1. 张拉前的准备工作

（1）梁段砼浇筑完成，当砼强度达到设计要求 90%，且龄期不小于 7 天后。采用预应力束孔清洗器检查预埋孔道是否畅通，并作做好锚头清理安装夹片等准备工作。

（2）张拉机具应与锚具配套使用，应在使用前进行检查和校验，千斤顶与压力表应配套校验，以确定张拉力与压力表读数之间的关系曲线。

（3）张拉机具由专人使用和管理，并负责经常维护、定期校验。

（4）锚、夹具类型符合设计规定和预应力钢材张拉的需用，用预应力钢材与锚夹具组合进行张拉锚固能力试验。

（5）锚夹具外观检查，不得有裂纹、伤痕、锈蚀，对锚夹具的强度、硬度应进行检验，符合要求才能使用。

2. 预应力张拉

（1）所有预应力束都应在箱梁砼强度达到设计强度的90%以上，且砼龄期达到7天后方可进行张拉，且采用张拉应力与钢束延伸量进行双控。

（2）纵向预应力钢束在纵向必须两端同步张拉，在箱梁横截面应保证两边对称张拉。

（3）张拉预应力钢束时应在初张力状态下注出标记，以便直接测定各钢绞线的引伸量，对引伸量不足的应查明原因并采取补张拉等措施。

（4）预应力张拉顺序：先纵向后横向，先中心后两侧，先长后短对称张拉，并按设计要求的时间和顺序进行。

（5）张拉程序：钢绞线O→初应力（15% 6 k）→100% 6 k→持荷 3min（锚固）

（6）每束钢绞线的断丝、滑丝不超过1根钢丝，精轧螺纹粗钢筋不允许有断丝或滑移。

3. 压浆

（1）张拉完毕后，用切割机切除多余钢绞线或精轧螺纹钢，对锚具采用高强度等级砂浆进行封闭。

（2）张拉完毕后应尽快进行孔道压浆，压浆前采用空压机压缩空气进行清孔，清除孔内杂物。

（3）水泥浆：应严格控制水灰比，为保证压浆强度掺入适量减水剂。

（4）纵向、竖向预应力管道采用真空压浆法进行压浆，横向预应力管道采取普通方法进行压浆。

（5）如发现孔道堵塞，必须改由另一端进浆补压；压浆应先压下面孔道，后压上面孔道；水泥浆必须通过细筛后进入压浆机，且要不停地搅动水泥浆。

4. 真空压浆施工工艺

真空机械设备安装前的准备：

（1）预应力张拉完成后应及时进行压浆。

（2）在进行压浆前必须认真检查压浆所需的材料和设备是否齐全，压浆原材质量是否满足要求，机械设备是否完好。

（3）在安装压浆盖帽前，必须利用高压风将管道内残存的水分吹出。

（4）切除夹片外侧的钢绞线，注意保证钢绞线外露长度 ≤25mm。

（5）清理承压板上装配螺孔内的水泥浆，必要时用丝攻重新清理螺纹。

（6）用钢丝刷清理锚垫板上的水泥砂浆，保证锚垫板顶面平整。

（7）清理盖帽的平面和密封槽，注意保持清洁。在密封槽内均匀涂抹一层玻璃胶，装入0型垫圈，并在锚垫板的顶面上涂抹玻璃胶。

（8）装配锚盖，将螺栓和垫板对齐锚垫板上的螺栓眼孔，拧紧。注意保证锚盖上的排气孔向上。同时在堵头上加上密封带将排气孔堵塞。

（9）确定抽吸真空端及压浆端。一般情况下抽吸真空端为置于最高处锚垫板上的压浆孔，压浆端为置于底处锚垫板上的压浆孔。

（10）在锚垫板上安装压浆管和球阀。

真空压浆设备安装：

根据真空辅助系统图将压浆设备安装到位，各种连接系统密封可靠。

试抽真空：

将压浆阀和排气阀全部关闭，使整个孔道形成一个密闭的系统，抽真空阀打开，启动真空泵进行抽真空，观察真空压力表读数（即管内的真空度）。当管内真空度为 -0.1Mpa 时（压力尽量底为好）停泵 1 ~ 2 分钟，若压力不发生变化即可认为能达到并维持其真空状态。

压浆浆液配制：

①压浆胶凝材料宜选用硅酸盐水泥或普通水泥，水泥强度等级不宜低于 42.5Mpa。

②浆液的水灰比应控制在 0.4 ~ 0.5。浆液的稠度为 15 ~ 18s，在 45min 内浆体的稠度变化不应大于 2s。水泥浆液拌制 3h 后的泌水率应小于 2%，且泌水率在 24h 内将被浆体完全吸收。浆液 28 天强度不小于 40Mpa，宜适当加膨胀剂。

浆液拌制：

①根据试验确定的配合比称量好各种原材。其称量容许误差：水泥 ±1%；水 ±1%；外掺剂 ±1%。

②浆液搅拌前应加水空转数分钟，再将积水到干，使搅拌机充分润湿。

③按照水、水泥、外加掺料的顺序投料，搅拌时间不小于 2min。最后将外加剂掺入再搅拌 3min。

④卸料时必须一次性卸完。在未卸完以前不得再投入未拌和的材料，更不得采取边卸料边拌制的方法拌制浆液。同时严禁对流动度降低的浆液采取直接加水的办法调整浆液的流动度。

⑤进行浆液拌制时必须严格控制浆液泌水率，并不定时进行浆液质量检测。

⑥浆液需要经过细目筛网后才能进入压浆机待用。

⑦根据规范对浆液取件试验。

压浆。

①将出浆端的连接管连接到锚垫板上的连接阀上，关闭入浆端的阀门，启动真空泵进行抽气，使真空度达到 -0.1Mpa 以下的负压。

②启动压浆机压出泵内的残留的水、杂物或空气，并检查所排除的水泥浆的稠度是否达到设计要求，达到要求后关闭压浆机，立即将压浆管通过连接阀门将其连接在锚垫板上的压浆孔上。

③保持真空泵和压浆机连续运转的情况下，开启压浆端的阀门并将已拌制好的浆液压注到预应力管道。

④待水泥浆经过负压器时，检查到负压容器的浆液的稠度，直到稠度达到设计要求，

且流动顺畅后，关闭真空抽浆泵和抽气阀门，暂停压浆机。

⑤打开排气阀门，继续压浆直到稠度达到设计要求，且流动顺畅后，关闭排气阀门。同时启动压浆机保持压力于 0.5 ~ 0.7Mpa，持压 3min，关闭压浆机和压浆阀门，即完成压浆。

清洗机械设备。

在压浆过程中应及时清理各种连接件。

压浆质量要求。

①水泥浆配比必须经过试验确定，施工中不得任意调整和变动。每次压浆作业至少应进行两次水泥浆稠度测试。

②压浆浆液必须留件试验，在标养 28 天后测定强度。

③压浆完成后应检查凸起部位的密实性，如有异常应进行处理。

④压浆过程中和压浆后 48 小时内构件温度不能低于 5℃，否则应采取保温措施。

⑤压浆应均匀缓慢连续一次性压完，严禁中断。

压浆。

压浆后立即将梁端水泥浆冲洗干净，同时清除支承垫板、锚具及端部砼表面的污垢，并凿毛。待水泥浆达到终凝后，按设计要求绑扎端部钢筋网，固定封端模板。封锚砼的配合比及强度要求应与梁体砼相同，且必须振捣密实。砼初凝后，应及时拆模浇水养护。

八、桥梁支架安全预案

1. 制定应急与救援预备方案的目的

当项目工程发生安全生产事故时，应急救援人员能根据预案内人员分工、事故种类、事故报告、救援步骤以及善后处理等程序将事故人员的伤亡数降到最少，经济损失降至最低。

2. 预案的编制依据

（1）中华人民共和国《建筑法》《安全生产法》《消防法》；

（2）国务院《危险化学品安全管理条例》《建筑工程安全生产管理条例》；

（3）建设部《工程建设重大事故和调查程序规定》；

（4）《建筑工程安全操作规程》。

3. 预案的编制原则

（1）贯彻"安全第一，预防为主"原则。

（2）贯彻"以人为本，快速有效"原则。

（3）"属地救援"原则。

4. 应急救援的编制

项目部应根据公司提供的各类常见事故应急与救援的模式板本以及《安全生产管理手册》中附件 7（危险点源的识别及管理办法），结合施工现场具体情况编制项目安全生产事故应急与救援预备方案。

5. 工程项目经理部应急救援预案组织机构框架图

6. 项目部应急与救援响应流程

（1）当事故发生后，现场主要负责人及救援领导小组人员必须迅速赶到出事点并立即开展工作，同时将事故情况报告上级领导。

（2）迅速了解事故判断事故性质。

（3）对无人员伤亡的事故救援的目的主要是防止事故进一步发生。救援领导小组应立即会同有关技术人员制定预防措施和排险措施并组织实施。

（4）若因事故造成人员伤亡，应同时采取两个方面的措施：一方面立即抢救伤员并密切注意伤员情况，防止二次受伤；另一方面防止因二次事故伤及抢救者或加重事故后果。通常，如发生严重事故，施工现场难以迅速组织救援力量和救援设备，在此种情况下，应迅速向"119"求救。

（5）如果垮塌事故危及周边建筑物和构筑物的安全，首先应疏散建筑物内的人员，在危险区域设置警戒线，然后组织技术人员制定并实施防止房屋等垮塌的技术措施。遇疏散建筑物内的居民有阻力，应请辖区政府和派出所出面协调。在建构筑物的危险未排除前，应对疏散的居民应做好临时安置。

7. 应急与救援组织机构各部门的职能及职责

事故现场指挥的职能及职责。

（1）事故现场的指挥和协调；（2）现场事故评价；（3）保证现场人员和公众应急反应行动的执行；（4）控制紧急情况；（5）做好消防、医疗、交通管制、抢险救灾等各公共救援部门联系工作。

伤员营救组的职能及职责

（1）引导现场作业人员从安全通道疏散；（2）对受伤人员进行营救至安全地点。

物资抢救组的职能及职责。

（1）抢运可以转移的物资到安全区域；（2）转移可能引起新危险源的物品到安全区域。

消防灭火组的职能及职责。

（1）启用施工现场消防灭火装置和器材进行初期的消防灭火自救工作；（2）协助消防部门进行灭火的辅助工作。

保卫疏导组的职能及职责。

（1）对事故现场进行有效的隔离工作和维护现场应急救援通道畅通的工作；（2）疏散施工现场内居民到安全区域。

抢险物资供应组的职能及职责

（1）迅速调配抢险物资、器材至事故发生点；（2）提供和检查抢险人员装备和安全配备；（3）及时提供后续抢险物资和器材。

后勤供给组的职能及职责。

（1）迅速组织后勤必须供给的物品；（2）及时将后勤供给的物品分发到抢险人员手中。

现场临时医疗组的职能及职责。

（1）对受伤人员作简易的抢救和包扎工作；（2）及时转移受伤人员到医疗机构就医。

8. 项目记录部应急与救援组织机构人员的构成

（1）物资抢救组由施工员担任组长，组员由项目部或各作业队分别抽调人员组成；

（2）消防灭火组由工长担任组长，组员由项目部或各作业队分别抽调人员组成；

（3）保卫疏散组由后勤管理人员担任组长，组员由项目部或各作业队分别抽调人员组成；

（4）后勤供给组由后勤管理人员担任组长，组员由项目部或各作业队分别抽调人员组成；

（5）现场临时医疗组由后勤管理人员担任组长，组员由项目部或各作业队分别抽调人员组成。

9、项目应急与救援电话

九、桥梁支架设计计算书

1.确定荷载

2 支架检算

3.地基承载力计算

水稳的承载力为 320Kpa。C30 砼为 30Mpa 单根立柱受力最大为 37.81KN。立柱底垫 $15cm \times 15cm$ 的钢垫块。N/S=37.81/0.15/0.15=1680Kpa=1.68Mpa ＜ 30Mpa，每根立柱间的间距为 0.6 米，立柱周边取 0.36 平方米宽的砼传力到水稳层 N/S=37.81/0.36=105Kpa ＜ 320Kpa 故地换填处理并浇筑 C30 布砼的地基满足要求。

十、质量保证措施

1 质量创优规划

（1）本标段工程全段创优，创省、国家优良工程。确保"天府杯"，力争"鲁班奖"。

（2）分项工程合格率 100%，单位工程优良率 95%。

2.质量创优保证

（1）加强队伍思想建设，提高全员质量意识

坚持把"百年大计，质量第一"的思想贯穿于施工的全过程。认真搞好工地宣传，严格技术交底，并通过现场分析会、观摩会、短期培训班等多种形式，不断强化全体职工的

质量意识，使广大职工牢固树立"质量第一，信誉第一，下道工序是用户，为用户服务"的思想。

（2）健全组织、加强领导

成立以项目经理为组长的全面质量管理领导小组，配专职质量检查工程师，队配专职质量检验员，形成自上而下的质量检查工作网络，各级质量管理人员由会管理、懂技术、有施工经验的干部担任，赋予质量检查人员验工计价否决权。

（3）严格制度、狠抓落实

制度落实是创优达标的主要途径，在质量管理工作中，我们一定要坚持贯彻执行八项制度即：在定期质量检查方面，坚持做到项目经理部每半月全面检查一次，工区每周组织一次检查，对每次检查情况及时总结通报，奖优罚劣，使工程质量通过定期检查得到有效控制。同时，各级质检人员必须明确岗位责任制和工作职责标准，坚持做好经常性的质量检查监督工作，及时解决施工中存在的质量问题，经理部、工区及班组要逐级签订质量包保责任状，并认真考核。

（4）严把原材料质量关

严把原材料质量关，圬工用砂石料，无合格试验单不准使用。各类厂发料无出厂合格证不准使用，并认真做好现场抽样复验，对每一分项工程的工程数量，设计标准、技术规范不清楚不准开工，隐蔽工程不检查签证不掩盖，上道工序不合格不准办交接签证。

（5）加强对施工队伍的管理

开工前认真搞好技术交底，工程中循环检查，竣工后总结评比，使广大职工熟悉和掌握有关施工规范、规程和标准。同时，在施工中加强质量监督和技术指导，确保工程质量。

（6）主动做好施工中协作配合工作

在业主的领导下，与设计、监理单位真诚合作，共同把好质量关，在施工全过程中，教育所有施工人员尊重和服从业主、监理工程师和质量检查人员的监督与指导。

十一、工程保证措施

1.做好前期施工准备工作，确保按期完成支架施工

（1）尽早做好三通一平工程；

（2）尽早做好临时设施的搭建，解决支架施工人员的食宿问题；

（3）在最短时间内完成支架材料的购置检测，以缩短开工准备时间。

2.明确工期目标，明确责任人，制定奖励惩罚制度

（1）施工前将本方案制订出支架施工总计划，分解成月计划、周计划、工序计划，做好宣传，使全项目职工都以控制工程为中心，一切服务于控制工程施工。

（2）项目部每周下达工期目标，明确奖惩办法，展开劳动竞赛，充分调动职工的积极性和主动性，让每一个职工在确保质量和安全下抓进度，抢工期。每周末，项目部对工

期目标进行考核，对完成工期目标的班组给予重奖，对未完成工期目标的班组给予处罚。

（3）项目经理主管全局，实行层层技术把关、质量监督、安全和进度控制。控制工程在明确工期目标、明确相关责任人之后，制定相应的奖励惩罚制度，严格执行。

3. 加快工序转换和衔接

加快工序转换和衔接是确保工程连续施工的关键因素，在本工序施工的同时准备下一工序施工，为下一工序施工创造有利条件。施工前做好各分项工程的施工用材计划并提前进场。

4. 充分利用每一工作面，加大人员、设备、材料的投入

（1）加强机械设备的组织。

（2）加强施工人员的组织力度，支架施工均按8小时一班每天分三班进行全天候施工作业，确保每班每作业面的人员充足。

（3）加强材料进场的组织力度，确保不因材料问题影响施工。

十二、安全文明及环保施工措施

1. 安全组织保证

实行项目部、安保处、作业班组分级管理，层层落实安全责任制度；设立现场安全员及专职安全员。

2. 安全物质保证

在安全设施上确保合理投入，凡有安全隐患的地方加强防范，绝不疏漏。主要是在施工过程中的安全帽、安全带、安全绳、安全护栏、安全网等设备，确保人员安全。

3. 建立安全管理责任制

自项目经理、安保处长、各职能部门至各作业班组，执行和实施安全目标管理。适时进行安全技术交底，经常进行安全检查，消除事故隐患，制止违章作业。

各生产工序、各环节在开工以前，首先要布置安全设施，并实行检查验收制度，条件不符合要求时绝不允许开工。

4. 施工现场基本要求

（1）由于施工现场是一个露天、人员集中的生产场所，人机流动性大，不安全因素较多，容易发生事故，因此它是安全管理的重中之重的地区，应做好平面布置，使各区域井井有条。

（2）解决好场内道路，使之坚实平坦、畅通、视线良好。

（3）做好安全设施，如安全网、围板、护栏、防护罩、漏电保护装置等设施。

（4）设置安全宣传牌，安全警示牌，红灯或警示灯等。

（5）施工场区内的材料堆放区、加工场、民工休息区、清洁区等严格分区，并用不同颜色的标识线作明确标识。

（6）由于工区一阶段围栏宽度狭窄，每次支架转移和工字钢吊装需拆除 5 张 ×4 米围栏，从现有围栏外侧两侧道路转移，施工中两侧有车辆通行，存在一定的行车干扰，因此需做好交通组织工作，避免出现交通安全事故。

5. 预应力张拉安全保护措施

（1）张拉操作台必须搭设牢固，操作人员有一定的操作面，四周设置安全栏杆或安全网。

（2）张拉端设置安全防夹片弹出挡板，操作人员不得在垂直于千斤顶面工作。

（3）张拉区域设置明显的警戒区，不相关人员禁止进入警戒区。

（4）灌浆工作时灌浆、堵孔人员必须佩戴防护眼镜，防止浆溅入眼内。

（5）张拉前要检查箱梁支撑的稳定情况，张拉时实行值班看护。

6. 成立文明、环境保护工作领导小组

项目经理是环境保护工作的第一责任人，是施工现场环境保护自我监控体系的领导者和责任者，成立以项目经理为组长的环境保护工作领导小组，负责环境保护工作。

7. 加强检查与监控

加强施工现场粉尘、噪音、废气、废水的监测和监控工作，把它与文明施工现场管理一起检查、考核、奖罚，采取措施消除粉尘、废气、污水的污染。按有关环保要求制定相应的防止污染措施。

8. 文明施工措施

（1）结合现场实际情况，科学全面详细地编制施工组织设计，合理布局施工设备，规范场容，建立健全各项施工管理制度，文明施工措施落实、责任到人、执行到岗，有检查督促考核。

（2）施工现场围栏、现场宣传标识按相关市政规范安装，施工现场"五牌一图"齐全，即总体示意图、施工公告牌、工程概况图、施工进度图，保证施工现场临时设施井然有序。

（3）施工现场材料、设备、按平面布置图指定地点整齐堆放，保证施工现场无积水，挖弃土石按规定堆码，现场材料、机具及时回收归库，做到工完、场清、料净。

（4）施工现场管理人员和工人佩戴分色安全帽。现场指挥及质检、安全等检查人员佩章值班。

（5）现场机械设备整洁，电器开关柜（箱）完整带锁，并配备安全保护装置，操作人员持证上岗，有岗位职责和安全操作规程标备有消防器材和防火消防制度。

（6）现场内排水设施完善，施工排水经沉淀过滤并符合有关标准后方可排放，以防污染。

（7）妥善处理周围关系，争取有关单位和过往行人的支持和谅解，为工程的顺利进展营造一个良好的环境。

9. 环境保护技术措施

严格按已批准的总体施工方案执行。

第五章　公路桥梁施工管理

第一节　施工项目进度控制

我国历年投入大量资金用于进行固定资产扩大再生产，每年都要建成一批大中型工程建设项目。这样大的投资建设，其目的一是国民经济，二是提高人民的物质和文化生活水平。因此，及时发挥投资效益是利国利民的大事。提前竣工可以产生巨大的经济效益和社会效益。由于工程建设项目规模大、投资大、消耗大。它所需要的资金、人力和物资，要有国民经济各有关部门提供，因此，工程建设速度的快慢也涉及这些部门的正常运转。有需求才有资源的正常流动，才有供需双方的发展。工程建设项目投入使用，则会使各经济部门受益，为它们的运行和发展提供基础。所以，工程建设项目的进度控制对国民经济秩序的正常运行起着重要的影响。建设速度正常，国民经济正常；建设速度失控，将危及建设事业本身及整个国民经济。新中国成立以来，我国建设速度和规模的几次大起大落，将国民经济带来损失和混乱的教训，应当牢牢记取。

对承建单位来说，控制了建设的进度，就控制了建设速度、经营管理秩序和总工期，承建单位生产和经营就可以均衡、连续地进行，合同可以正常履行，资金得以正常周转，既能为国家多提供工程产品，又能使承建单位多盈利，承建单位竞争能力与生存发展能力也会得到加强。控制进度还有利于提高工程产品质量和降低成本，体现社会效益、经济效益。控制好进度，有利于国家，有利于建设单位，有利于设计单位，更有利于承建单位。

监理单位参与工程建设项目的进度控制，实际上是对进度控制的加强，这是因为：

（1）监理单位可以对建设进度进行全过程控制。

（2）监理单位可以对建设进度实施系统控制。

（3）监理单位具有进度控制必需的科学知识，保证进度控制的有效性。

（4）由监理单位进行进度控制，可以保证进度控制与质量控制、投资控制的一致性和协调性。

一、进度控制概述

项目进度控制的基本对象是工程活动。它包括项目结构图上各个层次的单元，上至整个项目，下至各个工作包（有时直到最低层次网络上的工程活动）。项目进度状况通常是通过各工程活动完成程度（百分比）逐层统计汇总计算得到的。进度指标的确定对进度的表达、计算、控制有很大影响。由于一个工程有不同的子项目、工作包，它们工作内容和性质不同，必须挑选一个共同的、对所有工程活动都适用的计量单位。

进度控制管理是采用科学的方法确定进度目标，编制进度计划与资源供应计划，进行进度控制，在与质量、费用、安全目标协调的基础上，实现工期目标。由于进度计划实施过程中目标明确，而资源有限，不确定因素多，干扰因素多，这些因素有客观的、主观的，主客观条件的不断变化，计划也随着改变，因此，在项目施工过程中必须不断掌握计划的实施状况，并将实际情况与计划进行对比分析，必要时采取有效措施，使项目进度按预定的目标进行，确保目标的实现。进度控制管理是动态的、全过程的管理，其主要方法是规划、控制、协调。

二、工程施工阶段的进度控制

施工阶段是建设工程实体的形成阶段，对其进度实施控制是建设工程进度控制的重点。做好施工进度计划于项目建设总进度计划的衔接，并跟踪检查施工进度计划的执行情况，在必要时对施工进度计划进行调整，对于建设工程进度控制总目标的实现具有十分重要的意义。

监理工程师受业主的委托在建设工程施工阶段实施监理时，其进度控制的总任务就是在满足工程项目建设总进度计划要求的基础上，编制或审核施工进度计划，并对其执行情况加以动态控制，以保证工程项目按期竣工交付使用。

（一）施工进度控制目标体系

保证工程项目按期建成交付使用，是建设工程施工阶段进度控制的最终目的。为了有效地控制施工进度，首先要讲施工进度总目标从不同角度进行层层分解，形成施工进度控制目标体系，从而作为实施进度控制的依据。

建设工程不但要有项目建设交付使用的确切日期这个总目标，还要有各单位工程交工动用的分目标以及按承包单位、施工阶段和不同计划期划分的分目标。各目标之间相互联系，共同构成建设工程施工进度控制目标体系。其中，下级目标受上级目标的制约，下级目标保证上级目标，最终保证施工进度总目标的实现。

（二）施工进度控制目标的确定

为了提高速度计划的预见性和进度计划控制的主动性，在确定施工进度控制目标时，必须全面细致地分析与建设工程进度有关的各种有利因素和不利因素。只有这样，才能订出一个科学、合理的进度控制目标。确定施工进度控制目标的主要依据有：建设工程总进度目标对施工工期的要求；工期定额；类似工程项目的实际进度；工程难易程度和工程条件的落实情况等。

（三）公路工程施工进度控制工作内容：

建设工程施工进度控制工作从审核承包单位提交的施工进度计划开始，直至建设工程保修期满为止，其工作内容主要有：

1. 施工前进度控制

（1）确定进度控制的工作内容和特点，控制方法和具体措施，进度目标实现的风险分析，以及还有哪些尚待解决的问题；

（2）编制施工组织总进度计划，对工程准备工作及各项任务做出时间上的安排；

（3）编制工程进度计划，重点考虑以下内容：

①所动用的人力和施工设备是否能满足完成计划工程量的需要；

②基本工作程序是否合理、实用；

③施工设备是否配套，规模和技术状态是否良好；

④如何规划运输通道；

⑤工人的工作能力如何；

⑥工作空间分析；

⑦预留足够的清理现场时间，材料、劳动力的供应计划是否符合进度计划的要求；

⑧分包工程计划；

⑨临时工程计划；

⑩竣工、验收计划；

⑪可能影响进度的施工环境和技术问题。

2. 编制年度、季度、月度工程计划

（1）施工过程中进度控制

①定期收集数据，预测施工进度的发展趋势，实行进度控制。进度控制的周期应根据计划的内容和管理目的来确定。

②随时掌握各施工过程持续时间的变化情况以及设计变更等引起的施工内容的增减，施工内部条件与外部条件的变化等，及时分析研究，采取相应措施。

③及时做好各项施工准备，加强作业管理和调度。在各施工过程开始之前，应对施工技术物资供应，施工环境等做好充分准备。应该不断提高劳动生产率，减轻劳动强度，提高施工质量，节省费用，做好各项作业的技术培训与指导工作。

（2）施工后进度控制

施工后进度控制是指完成工程后的进度控制工作，包括：组织工程验收，处理工程索赔，工程进度资料整理、归类、编目和建档等。

（3）施工进度计划的编制

施工进度计划是表示各项工程（单位工程、分部工程或分项工程）的施工顺序、开始

和结束时间以及相互衔接关系的计划。它既是承包单位进行现场施工管理的核心指导文件，也是监理工程师实施进度控制的依据。施工进度计划通常是按工程对象编制的。

①施工总进度计划的编制

施工总进度计划一般是建设工程项目的施工进度计划。它是用来确定建设工程项目中所包含的各单位工程的施工顺序、施工时间及相互衔接关系的计划。编制施工总进度计划的依据有：施工总方案；资源供应条件；各类定额资料；合同文件；工程项目建设总进度计划；工程运用时间目标；建设地区自然条件及有关技术经济资料等。

施工总进度计划的编制步骤和方法如下：

①计算工程量；

②确定各单位工程的施工期限；

③确定各单位工程的开竣工时间和相互搭接关系；

④编制初步施工总进度计划；

⑤编制正式施工总进度计划。

②单位工程施工计划的编制

单位工程施工进度计划是在既定施工方案的基础上，根据规定的工期和各种资源供应条件，对单位工程中的分部分项工程的施工顺序、施工起止时间及衔接关系进行合理安排的计划，其编制的主要依据有：施工总进度计划；单位工程施工方案；合同工期或定额工期；施工定额；施工图和施工预算；施工现场条件；资源供应条件；气象资料等。

单位工程施工计划的编制方法如下：

①划分工作项目；

②确定施工顺序；

③计算工程量；

④计算劳动量和机械台班数；

⑤确定工作项目的持续时间；

⑥绘制施工进度计划图；

⑦施工进度计划的检查与调整。

3. 流水施工原理

组织施工的方式有：依次施工、平行施工和流水施工。

（1）流水施工的定义

流水施工是指将拟建工程在平面和空间上划分为若干个施工段（或施工层），并将其建造过程按施工工艺顺序划分成若干个施工过程，使所有施工过程均按某一时间间隔依次投入施工，依次完工，并使同一施工过程在各施工段之间保持连续均衡施工，不同施工过程之间，在满足施工技术要求的条件下，最大限度地安排平行搭接施工的组织方式。

（2）流水施工的要点

①划分施工段；

②划分施工过程；

③每个施工过程组织独立的施工队组；

④必须安排主导施工过程连续、均衡施工；

⑤相邻施工过程之间最大限度地安排平行搭接施工。

（3）流水施工的优点

①流水施工能合理、充分地利用工作面，加速工程的施工进度，从而有利于缩短施工期，可使拟建工程项目尽早竣工，将会使用，发挥投资效益；

②资源均衡，从而降低了工程费用；

③施工队组连续性、节奏性和专业化施工，可使工程质量相应提高；

④有利于机械设备的充分利用和劳动力的合理安排。

（4）流水施工的表达方式

流水施工的表达方式在实际工程施工中，主要用横道图和网络图来表达流水施工的进度计划。

①横道图。它是以施工过程的名称和顺序为纵坐标、以时间为横坐标而绘制的一系列分段上下相错的水平线段，用来分别表示各施工过程在各个施工段上下工作的起止时间和先后顺序的图表。

②网络图。它是由一系列的圆圈节点和带箭头的线组合而成的网状图形，用来表示各施工过程或施工段上各项工作的先后顺序和相互依赖、相互制约的关系图。

（5）流水施工的主要参数

流水施工的主要参数有工艺参数、空间参数和时间参数。

①工艺参数

工艺参数是指参与拟建工程流水施工，并用以表达施工工艺顺序和特征的施工过程数。

影响施工过程划分的主要因素：施工进度计划的性质和作用；施工方案与工程结构的特点；劳动组织状况和施工过程劳动量的大小；施工内容的性质和范围。

②空间参数

空间参数是指参与拟建工程流水施工、并用以表达拟建工程在平面和空间上所处状态的施工段数和施工层数。

划分施工段的目的：划分施工段是组织流水施工的基础，只有分段才能将单件的建筑产品划分为具有若干个施工段的批量产品，才能满足"分工协作，批量生产"的流水施工要求，才能在保证工程质量的前提下，为各施工队组确定合理的空间活动范围，确保不同的施工组能在不同的施工段上同时施工，以便达到连续、均衡施工、缩短工期的目的。

划分施工段的基本要求：

a. 施工段的数目要合理；

b. 各个施工段上的劳动量要大致相等，相差不超过 15%；

c. 要在确保拟建工程结构的整体性和工程质量以及不违反操作规程的前提下确定施工段分界线的位置；

d. 也能保持连续施工，平面上的施工段数与施工过程数 N 的关系应符合下列要求：

对于等步距全等节拍流水，平面上的施工段数要大于或等于施工过程数 N。

对于不等步距全等节拍流水，平面上的施工段数应大于或等于施工过程数 N 与技术间歇占用的施工段数之和。

对于不等节拍流水，主导施工过程在一个施工层上工作的总持续时间应大于或等于所有施工过程在一个施工段上工作的持续时间和技术间歇时间之和。主导施工过程是指一个流水组中，劳动量较大或技术复杂、致使工作持续时间最长的施工过程。它的工作持续时间对工程的工期起主导作用。

③时间参数

时间参数是指在组织流水施工时，用以表达流水施工过程的工作时间、在时间排列上的相互关系和所处状态的参数。主要有 7 种：

流水节拍。流水节拍是指在流水施工中，从事某一施工过程的施工队组在任何一个施工段完成施工任务所需的工作持续时间。

流水步距。流水步距是指在流水施工中，相邻两个施工过程的施工队组先后进入第一个施工段开始施工的最小间隔时间。

施工过程持续时间。施工过程持续时间是指从事某一施工过程的施工队组在各个施工段上连续施工时的总持续时间。

流水组的施工工期。施工工期是指在组织某项拟建工程的流水施工时，从第一个施工过程进入第一个施工段开始施工算起，到最后一个施工过程退出最后一个施工段施工的整个持续时间。

技术间歇时间。技术间歇时间是指在组织流水施工时，为了保证工程质量，由施工规范规定的或施工工艺技术要求的相邻两个施工过程在同一施工段内施工间隔时间。

组织间歇时间。组织间歇时间是指在组织流水施工时，由于施工组织的原因而安排的同一施工过程在各施工段之间的间歇时间，或同一施工段内相邻两个施工过程之间除技术间歇之外的其他间歇时间。

平行搭接时间。平行搭接时间是指采用分别流水法组织单位工程流水施工时，相邻两个流水组之间按施工工艺顺序和工艺要求重叠在一起的部分所占用的时间。

（四）网络计划

1. 网络计划技术的基本原理

网络计划技术的基本原理是：首先绘制出拟建工程施工进度网络图，用以表达一项计划（或工程）中各种工作的开展顺序及其相互之间的逻辑关系；然后通过对网络图的时间参数进行计算，找出网络计划的关键工作和关键线路；再按选定的工期、成本或资源等不同的目标，对网络计划进行调整、改善和优化处理，选择最优方案；最后在网络计划的执行过程中，对其进行有效的控制与监督，以确保拟建工程施工按网络计划确定的目标和要求顺利完成。

在建筑工程施工中，网络计划技术的主要用途是用来编制建筑企业的生产计划和工程施工的进度计划，并用来对计划本身进行优化处理，对计划的实施进行监督、控制和调整，以达到缩短工期、提高工效、降低成本、增加企业经济效益的目的。

2. 网络计划的特点分析

网络计划技术的优点：

（1）能全面而明确地表达各施工过程在各施工段上各项工作间的先后顺序和相互制约、相互依赖的逻辑关系，使一个流水组中的所有施工过程及其各项组成了一个有机的整体。

（2）能对各项工作进行各种时间参数的计算，从名目繁多、错综复杂的计划中找出决定工程施工进度和总工期的关键工作和关键线路，为施工的组织者抓住主要矛盾，避免盲目抢工、确保工期提供科学的依据。

（3）能从许多可行施工方案中选出较优施工方案，并可再按某一目标进行优化处理，从而获得最优施工方案。

（4）在计划的执行过程中，某一工作因故推迟或提前完成时，可便捷地推算出它对整个计划和总工期的影响程度，迅速地根据变化后的具体情况及时进行调整，确保能自始至终地对计划进行有效的控制和监督，并利用计算出的各项工作的机动时间，更好地调整人力、物力，以达到降低成本的目的。

（5）网络计划的编制、计算、调整、优化和绘图等各项工作，都可以用电子计算机来协助完成，这就为电子计算机在建筑施工计划与管理中的广泛应用和计划管理的现代化提供了必要的途径。

网络计划技术的缺点：

（1）表达计划不直观、不形象，一般施工人员和工人不易看懂，因此阻碍了网络计划的推广和使用。

（2）网络计划是以工期最短为目标，只保证关键线路上的各项关键工作之间能连续地施工，而不能反映各施工过程在各施工段之间是否连续施工，所以网络计划不能反映流水施工的特点和要求。

（3）普遍网络计划不能在图上反映出劳动力等各项资源使用的均衡情况，并且不能在图上统计资源日用量。

3. 网络计划的分类

在建筑工程施工中，网络计划是正确表达施工进度计划、并对其实施过程进行有效控制和监督的较好形式。为了适应施工进度计划的不同用途，网络计划有以下几种方法：

（1）按网络计划编制的对象和范围分

①局部网络计划。局部网络计划是指以拟建工程的某一分部工程，或某一施工阶段为对象编制而成的分部工程或施工阶段网络计划。

②单位工程网络计划。单位网络计划是指以一个单位工程为对象编制而成的网络计划。它有以分部工程为工作项目的用来控制其施工时间和总工期的控制性网络计划，也有由几个分部工程的局部网络计划搭接而成的实施性网络计划；对于很简单的单位工程，也可以将一个单位工程中的所有分项工程组成一个流水组，直接编制成单位工程的实施性网络计划。

③总体网络计划。总体网络计划是指以一个建设项目或一个大型的单项工程为对象编制而成的控制性网络计划。

（2）按网络计划的性质和作用分

①实施性网络计划。实施性网络计划是指以分部、分项工程为对象，以分项工程在一个施工段上的施工任务为工作内容编制而成的局部网络计划，或由多个局部网络计划综合搭接而成的单位工程网络计划，或直接以分项工程为工作编制而成的单位工程网络计划。它的工作内容划分得较为详细、具体，是用指导具体施工的计划形式。

②控制性网络计划。控制性网络计划是指以控制各分部工程或各单位工程或整个建设项目的工期为主要目标编制而成的总体网络计划或控制性的单位工程网络计划。它是上级管理机构指导工作、检查与控制施工进度计划的依据，也是编制实施性网络计划的依据。

（3）按网络计划有无时间坐标分

①无时标的普遍网络计划。这种网络计划中的各项工作持续时间写在箭线的下面，箭线的长短与工作持续时间无关。

②时标网络计划。这种网络计划以时间作为横坐标，箭线在时间坐标轴上的水平投影长度代表工作持续时间。

（4）按网络计划的图形形式分

①双代号网络计划。双代号网络计划是指用一根实箭线表示一项工作，并用箭尾、箭头处圆圈节点内的两个编号或代号代表该项工作的网络计划。

②单代号网络计划。单代号网络计划是指用一个圆圈或方格节点表示一项工作，并用节点中的一个编号或代号代表该项工作的网络计划。

③流水网络计划。流水网络计划是指将同一施工过程在各个施工段上的各项工作箭线合并成一条上下分段相错的流水箭线（与横道图中的横道线相似），由多条这样的流水箭线组合搭接而成的用来表示一个分部工程流水组流水施工进度的网络计划。

④时标网络计划。

4. 网络计划的表示方法

把一项计划（或工程）的所有工作（或一个施工段上的分项工程），根据其开展的先后顺序及其相互制约关系，全部用箭线（用箭头的线段）和节点（圆圈）来表示，从左向右、有序排列而成的网状图形，称之为网络图。因为这种方法是建立在网络模型的基础上，而且主要是用来编制计划（工作计划或施工进度计划）和对计划的实施进行控制、监督的，因此在国外将其称为网络计划技术。

网络计划是用网络图的形式来表述的，网络图是由箭线、节点和线路三个要素组成的。由于网络图中的箭线和节点所代表的内容不同，网络图分为双代号网络图和单代号网络图两种，因此网络计划也有双代号网络计划和单代号网络计划两种。

把一项计划（或工程）的所有工作（后一个施工段上的分项工程），根据其开展的先后顺序及其相互制约关系，全部用箭线（或带箭头的线段）和节点（圆圈）来表示，从左向右、有序排列而成的网状图形，称之为网络图。因为这种方法是建立在网络模型的基础上，而且是用来编制计划（工作计划或施工进度计划）和对计划的实施进行控制、监督的，因此在国外将其称为网络计划技术。

网络计划是用网络图的形式来表述的。网络图是由箭线、节点和线路三个要素组成的。由于网络图中的箭线和节点所代表的内容不同，网络图分为双代号网络图和单代号网络图两种，因此网络计划也有双代号网络计划和单代号网络计划两种。

（1）双代号网络图

①特点和标注方法

用一个箭线表示一项工作（有时也称过程、工序、活动），工作名称写在箭线的上方，工作持续时间写在箭线下方；箭尾表示工作的开始，箭头表示工作的结束。在箭线的两端分别画一个圆圈作为节点，并在节点内进行编号，用箭尾节点编号和箭头节点编号两个编号作为这项工作的代号，即每项工作的箭线都有首尾两个节点，且用这两个节点的编号作为工作的代号，所以叫作双代号表示法。用双代号表示法编制的网络图叫作双代号网络图。用这种网络图表示的计划称之为双代号网络计划。

②绘图规则

在一个网络图中，只允许有一个起点和一个终止节点，如果有两个或两个以上时，应将多个起点节点或多个终止节点合并成一个或虚箭线连接成一个。在实际工程施工中，同时开始或结束的工作项目可能有多个，但为了保证网络图的完整性和便于时间参数的计算，在不改变原有逻辑关系的前提下，应调整或修改只有一个起点节点和一个终点节点的网络图。

在一个网络图中，不允许出现循环回路，如果有循环回路，就要根据逻辑关系检查、判定是哪条箭线的箭头方向画错了，改变箭头方向即可。

在一个网络图中，不允许出现同样编号的节点和箭线，即节点的编号不能出现重复，出现重号要再重新统一编号；平行工作间的代号，不能用同一代号，而应加设虚箭线和节点，并重新编号。

早在一个网络图中，箭线之间的连接必须通过节点，不允许箭线与箭线直接连接。

在网络图中，不允许出现无箭头的线段或双箭头的箭线。

在网络图中，应尽量通过调整平面结构布局来避免或减少交叉箭线；当无法避免时，应采用暗桥法或断桥法表示，但同一个网络图中，只允许采用同一种方法。

网络图必须按已定的逻辑关系进行绘制或修改。

③绘图步骤

绘制草图。先按逻辑关系，从起点节点开始，由左至右依次绘制各项工作的箭线，直至终点节点。

检查、调整、编号。草图绘制完成后，按逻辑关系由终点节点依次向起点节点进行检查、修改；并对网络图的平面布局进行调整，使之条理清楚，层次分明，关键线路简洁、明显；最后统一进行节点编号。

绘制正式的网络图。

④绘图要求

为了使网络图平面布置合理，层次分明，重点突出，对网络图的绘制提出如下要求：

网络图中的箭线，特别是图形周边的箭线，应尽可能地绘制成水平箭线或由垂直线、水平线组成的折线箭线，虚箭线可画成垂直的虚箭线；网络图内部的箭线也可绘制成斜线、垂直线；网络图中不得使用曲线虚线。

在网络图中，箭线的箭头方向应自左向右、向上、向下和向偏右，并尽量避免出现自右向左、向偏左方向的"反向箭线"。如有反向箭线，应通过调整网络图的平面布局来改正。

在绘制网络图时，要尽量减少不必要的节点和虚箭线，以便使网络图更清晰、简洁，并减少时间参数的计算量。

（2）单代号网络图的绘制

①绘图规则

单代号网络图的绘图规则与双代号的绘图规则基本相同，主要区别在于：当网络图中有多项开始工作时，应增设一项虚拟的工作（S），作为该网络图的起点节点；当网络图有多项结束工作时，应增设一项虚拟的工作（F），作为该网络图的终点节点。

②绘图示例

绘制单代号网络图比绘制双代号网络图简单。

5.网络优化

网络计划的优化是指在一定约束条件下，按既定目标对网络计划进行不断改进，以寻求满意方案的过程。网络优化的优化目标应按计划任务的需要和条件选定，包括工期目标、费用目标和资源目标。

根据优化目标的不同，网络计划的优化可分为工期优化、费用优化和资源优化三种。

（1）工期优化

所谓工期优化，是指网络计划的计算工期不满足要求工期时，通过压缩关键工作的持续时间以满足要求工期目标的过程。

工期优化方法：

网络计划工期优化的基本方法是在不改变网络计划中各项工作之间逻辑关系的前提下，通过压缩关键工作的持续时间来达到优化目标。在工期优化过程中，按照经济合理的原则，不能将关键工作压缩成非关键工作。此外，当工期优化过程中出现多条关键线路时，必须将各条关键线路的总持续时间压缩相同数值；否则，不能有效地缩短工期。

网络计划的工期优化可按下列步骤进行：

①确定初始网络计划的计算工期和关键线路；

②按要求工期计算应缩短的时间

③选择应缩短持续时间的关键工作。选择压缩对象时宜在关键工作中考虑下列因素：a.缩短持续时间对质量和安全影响不大的工作；b.有充足备用资源的工作；c.缩短持续时间所需增加的费用最少的工作。

④将所选定的关键工作的持续时间压缩至最短，并重新确定计算工期和关键线路。若被压缩的工作变成非关键工作，则应延长其持续时间，使之仍为关键工作。

⑤当计算工期仍超过要求工期时，则重复上述（2～4），直至计算工期满足要求工期或计算工期已不能再缩短为止。

⑥当所有关键工作的持续时间都已达到其能缩短的极限而寻求不到继续缩短工期的方案，但网络计划的计算工期仍不能满足要求工期时，应对网络计划的原技术方案、组织方案进行调整，或对要求工期重新审定。

（2）费用优化

费用优化又称工期成本，是指寻求工程总成本最低时的工期安排，或按要求工期寻求最低成本的计划安排的过程。

①费用和时间的关系

在建设工程施工过程中，完成一项工作通常可以采用多种施工方法和组织方法，而不同的施工方法和组织方法，又会有不同的持续时间和费用。由于一项建设工程往往包含许多工作，所以在安排建设工程进度计划时，就会出现许多方案。进度方案不同，所对应的总工期和总费用也就不同。为了能从多种方案中找出总成本最低的方案，必须首先分析费用和时间之间的关系。

a.工期费用与工期的关系

工程总费用由直接费和间接费组成。直接费由人工费、材料费、机械使用费、其他直接费及现场经费等组成。施工方案不同，直接费也就不同；如果施工方案一定，工期不同，直接费也不同。直接费会随着工期的缩短而增加。间接费包括企业经营管理的全部费用，它一般会随着工期的缩短而减少。在考虑工程总费用时，还应考虑工期变化带来的其他损益，包括效益增量和资金的时间价值等。

b.工作直接费与持续时间的关系

由于网络计划的工期取决于关键工作的持续时间，为了进行工期成本优化，必须分析网络计划中各项工作的直接费与持续时间之间的关系，它是网络计划工期成本优化的基础。工作的直接费与持续时间之间的关系类似于工程直接费与工期之间的关系，工作的直接费随着持续时间的缩短而增加。为简化计算，工作的直接费与持续时间之间的关系被近似地认为是一条直线关系。当工作划分不是很粗时，其计算结果还是比较精确的。工作的持续时间每缩短单位时间而增加的直接费称为直接费用率。工作的直接费用率越大，说明将该工作的持续时间缩短一个时间单位，所需增加的直接费就越多；反之，将该工作的持续时间缩短一个时间单位，所需增加的直接费就越少。因此，在压缩关键工作的持续时间以达到缩短工期的目的时，应将直接费用率最小的关键工作作为压缩对象。当有多条关键线路出现而需要同时压缩多个关键工作的持续时间时，应将它们的直接费用率之和（组合直接费用率）最小者作为压缩对象。

②费用优化方法

费用优化的基本思路：不断地在网络计划中找出直接费用率（或组合直接费用率）最小的关键工作，缩短其持续时间，同时考虑间接费随工期缩短而减少的数值，最后求得工程总成本最低时的最优工期安排或按要求工期求得最低成本的计划安排。

按照上述基本思路，费用优化可按以下步骤进行：

a. 按工作的正常持续时间确定计算工期和关键线路。

b. 计算各项工作的直接费用率，应找出直接费用率的计算按上述公式进行。

c. 当只有一条关键线路时，应找出直接费用率最小的一组关键工作，作为缩短持续时间的对象；当有多条关键线路时，应找出组合直接费用率最小的一组关键工作，作为缩短持续时间的对象。

d. 对于选定的压缩对象（一项关键工作或一组关键工作），首先比较其直接费用率或组合直接费用率与工程间接费用率的大小：

如果被压缩对象的直接费用率或组合直接费用率大于工程间接费用率，说明压缩关键工作的持续时间会使工程总费用增加，此时应停止缩短关键工作的持续时间，在此之前的方案即为优化方案；

如果被压缩对象的直接费用率或组合直接费用率等于工程简捷费用率，说明压缩关键工作的持续时间不会使工程总费用增加，故应缩短关键工作的持续时间；

如果被压缩对象的直接费用率或组合直接费用率小于工程间接费用率，说明压缩关键工作的持续时间会使工程总费用减少，故应缩短关键工作的持续时间。

e. 当需要压缩关键工作的持续时间时，其缩短值的确定必须符合下列两条原则：

缩短后工作的持续时间不能小于其最短持续时间；

缩短持续时间的工作不能变成非关键工作。

f. 计算关键工作持续时间缩短后相应增加的总费用。

g. 重复上述 c ~ f，直至计算工期满足要求工期或被压缩对象的直接费用率或组合直接费用率大于工程间接费用绿为止。

⑧计算优化后的工程总费用。

（3）资源优化

资源是指为完成一项计划任务所需投入的人力、材料、机械设备和资金等。完成一项工程任务所需要的资源量基本上是不变的，不可能通过资源优化将其减少。资源优化的目的是通过改变工作的开始时间和完成时间，使资源按照时间的分布符合优化目标。

在通常情况下，网络计划的资源优化分为两种，即"资源有限，工期最短"的优化和"工期固定，资源均衡"的优化。前者是通过调整计划安排，在满足资源限制条件下，使工期延长最少的过程；而后者是通过调整计划安排，在工期保持不变的条件下，使资源需用量尽可能均衡的过程。

这里所讲的资源优化，其前提条件是：①在优化过程中，不改变网络计划中各项工作之间的逻辑关系；②在优化过程中，不改变网络计划中各项工作的持续时间；③网络计划中各项工作的资源强度（单位时间所需资源数量）为常数，而且是合理的；④除规定可中断的工作外，一般不允许中断工作，应保持其连续性。为简化问题，这里假定网络计划中的所有工作需要同一种资源。

①"资源有限，工期最短"的优化

"资源有限，工期最短"的优化一般可按以下步骤进行：

按照各项工作的最早开始时间安排进度计划，并计算网络计划每个时间单位的资源需用量。

从计划开始日期起，逐个检查每个时段（每个时间单位资源需用量相同的时间段）资源需用量是否超过所能供应的资源限量。如果在整个工期范围内每个时段的资源需用量均能满足资源限量的要求，则可行优化方案就编制完成；否则，必须转入下一步进行计划的调整。

分析超过资源限量的时段。如果在该时段内有几项工作平行作业，则采取将一项工作安排在与之平行的另一项工作之后进行的方法，以降低该时段的资源需用量。

对调整后的网络计划安排重新计算每个时间单位的资源需用量。

重复上述②~④，直至网络计划整个工期范围内每个时间单位的资源需用量均满足资源限量为止。

②"工期固定，资源均衡"的优化

安排建设工程进度计划时，需要使资源需用量尽可能地均衡，使整个工程单位时间的资源需用量不出现过多的高峰和低谷，这样不仅有利于工程建设的组织与管理，而且可以降低工程费用。

"工期固定，资源均衡"的优化方法有多种，如方差值最小法、极差值最小法、削高峰法等。按方差值最小的原理，"工期固定，资源均衡"的优化一般可按以下步骤进行：

按照各项工作的最早开始时间安排进度计划，并计算网络计划每个时间单位的资源需用量。

从网络计划的终点节点开始，按工作完成节点编号值从大到小的顺序依次进行调整。当某一节点同时作为多项工作的完成接点时，应先调整开始时间较迟的工作。

当所有工作均按上述顺序自右向左调整了一次之后，为使资源需用量更加均衡，在按上述顺序自右向左进行多次调整，直至所有工作既不能右移也不能左移为止。

三、进度计划的审查与实施

（一）进度计划审查

1. 审查前注意事项及准备工作

施工组织设计中的施工进度计划是在工程项目施工前围绕如何实现进度目标所做的统筹安排，施工进度计划既是进度目标的分解和落实，也是进度动态控制的依据。因此，施工进度计划合理与否直接关系到进度能否得到有效控制。经业主与监理批准了的进度计划是工程实施、也是处理工程索赔时的重要依据。

在审查施工组织设计必须抓好施工进度计划的审查工作，主要审查以下方面：施工总体部署及进度安排，包括施工总部署，施工组织机构，施工总进度计划，阶段性施工进度计划，单位工程施工进度计划，工程施工所需劳动力的计划，进度考核管理制度等。

（二）审查依据

1. 合同工期、开、竣工时间及里程碑事件进度控制点

2. 施工组织设计

3. 工程总进度计划和施工总进度计划

4. 材料和设备供应计划

5. 《建设工程监理规范》的相关规定

（三）审查要点

1. 编写、审查、批准程序是否符合要求

2. 施工进度计划内容是否全面。进度计划内容至少应包括：合同与施工图纸所涵盖的全部作业项目，工程项目实施中的一些重要里程碑点以及合同约束限制条件，对图纸、设备、预埋件、甲方供应材料的到场要求，施工文件以及一些报审报险事项的反映，所以这些内容在进度计划中都要有所体现。另外还可将每项工程施工所需劳动力数量以及资金需求也列入其中。

3. 施工进度计划是否满足合同及业主主要时间控制点的要求。承包商的进度计划首先必须满足合同工期的要求，工程的合同文件均对工程的施工工期及一些专业间接口的时间作了一些特殊专业的施工条件与时机作了限制，在编制进度计划时也要将这些限制条件转化为控制性工期。这些控制性工期就是编制进度计划的基础，也是工程项目进度控制的目

标。同时还必须符合业主控制性进度计划中一些关键时间节点的要求。

4.施工进度计划是否与施工方案一致。施工方案中的施工部署、施工方法、施工工艺、施工机械以及施工组织方式直接影响进度计划安排，因此，在审查施工进度计划时必须检查施工进度计划是否与施工方案一致，如果有矛盾须要求承包商调整进度计划施工方案。

5.施工进度计划中的工序分解粗细程度是否满足指导施工的要求。计划中表达施工过程的内容，划分的粗细程度既不能太粗也不宜太细，该计划的细度应根据项目的性质适度划分，在可能的情况下尽量细化。

6.施工进度计划中工序间的逻辑关系是否合理。要求进度计划审查人员对工程项目有全面的了解，对工程施工程度和施工方法流程有比较清晰的思路。能识别工程项目中各工序间的联系，确认其逻辑关系的符合性与合理性，从而使施工进度计划更科学合理，达到"纲举目张"的效果。

7.施工进度计划中各工期的确定是否合理。主要是各作业单元工期的确定，根据上述的控制性工期及确定的工序间的逻辑关系，根据各作业单元工程量的多少、施工条件的完善程度以及拟用于本工程的施工设备生产能力，本着最佳组合，最高效益、均衡生产的原则，确定合理的施工工期。

8.资源加护能否保证进度计划的需求。在报审进度计划时，监理工程师应要求承包商提供各工种劳动力，施工机具，材料主要资源计划作为附件监理工程师通过审查资源计划是否与进度计划相符，来评价进度计划的可实施性，如资源计划不能满足进度计划的要求，应要求承包生调整资源计划或进度计划，进度计划一旦被批准，资源计划也作为进度控制的依据。

9.进度保证措施是否合理。在进度计划报审时，监理工程师应要求承包商提供进度保证措施作为附件。进度保证措施包括技术措施、管理措施和季节性施工措施。进度计划一旦被批准，这些措施也将作为进度控制的依据。如果在施工过程中承包商没有采用这些措施而导致工期延期，一般监理工程师不能同意工期延期申请。

10.进度计划中的关键工作及非关键工作的总时差是否明确。关键工作是进度控制的重点，关键工作一旦出现拖延，必然导致整个进度的延期。因此，控制了关键工作的进度也就控制了施工进度。非关键工作尽管不是进度控制的重点，但当非关键工作的延误超过了总时差时，就会转化为关键工作。因此，对那些总时差较小的非关键工作，也应给予足够的重视。明确关键工作和非关键工作总时差的目的除了确定进度控制的重点外，还为审批工期延期申请提供依据，一般来说，只有当关键工作出现延误，或非关键工作的延误时间超过了总时差时，承包商才有可能获得延期。

11.该进度计划是否参与工程的材料、设备供应、进度计划相协调。当所监理的项目由多家承包商施工，在审批各承包商进度计划时必须注意各承包商进度计划之间的协调，比如土建与设备安装、设备安装与精装修、室内工程与室外工程之间的时间进度一致。否则，一般批准了承包商的进度计划，而各承包商在时间进度上又存在矛盾，将会给监理工作带来被动，甚至索赔。

此外，在审批进度计划时，还必须检查现场的施工条件是否能够满足进度计划的要求。

（四）批复方案时应注意的问题

1. 针对施工单位提出的工期承诺及施工进度计划，进行分析，在挖潜力的同时，与工期目标比较，施工进度计划应留有余地；

2. 土建、装修、空调、消防、智能化等各种专业配合，以及材料、设备订货，对进度计划影响较大，应充分考虑业主、总承包方、分包方等单位之间的沟通、协调和配合的难度；

3. 设计变更和图纸中的不确定因素可能影响后续工作，尽可能考虑避免因图纸原因的停工；

4. 施工单位的资源投入是保证进度计划顺利实施的关键因素之一；

5. 施工过程中施工单位工序安排以及各工种间的交叉作业等是工程能否顺利实施的重要环节；

6. 对施工进度进行动态控制，建立制度，按时检查监督施工进度状态，对未实现分解目标的分项或分部工程，及时监督纠正，避免积少成多而影响到总目标的实现。

（五）审查意见

1. 对施工进度计划是否满足合同工期目标及业主主要时间节点的要求提出明确意见；

2. 对施工进度计划是否与施工方案、施工组织设计一致提出明确意见；

3. 对施工进度计划中的工序分解粗细程度是否能够满足指导施工的要求提出明确意见；

4. 对施工进度计划汇总工序间的逻辑关系是否合理提出明确意见；

5. 对资源计划能否保证进度计划的需要提出相关意见；

6. 对进度保证措施是否有力提出相关意见；

7. 对施工进度计划是否可行、是否同意实施或需修改等提出明确意见。

（六）进度计划的实施

1. 施工进度保证措施

（1）推行项目法施工，确保工期目标的实现

①选派有施工管理经验、并卓有成效地完成类似工程项目管理的同志担任项目经理；

②根据施工项目组织原则，选用和国际工程接轨的施工组织体系，组建施工项目管理机构，明确责任、权限和义务；

③在遵守招标文件、工程承包合同和本企业规章制度的前提下，根据本施工项目管理的需要，制订施工项目管理制度；

④组织编制定切实可行的施工组织设计；

⑤有效进行进度、成本和安全的目标控制；

⑥对劳动力、材料、设备、资金和技术五大生产要素，针对其特点，进行优化配置和

动态管理;

⑦加强工程承包合同管理,严格执行合同条款;

⑧进行有效的施工项目的信息管理。

（2）做好充分准备工作,确保顺利开工

①一旦中标,迅速调动人员到施工现场,做好各项准备工作,包括组织材料及设备进场等工作,以免因此影响开工;

②组织有丰富阅历的技术人员,认真开展图纸会审工作。学习和研究有关施工标准及规范,明确业主对施工的技术要求。精心制定施工方案和技术措施,对施工人员进行详细的技术摸底。

（3）采用科学的管理保证施工进度

①采用计算机管理软件加强施工进度计划的管理,同时对人力、材料、机械等资源的配置进行优化,提高计划管理的科学性、先进性;

②使用公司自编的计算机材料管理系统,对材料管理进行控制。对材料的到货、使用、贮存实行动态控制,有效支持软件,做到合理安排施工计划,平衡调配劳动力分布,加快施工进度;

③管道预制工厂化,实施流水作业法施工,高效率、高质量地完成配管工作。

（4）精心策划、加强内部协调

①加大劳动力与施工设备的投入,保证优势全力投入该工程的施工;

②自工程开工之起,报经当地劳动主管部门同意,采取弹性工作日,放弃节假日,增加有效工作日;

③提前做好材料采购供应准备,保证按施工总进度计划要求保质保量运至仓库,避免劳动力大面积窝工和大面积返工;

④按施工组织设计要求做好施工现场的平面布置工作,以利施工、运输、吊装等的便捷和现场施工的安全、有序、整洁;

⑤根据本工程特点有针对性地编制项目协调工作程序,以便指导日常项目管理;

⑥项目部每周组织召开一次本工程现场调度会议,对工程进度、质量、安全、资金及物质供应等进度综合平衡协调,解决施工过程中存在的各类总是和矛盾,保证工程顺利进展;

⑦各部分的计划施工时间是按照平行流水作业、合理的主体及交叉施工的原则来考虑,X光探伤等考虑夜间作业,加快施工进度;

⑧建立现场协调会制度,每周召开一次由各方参加的协调会议,密切业主、监理公司、质量监督站、设计院的工作关系,特别是与监理公司、质量监督站应保持密切的工作联系,随时沟通与解决施工中所遇到的问题,做到遇到问题不拖延、不推诿及时沟通、迅速解决。

（5）不利条件下工期保证

①如土建未按计划达到主要控制节点部位

土建节点延迟影响了安装，我们不等不靠，立即调整计划，改变施工路线，继续保持前进势头；

我们通过自己的努力，追回损失的时间。力保后续节点不受影响。

②设计频繁变更

只要是设计单位签发，业主签证认可的设计变更，我们不拖延，不讲条件，立即实施，不使问题积累，如设计变更牵涉到甲供设备材料，也请抓紧办理。

③甲供设备材料未按计划到货

调整施工计划，改变施工路线，有条件部位先施工；

到货后组织突击抢干，加班加点，抢时间；

④甲供设备材料质量问题

甲供设备材料到货后立即检验，及早发现问题，给甲方处理留有时间余地；

甲供设备材料一般质量缺陷，或型号规格不符，甲方如委托修复处理或提出代用串换，我们积极配合，主动提建议、想办法，满足甲方要求；

如对进度已发生影响我们争取补救。

⑤灾害性天气，停电、停水、意外事故。

对安装影响较大，我们准备承担压力，通过平时加快安装进度弥补工期损失；不利情况发生时，采取措施消除影响在确保安全前提下，坚持施工。不能做好推迟进度借口，除非甲方主动决定工期顺延；

灾害天气均有预报和预兆，事故要做好准备，采取防范措施，调整施工计划，最大限度减少影响；

加强水电维护，防止施工原因造成停电停水；

加强管理，消除重大安全和火灾隐患，杜绝事故发生。

（6）紧急情况下的工期保证

施工现场的情况复杂多变，不利条件如果频繁出现，其产生的后果常常是进行性的积累，往往造成工程后期安装工程量高度集中，施工高峰突起，压力骤增，而距竣工期期限不多时，或者甲方在工程实施中提出重大节点提前到位要求，对此类紧急情况，我们的预案是以下几点

①增加项目施工资源投入，调遣后备梯队进场；

②采取激励政策，调动职工积极性，加班加点、突击抢干；

③启用项目应急储备资金。

四、进度计划的检查与调整

（一）施工进度计划的检查

在项目施工进度计划的实施过程中，由于各种因素的影响，原始计划的安排常常会被

打乱而出现进度偏差。因此，在进度计划执行一段时间后，必须对执行情况进行动态检查，并分析进度偏差产生的原因，以便为施工进度计划的调整提供必要的信息。

1. 施工进度计划检查内容

施工进度计划的检查包括下列内容：

（1）工作量的完成情况；

（2）工作时间的执行情况；

（3）资源使用及进度的互配情况；

（4）上次检查提出问题的处理情况。

2. 施工进度检查方法

项目施工进度检查的主要方法是比较法。常用的检查比较方法为列表比较法。在项目施工过程中，通过以下方式获得项目施工实际进展情况：

（1）定期地、经常的收集由承包单位提交的有关进度报表资料。

项目施工进度报表资料不仅是对工程项目实施进度控制的依据，同时也是核对工程进度的依据。进度报表由监理单位提供给施工单位，施工单位按时填写完成后提交项目工程部及监理工程师核查。报表内容一般应该包括工作的开始时间、完成时间、持续时间、逻辑关系、实物工程量和工作量，以及工作时差的利用情况等。进度报表能体现出建设工程时间进展情况。

（2）由项目工程部及驻地监理人员现场跟踪检查建设工程时间进展情况。为避免项目部报已完工程量，工程部管理人员及驻地监理人员有必要进行现场实地检查和监督。要求每周检查一次。

（3）监理例会通报工程进度情况

在定期组织召开监理例会上，要求项目部汇报每周工程进度情况。

3. 日常检查与定期检查

（1）日常检查

随着设计工作的进行，不断的观测进度计划中所包含的每一项工作的实际开始时间、实际完成时间、实际持续时间、目前状况的内容，并加以记录，以此作为进度控制的依据。

（2）定期检查

每隔一定的时间对进度计划的执行情况进行以此较为全面、系统的观测、检查。观测、检查有关项目范围、进度计划和预算变更的信息，间隔时间因项目的类型、规模、特点和对进度计划的执行要求程度不同而异。项目拟定以周、旬、月为观测周期。对监测的结果加以记录、以便及时调整，保证设计进度的实现。

（二）施工进度计划的调整

项目施工进度计划的调整应依据进度计划检查结果，在施工进度计划执行发生偏离的时候，通过对工程量、起止时间、工作关系、资源提供和必要的目标进行调整，或通过局部改变施工顺序，重新作业过程相互协作方式等工作关系进行的调整，更充分利用施工的时间和空间进行合理交叉衔接，并编制调整后的施工进度计划，以保证施工总目标的实现。

1. 进度偏差调整原则

（1）若出现进度偏差的工作为关键工作，必须对原定进度计划采取相应调整措施；

（2）当出现进度偏差的工作为非关键工作，且工作进度滞后天数已超出其总时差，必须对原定进度计划采取相应调整措施；

（3）若出现进度偏差的工作为非关键工作，且工作进度滞后天数已超出其自由时差而未超出其总时差，只有在后续工作最早开工时间不宜推后的情况下才考虑对原定进度计划采取相应调整措施；

（4）若出现进度偏差的工作为非关键工作，且工作进度滞后天数未超出其自由时差，不必对原总进度采取任何调整措施。

2. 进度偏差的影响分析

在建设工程项目实施过程中，通过实际进度与计划进度的比较，发现有进度偏差时，需要分析该偏差对后续工作及总工期的影响，从而采取相应的调整措施对原进度计划进行调整，以确保工期目标的顺利实现。

（1）分析进度偏差的工作是否为关键工作

在工程项目的实施过程中，若出现偏差的工作为关键工作，则无论偏差大小，都将对后续工作及总工期产生影响，必须采取相应的调整措施。若出现偏差的工作不为关键工作，需要根据偏差值与总时差和自由时差的大小关系，确定对后续工作和总工期的影响程度。

（2）分析进度偏差是否大于总时差

在工程项目实施过程中，若工作的进度偏差大于该工作的总时差，说明此偏差必将影响后续工作和总工期，必须采取相应的调整措施。若工作的进度偏差小于或等于该工作的总时差，说明此偏差对总工期无影响，但它对后续工作的影响程度，需要根据比较偏差与自由时差的情况来确定。

（3）分析进度偏差是否大于自由时差

在工程项目实施过程中，若工作的进度偏差大于该工作的自由时差，说明此偏差对后续工作产生影响，应根据后续工作允许影响的程度而定。若工作的进度偏差小于或等于该工作的自由时差，则说明此偏差对后续工作无影响。因此，原进度计划可以不做调整。

根据分析项目工程部及监理工程师确认应该调整产生进度偏差的工作和调整偏差值的大小，来确定采取调整新措施，获得新的符合实际进度情况和计划目标的新进度计划。

3. 进度偏差影响到总工期时的调整措施

当工程项目施工实际进度影响到后续工作、总工期时，需要对进度计划进行调整。

（1）在确定需缩短持续时间的关键工作时，应按以下几个方面进行选择：

①缩短持续时间对质量和安全影响不大的工作；

②有充足备用资源的工作；

③缩短持续时间所需增加的工人或材料最少的工作；

④缩短持续时间所需增加的费用最少的工作；

（2）当确定为可压缩的关键工作后，可通过以下具体措施进行纠偏：

①在有足够的工作面时，督促各单位增加劳动力、材料、设备等的投入加快进度；

②在工作面受到制约时，督促各方面单位将现有的资源进行合理配置并采用加班或多班制工作。

第二节　施工项目质量控制

一、工程质量计划

为了加强项目部工程质量管理，保证工程质量目标的实现，根据《建设工程管理条例》《建设工程项目管理规范》的有关规定，特制定本制度。

（一）工程项目质量目标的确定

1. 质量目标必须符合《建设工程施工合同》的质量要求；

2. 必须符合公司创优工程的项目。

（二）项目部实现质量目标必须编制质量计划。质量计划应包括下列内容

1. 项目质量计划目标的确定；

2. 编制项目质量计划（或质量目标的分解）；

3. 项目质量计划的实施：（1）施工准备阶段；（2）施工阶段；（3）竣工验收阶段；（4）工程保修阶段；（5）质量的持续改进和检查验证。

（三）质量计划的审批程序

1. 项目部编制质量计划；

2. 质量部审核；

3. 总监办审批。

二、工程项目质量总承包负责管理

为规范总承包单位与分包单位的行为，更好地落实《中华人民共和国建筑法》和《建筑工程施工质量验收统一标准》的有关条款，特制定本制度。

（一）建筑工程总承包单位将总承包工程中的部分工程（除主体工程外）分包，其分

包单位应有相应的资质文件。但是除总承包合同约定的分包外，必须经建设单位认可，单位工程不得层层分包，施工总承包中的建筑工程主体结构的施工必须由总包单位自行完成。

（二）建筑工程实行总承包的，工程质量由总承包单位负责。总承包单位将建筑工程分包给其他单位的应当对分包工程的质量与分包单位承担连带责任，分包单位必须接受总承包单位的质量管理。

（三）总承包单位应监督管理各分包单位认真遵照现行有关 规范进行施工，并按照《建筑工程施工质量验收统一标准》对所承建的检验批、（子）分部工程的质量进行验收，其验收结果和资料交总包单位。

（四）总包单位应组织各分包单位认真学习，了解总包单位的各项管理规章制度，总承包单位有权对违反质量管理制度的分包单位进行处罚。

（五）各分包单位应对总承包单位定期召开的质量例会不得无故缺席。为便于质量管理，各分包单位的施工进度计划均应考虑交叉施工的配合问题，如出现异议，应由总包单位统筹安排。

（六）各分包单位应认真配合总包单位做好成品、半成品保护。如分包单位需在结构上打洞、开槽、补埋铁件一定要经过结构施工总包单位的技术负责人认可，重要部位要报设计单位认可。预应力结构上不得开槽、凿孔。

（七）分包单位应当对施工质量负责，对总承包单位负责，必须服从总包单位质量目标。

三、质量检查管理

为了加强项目部质量管理的力度，达到提高工程质量，杜绝质量事故，提高自身的社会信誉和市场竞争能力的目的，特制定本规定；

（一）项目部每年对项目部的质量管理工作做如下检查：

1. 项目部每季度定期对项目部范围内所有在建项目实行季度检查；

2. 项目部对职责范围内的直管项目部实行月度检查及日常检查。

（二）公司质量检查的内容

1. 质量管理。（项目部的质量管理制度、岗位责任制，工程质量计划，质量管理人员资格等）

2. 施工质量。

3. 技术资料。

（三）项目部在检查中对发现的问题立即发出限期"整改通知单"，对质量问题项目部必须定人、定时、定措施进行整改。各项目部在整改期限内整改完毕后上报公司质量部门复查。

（四）项目部根据整改回复组织落实复查验收。并在整改通知单签署验收意见。经验收合格后，方可进行下道工序施工并结案。

（五）项目部对检查中发现的问题进行登记备案，从管理上、施工技术上分析质量问题，为质量整改提供依据。

（六）根据项目质量问题进行统计分析，进行技术攻关，提高项目部工程质量的整体水平。

（七）质量检查的奖罚：根据《建设工程质量管理条例》及公司有关奖罚规定执行。

四、工程质量奖罚制度

（一）奖励

1. 凡取得优质工程奖的工程，工程创优成本列入项目承包成本。同时，按照公司优质工程奖罚制度给予奖励。

2. 对项目部的综合质量考核，凡年度平均得分 90 分及以上者，一次性奖励项目部 3000 元。

3. 在各级行政主管（上级）部门的质量检查中，因质量优异受到以简报、文件、电视、报刊等形式表彰的单位，视具体情况奖励该责任人 300 ~ 1000 元人民币 / 人，奖励相关人员 1000 ~ 3000 元人民币。

4. 单位（个人）获得各级优秀质量工作先进单位（个人）荣誉，按上级文件明确的奖励额度，对个人的奖励，奖金全额发至获奖者本人；对单位的奖励，由获奖单位（部门）提出分配方案，经分管领导批准后执行。

（二）处罚

1. 凡列入项目部创优计划的工程（以公司文件为准），无正当理由，没有实现创优目标的，按照奖罚对等的原则对有关人员进行罚款，创优成本不列入项目承包成本。

2. 凡是竣工工程被核验为不合格的，按工程量的 5‰ 处罚项目部，并追究有关责任人的责任。

3. 对项目部的综合质量考核，凡年度平均得分 80 以下者，每降低 5 分，处罚该单位 1000 元。

4. 对不认真履行管理职责的有关责任人，将给予有关责任人 50 ~ 500 元经济处罚。

5. 在建工程质量检查时，发现违反规范规程，不按标准施工，不按建设主管部门或公司的有关规定施工，粗制滥造，质量低劣，业主反映强烈，将视工程的具体情况给予该工程责任者罚款 100 ~ 500 元人民币 / 人，给予相关人员罚款 500 ~ 1000 元人民币。

6. 在各级行业主管（上级）部门的质量检查中，因质量问题受到以简报、文件、电视、报刊等形式通报批评或曝光的工程，视具体情况给予该工程责任人罚款 300 ~ 1000 元人民币 / 人。

7. 工程竣工交付使用后，在保修期内出现因施工质量问题影响使用功能、受到用户投诉的，且没有采取有效保修措施而造成不良影响的，给予相关责任人罚款500～1000元/人。

8. 发生质量事故，视事故的严重程度予以处罚。

9. 出现以上质量问题，给企业造成重大损失（含无形损失）的，除经济处罚外，还将视严重程度由项目部给予相关责任人行政处罚。

10. 以上经济处罚，由项目部工程技术部（或项目部质检员）填写"罚款通知单"，经项目部技术经理审核、主管领导批准后执行。收缴的罚款交纳到公司罚款专用账户，收缴的罚款只能用于与质量有关的奖励，不得挪作他用。

五、质量事故报告和调查

为了保证工程建设质量事故的及时报告和顺利调查，维护国家财产和公司信誉，

（一）项目部在发生质量事故后必须第一时间汇报到公司质安部和总监办。

（二）项目部在实事求是、尊重科学的基础上24小时内写出书面报告。

（三）质量事故发生后，项目部必须对事故现场进行严格保护，采取有效措施，防止事故扩大。

（四）公司质安部、总监办在24小时内进行现场勘察，确定处理方案，由项目部落实、实施。

（五）项目部整改完毕后报公司质安部验收核定。

（六）项目部处理完成后撰写事故处理报告，并报有关部门备案。

（七）重大质量事故发生后由公司向上级主管部门和事故发生地建设行政主管部门报告，并应在24小时内写出书面报告。

（八）对待工程质量事故必须严肃认真，一定要查明原因，做到"四不放过"。

六、施工方案审批

（一）施工组织设计（方案）编制分工

1. 一般工程施工组织设计，由项目技术负责人组织，各专业技术员编制，预算人员参与编制。

2. 大型工程的施工组织设计由技术经理组织，生产技术部编制，预算人员、项目技术负责人、各专业技术员参与编制。

3. 特大型工程的施工组织设计由公司组织，有关部门及公司经理、技术经理参与编制。

4. 关键技术、重要分部分项的施工方案由技术经理组织，生产技术部编制。

（二）一般工程和大型工程的施工组织设计（方案），在编制人员完成各自的编写任务，汇总形成初稿后，交项目技术负责人，项目技术负责人接到初稿，应组织编制人员、

预算人员及相关人员，对初稿进行讨论，提出修改建议和需要增加的内容，各编制人员对初稿修改后定稿。

（三）施工组织设计（方案），在满足质量、进度的前提下，应进行经济分析比较，努力降低成本，做到施工组织设计（方案）的可行性、经济性、实用性。

（四）施工组织设计（方案）的内部审核

1. 一般工程的施工组织设计由项目技术负责人进行审核，审批意见报一份由项目部工程技术部门备案。

2. 大型工程的施工组织设计应由技术负责人审核，开工前 10 日报项目部有关部门进行审批，并按审批意见修订后实施。

3. 关键技术、重要分部分项的施工方案应由技术经理审核，开工前 10 日报项目部有关部门进行审批，并按审批意见修订后实施。

（五）施工组织设计（方案）外部审核

1. 施工组织设计（方案）在施工企业内部会签审批完毕后，由专业技术员交建设单位和监理单位进行审批。

2. 对建设单位和监理单位提出的改进意见，项目技术负责人或技术经理将意见反馈到项目部技术部门，研究修改措施。

3. 建设单位或监理单位评审表按照当地建设主管部门统一要求的表格进行填写。

（六）施工组织设计（方案）的发放

审批后的施工组织设计（方案）由项目部内业资料员负责印发，并发至下列有关部门和人员：

1. 项目部生产技术部：技术负责人、预算员、各专业人员、并留足合同要求竣工资料的份数。

2. 所有施工组织设计的发放均应做好发放记录。

（七）施工组织设计（方案）更改

工程施工过程中，应严格按照施工组织设计（方案）及审批意见执行，不允许擅自改变施工工艺，由于施工条件发生变化、施工方案、施工方法有重大变更时，实施单位要及时对施工组织设计（方案）进行修改、补充、并经原审批单位批准后执行。不按施工组织设计（方案）及审批意见执行的，应对相关人员进行处罚。

七、监视和测量装置管理

（一）施工测量的主要任务

1. 开工前的控制测量

（1）平面控制桩和高程控制桩的交接管理

在工程的前期，项目部专业技术员组织测量员会同建设单位、设计单位、监理单位进行桩位的交接工作，并要求做好交桩成果（如包括交桩管理规定等）的保存工作。

（2）控制桩检核复测及引桩测量与保护

接桩之后，项目部技术负责人组织项目部相关人员及时对平面控制点和高程控制点进行复测，如有问题及时向监理和建设单位提出，请其解决；如果复测结果符合精度和规定要求，做好桩点的保护工作。

（3）建立施工测量平面控制网

在施工开展之前，项目部专职测量员根据所交控制点要求对控制网进行加密，并将成果上报给监理公司进行复核。

2. 施工期间的平面与高程控制及沉降观测及主体、装饰完工后的观测

（1）一般测量检查，由测量员、专业技术员进行自检和互检。

（2）工程项目的重点部位，定位放线的测量检查应在自互检复测的基础上，报监理公司复核审批。

（二）测量员负责整理上报测量资料，有效资料交专业技术员负责汇总保管

（三）测量员对测量仪器的完好程度负责，平时要爱护各种测量仪器设备，严格管理，责任到人。

八、技术资料管理

（一）技术资料执行技术负责人领导下的专业技术员负责制度，各专业技术员负责本专业所施工工程的技术资料的收集、整理工作。技术负责人定期组织项目部资料员对各专业技术员的内业工作进行检查、监督，并组织竣工技术资料汇总移交工作。项目部资料员、技术员完成技术资料的检查、和竣工资料的汇总移交工作。

（二）技术资料内容应按照工程项目签订合同中所要求的标准执行。

（三）在技术资料收集之前应列出单位工程划分计划、资料收集计划及试验和检验计划，经项目技术负责人审核，技术经理审批后按计划进行收集和整理，在资料收集过程中应注意资料的规范、标准（包括书写格式、纸张大小等）。

（四）工程技术资料管理与工程施工紧密联系，对施工试验记录、材料试验记录及施工记录中反映出来的问题，要及时向项目技术负责人汇报，针对发现的问题及时处理和解决。

（五）相关部门或责任人（材料员、试验员、测量员等），对自己工作范围内的技术资料，应主动及时地将各类资料上交给单位工程技术员，不得无故拖延或私自留存。

（六）技术内业资料应随施工进度及时整理，与施工进度同步，同时必须真实地反映工程的实际情况，项目部生产技术部应定期和不定期地对技术资料进行检查，确保技术资

料的同步、真实和有效。

（七）项目竣工验收时，由技术负责人组织生产技术部及有关人员对资料进行审核汇总，形成完整、系统的资料。

（八）单位工程一般要求整理三套完整的竣工资料，如合同有要求应按其要求的份数整理。

九、材料采购、检验、保管管理

（一）项目部材料员应对材料承包方的背景资料及时收集并上报公司施工技术部备案，由公司施工技术部统一发放合格承包方审批名录。

（二）材料采购必须在合格承包方名录采购。当施工急需时应经公司施工技术部审批，同意后方可允许在名录外采购。

（三）材料进场必须有材料员、仓管员、试验员到场进行检测，做好进货检验会签记录。

（四）钢材、水泥、砂、石等原材料进场应核对出厂合格证和质量保证书，还应分期、分批进行抽样检验（详见材料试验规定）。检验合格后，方可填写入库单，并应及时做好材料标识和复试工作。不合格材料有材料员与供货方进行交涉，办理退货、调货、索赔等工作事宜。

（五）各种材料的领用，发放必须持有施工员签发的材料领用单后，仓库保管员方可发放有关材料。

（六）各种材料进场后至使用前均要分类标识，明确监狱状态，表明该批材料是否为待验品、不合格或合格品，以便使用。

（七）仓库保管员应根据不同材料分类堆放，并根据不同性质做好防水、防火、防潮、防热等保护工作。易燃易爆物品应有专门仓库，专人保管登记领用。

（八）批量进场的材料应按进库顺序堆放，先进先出，注明进货时间，以免积压损坏过期。

十、工程试（检）验控制管理

（一）项目部按现行国家规范、有关技术标准及公司要求，结合工程实际情况，做出工程试（检）验计划：项目部各职能人员分工明确。

（二）实验室应具备相应主管部门审批资质等级，送检范围符合法定受理要求。现场同时接受监理单位、建设单位做好旁站见证工作。

（三）配合建筑工程施工质量控制要求，及时完成工程各项试（检）验工作。

（四）原材料进场，核查进货位及相关的质量证明书、使用说明书等质量资料；试件的取样、数量、复试性能必须满足要求，合格后方可进入工程使用。

（五）施工试（检）验记录，要求检测项目齐全，各责任主体盖章签字完整，能真需实反映工程质量情况，发现不符合要求的立即处理，不让不合格品流入下道工序。

（六）工程安全和功能检验的检查鲜明齐全，并经监理单位抽查确认。

（七）及时收集工程试（检）验的报告单。

（八）统计分析现场施工的混凝土、砂浆及原材料情况，提出改进意见。

十一、施工质量技术交底

为了使施工人员充分理解设计意图和施工组织设计内容，认真按照图纸施工，执行国家和省、地方法律法规，验收规范及公司企业标准，避免差错和失误，确保工程施工质量达到要求，特制定本制度。

（一）由项目部参加图纸会审及编制施工组织设计的工程，由项目部技术负责人有关施工人员进行交底。

（二）由公司参加图纸会审及编制施工组织设计的重大型工程，技术复杂工程，先由总监办组织有关科、室向项目部进行技术交底。

（三）项目技术负责人向施工人员及有关职能人员交底时，应结合工程具体操作部位进行细致、全面地交底。除口头交底外，并应有书面签字。

（四）针对特殊工序要编制有针对性的作业指导，每个工种、每道工序应进行各级技术交底并形成书面记录。

（五）各工种班组长接受技术交底后，应组织工人进行认真讨论，保证施工意图明确无误的得到执行。

（六）未经技术交底的分部分项工程不得任意施工，如发现有违章情况必须立即停工，并给予经济处罚。

十二、工程技术复核管理

（一）工程开工前，必须编制好具体复核内容，确定施工者、复核者，以便明确职责。

（二）每次复核必须填好"技术复核表"。填写复核意见并签名。

（三）复核项目根据单位工程具体情况确定，但下列项目必须复核：

1. 放样、定位（包括桩定位）；

2. 基槽（坑）标高、深度、尺寸；

3. 各层的标高、轴线；

4. 模板的轴线、截面尺寸和标高；

5. 预制构件；

6. 预埋件、预留孔；

7. 主要管道、沟的标高和坡度；

8. 基础的位置和标高。

（四）技术复核工作必须严肃认真，发现不符合要求偏差，应落实更改，再次进行复核，直至符合质量要求。

（五）未经复核的不得进入下道工序施工。

（六）有些技术复核项目可以与检验批质量一道进行，但应有不同的侧重点，并应分别填写表格。

（七）技术复核工作流程

十三、试块管理

为了确保对工程质量的控制，加强施工过程中试块的规范管理，特制定本制度：

（一）施工现场试块的取样、制作、养护、送检活动由专人负责。且必须遵守真实、有效的原则，决不弄虚作假。

（二）根据建设部建（2000）211号文件，确定试块必须见证和送检的范围。

（三）严格按照先行施工规范的规定，编制工程试块的取样、制作、养护、送检计划。

（四）试块应采用检测合格的钢模制作。

（五）试块的材料取样必须在搅拌或浇筑现场随机取样，制作过程由监理旁证人监督。试件上应注名工程名称、工程部位、制作日期、强度等级、试件编号内容，以免混淆。

（六）拆模后试块根据不同用途进行标准养护或同条件养护。现场应有标准养护室。试块应注意保管，不得丢失。

（七）试块达到预定的养护时间，按当地规定，在相应检测资质等级的工程实验室进行试验。试验委托单应填写正确、字迹清晰，并经监理（建设）单位旁证人员签字。

（八）及时取回、保管好试块试验报告单，并向工程技术负责人报告试验结果情况。

十四、挂牌管理

（一）对施工现场及仓库堆放的原材料、成品、半成品应进行分类，做好挂牌标识。标识内容为：产品名称、规格型号、产地、厂家、检验状态。

（二）各施工班组应在醒目处悬挂"班组质量目标"，挂牌由施工人员及班组长组织实施。

（三）在工人操作地点醒目处书写或粘贴"操作人员质量目标"。内容应为：班组名称、操作人员、质量控制等级。由班组长负责实施。

（四）各分项工程完工后，项目部应组织人员进行验收，并对验收合格工程逐个进行标识。

十五、三检管理

（一）自检

1. 操作人员在操作过程中必须按相应的分项工程施工质量验收规范进行自检，并经班组长验收后，方准继续进行施工。

2. 班组长对所施工分项工程，在施工过程中应检查班组每个成员的操作质量，并认真填写自检记录。

3. 施工员应督促班组长自检，应为班组创造自检条件（如提供有关表格，协助解决检测工具等）要对班组操作质量进行中间检查。

（二）交接检

1. 工种间的互检，上道工序完成后下道工序施工前，班组长应进行交接检查，填写交接检查表，经双方签字，方准进入下道工序。

2. 分包间交接检，交方应按分包的要求认真办理总包交接检查表、有关资料和进行交接签证等工作，否则不得进入下道工序施工。

3. 上道工序出成品后应向下道工序办理成品保护手续，而后发生成品损坏，污染，丢失等问题时由做下一道工序的单位承担后果。

（三）专检

1. 所有分项工程：特殊部位、隐检、预检项目，必须按程序，作为一道工序，提请专检人员进行施工验收。

2. 专检人员要核定分项工程时，必须按施工质量验收标准严格控制，严格把关。核验人员在核验评定时会同班组长共同进行。并应达到专检人员预定的单位质量标准（内控质量标准）。

十六、样板管理

（一）凡施工规范及合同目标、内控质量目标和列入公司创优计划的工程项目均必须实行样板制。

（二）工程中的路基填方、桥涵、挡土墙、路面等主要工程及新材料、新工艺、新结构等项目，在大面积施工前必须分别做样板，坚持样板开路。

（三）做样板时，必须按有关规范、规程、标准、施工图说明及质量控制目标要求进行施工，对已完成的样板需在班组、施工员自检的基础上，由项目部填报"分项样板验收单"经公司质安部签证后，上报监理公司审批，方可进行大面积施工。

十七、隐蔽工程检查验收管理

隐蔽工程验收是指将被其他分项工程所隐蔽的分部或检验批工程，在隐蔽前所进行的验收，坚持隐蔽验收制度是防止质量隐患，保证鲜明质量的重要措施。

（一）基坑（槽）、基础：项目部会同质监单位、建设单位、设计单位、监理单位检查基坑（槽）的土质，基底的处理，回填土料质量，填土的密实性，外形尺寸、标高及各种基础质量。认真做好土壤质量试验，打（试）记录，地基验槽记录等文字资料。

（二）钢筋工程：检查钢筋规格、形状、尺寸、数量、锚固长度，接头位置以及除锈、设计认可的代用变更、保护层控制等情况，认真做好钢筋隐检记录（含预应力张拉）。

（三）隐蔽工程需由建设单位、监理单位及项目部专业质量员，技术负责人参加验收并办理签字盖章手续，特殊部位验收还应邀请相关人员参加，在隐检中发现不符合要求处，要认真进行处理，未经验收合格者不得进行下道工序施工。

十八、成品保护管理

为保证建筑产品的完善性，确保工程质量达到预期的目标，特制定以下制度。

（一）项目部在施工前必须编制防护措施

（二）项目部与班组签订成品保护责任制，由班组把责任落实分解到每一作业岗位，同时加强员工的成品保护教育工作，提高岗位工人素质。

（三）项目部对已经验收的成品必须进行标识。

（四）项目部具体由质检员负责工程的成品保护检查工作。施工班组对前一班组作业完成的成品有责任进行保护。后作业班组不得对前施工班组完成的成品有污染或破坏。前施工班组如对成品保护不当，后施工班组在交接班时，必须共同检验后，告知项目负责人、专业质检员落实进行处理。

（五）不同材料的交接处，易碰撞受损部位，必须采用遮挡，隔离的防护措施，确保成品的完整性，对已完成的部位，必须达足够强度后，才能进行上部的施工。

（六）对进场的设备，半成品等应指定部位堆放，并有专人负责保护，避免在施工安装前损坏或缺少零部件。

（七）各分部分项工程进行定人负责，无项目施工令，不得进行施工。成品应及时采取护、盖等必要的保护手段，以免人为的破坏。

十九、工程质量验收评定核定管理

为认真搞好质量验收评定工作，现参照《公路工程质量检验评定标准 JTG F80/1-2004》《公路桥梁技术状况评定标准 JTG/T H21-2011》制定本制度：

（一）分项工程质量应在班组自检的基础上，由单位工程负责人组织有关人员检验评定，专职质量检查员核定。核定结果报监理（建设）单位审批。

（二）分部工程质量应由项目部经理、技术负责人组织验收，公司专职质量员核定。其中地基与基础、主体分部工程质量应由公司技术负责人和质量处组织核定。核定结果报监理（建设）单位审批。

（三）单位工程完工后，工程质量应由公司技术负责人、质安部进行验收，并向建设单位提交工程验收报告。

（四）建设单位收到工程验收报告后，应由建设单位（项目）负责人组织施工（含分包单位）、设计、监理等单位（项目）负责人进行单位（子单位）工程验收。

二十、不合格品控制

（一）不合格物资的控制

1. 不合格物资的标识与隔离按公司相关文件执行。

2. 不合格物资的评审与处置：

①由项目经理组织项目技术、质检、材料采购及保管等人员对不合格物资进行评审，提出处理意见，由材料员（保管员）负责做好记录并妥善保存，评审结果报公司分管领导批准。必要时，尚应邀请公司生产技术部相关人员参加评审。

②项目材料员（保管员）根据评审处理意见，及时通知原采购人员尽快与供应商取得联系，商定处理办法，处理后将处理结果填写在不合格物资处理记录中，并由执行人签字。

③不合格物资处理记录由项目材料员负责保存至工程交工，并报公司经营部备案。公司经营部及自行采购的项目部，应及时对不合格信息进行分析研究。当相同问题多次重复发生或一次发生较严重问题时，应采取纠正措施。

（二）过程不合格品的控制

1. 过程不合格品的标识与隔离按公司相关文件执行。

2. 不合格品的评审与处置：

不合格品的严重程度由检查人员做出判断，需要时项目技术负责人协助。发现严重不合格品时，应及时报告项目技术负责人。采取的处置措施应与不合格品的影响程度相适应：

①发现一般不合格品时，由检查人向项目部或施工班组下达整改通知单，写明存在的质量问题和具体部位，限定整改完成期限，并对整改情况进行验证；检查人对整改情况不能亲自验证时指定验证人。项目部或施工班组接到整改通知后，及时安排整改，整改完成后进行自检，并在整改通知单上填写处理情况和自检结果，通知验证人验证，由验证人做好验证记录。

②当发现严重不合格品时，由公司生产技术部组织有关人员对不合格情况进行评审，

必要时会同设计、监理、业主共同评审。

③出现严重不合格品需进行返工处理时，由项目部技术负责人组织制定处理方案（必要时请公司工程管理部协助），经项目监理批准后组织实施。处理后应重新按产品监视和测量的规定进行检验和试验，并将处理结果填入不合格品处理记录。

④发生严重不合格品，或同类一般不合格品重复发生 3 次时，由项目技术负责人组织制定和实施纠正措施。

⑤当不合格品构成质量事故时，项目经理应及时报告公司工程管理部，共同协调处理。

（三）不合格品统计

1. 项目部应建立不合格品台账，每月进行一次统计分析，确定采取纠正措施的需求，并报公司生产技术部备案。不合格品的统计范围包括：①强度达不到设计要求；②尺寸偏差严重超过规范要求；③影响使用功能；④严重影响美观等其他情况。

2. 项目部应建立不合格品台账，每季进行一次统计分析，确定采取纠正措施的需求，并报公司工程管理部备案。

二十一、结构实体功能环境检验管理

为健全工程结构的安全、使用功能和环境的主力控制，根据国家施工质量验收规范的有关要求，结合本公司实际，特制定本制度。

（一）公路工程的结构安全、事业功能和环境的质量控制检验包括混凝土强度的检测、受力钢筋的分布、钢筋混凝土保护层厚度、现浇板的厚度、主要构件几何尺寸、砌体工程砌筑砂浆的强度、使用功能和环境等项目。

（二）混凝土结构强度的检验，必须按照规定要求制作同条件养护试块，并判定合格。

（三）基础结构、主体结构验收、竣工验收前必须提前 15 天通知公司质安部进行非破损或局部破损的检测方法进行检验。

（四）结构实体检验、功能和环境检测按照工程所属地的有关规定通知并接受检测部门的检测。

（五）抽检不合格项，项目部必须按照规定委托具有相应资质的检测机构进行复检，并将检测结果报公司质安部。复检仍不合格项，按照公司不合格品控制制度和有关规定进行处理。

二十二、质量例会

（一）班组质量警示会：每周举行一次，工、班长或质检员，对本周出现的质量问题进行警示，提出预防措施，防止类似问题重复出现。

（二）项目经理部技术质量分析会：经理部每半月召开一次技术质量分析会，由项目经理或技术负责人主持召开，工程、技术、质量、材料等相关人员参加。项目经理部质检员对在施工程质量情况进行总结，项目技术负责人、专业技术人员根据发生的质量问题，分析产生的原因和可能继续出现的潜在趋势，做出整改方案措施。质检员做好质量分析会记录。

（三）项目部生产技术科技术质安科系统分析会：每月召开一次，在项目部月度质量检查后进行，由生产技术科科长主持召开，项目部经理、项目部技术负责人、专业技术人员、质检员参加。项目部技术负责人如实汇报本月技术质量工作开展情况、工程中存在的质量问题和下一阶段的纠正和预防措施，上报质量报表；生产技术科科长通报本月项目公司技术质量检查情况，项目部技术负责人安排下一阶段的技术质量管理工作重点。生产技术科做好汇总，并做好本月的质量小结。

（四）项目经理部应通过及时收集质量信息，及时识别、发现施工现场工程质量保证体系运行过程和工程实物质量存在的问题，及时组织质量分析，实施有效的纠正措施和预防措施，持续改进施工现场工程质量保证体系的有效性、不断提高工程实物质量。

二十三、见证取样管理

（一）单位工程开工前，项目部应根据施工合同建立经上级主管部门审批合格的工地试验室承担有见证试验的检测项目。

（二）有见证取样项目和送检次数应符合国家和地方、行业有关标准、法规的规定。送检试样应在建设单位或监理人员的见证下，在材料验收、施工试验中随机抽取，不得另外进行。

（三）见证取样和送检时，取样人应在试样或其包装上做出标识、封志。标识和封志应标明样品名称和数量、工程名称、取样部位、取样日期，并应有取样人和见证人签字，见证记录列入工程技术档案。

（四）各种有见证取样和送检试验资料必须真实、完整，不得伪造、涂改、抽换或丢失。

第三节　施工项目成本控制

工程项目成本控制是指为实现工程项目的成本目标，在工程项目成本形成的过程中，对所消耗的人力资源、物质和费用开支，进行指导、监督、调节和限制，及时控制与纠正即将发生和已经发生的偏差，把各项费用控制在规定和规定的范围内。

一、施工项目成本控制的内容与程序

（一）施工项目成本控制的内容

1.施工项目成本控制的原则

（1）全面控制的原则

①全面控制

a.建立全员参加责权利相结合的项目成本控制责任体系；

b.项目经理、各部门、施工队、班组人员都负有成本控制的责任，在一定的范围内享有成本控制的权利，在成本控制方面的业绩与工资奖金挂钩，从而形成一个有效的成本控制责任网络。

②全过程控制

a.成本控制贯穿项目施工过程的每一个阶段；

b.每一项经济业务都要纳入成本控制的轨道；

c.经常性成本控制通过制度保证，不常发生的"例外问题"也有相应措施控制，不能疏漏。

（2）动态控制的原则

①项目施工是一次性行为，其成本控制应事前重视、事中控制。

②在施工开始之前进行成本预测，确定目标成本，编制成本计划，制订或修订各种消耗定额和费用开支标准。

③施工阶段重在执行成本计划，落实降低成本措施，实行成本目标管理。

④成本控制随施工过程连续进行，与施工进度同步，不能时紧时松，更不能拖延。

⑤建立灵敏的成本信息反馈系统，使成本责任部门（人员）能及时获得信息、纠正不利成本偏差。

⑥控制不合理开支，把可能导致损失和浪费的苗头消灭在萌芽状态。

（3）创收与节约相结合的原则

①施工生产既是消耗资财人力的过程，也是创造财富增加收入的过程，其成本控制应坚持增收与节约相结合的原则。

②作为合同签约依据，编制工程预算时，应"以支定收"，保证预算收入。在施工过程中，要"以收入定支"，控制资源消耗和费用支出。

③每发生一笔成本费用，都要核查有否相应的预算收入，收支是否平衡。

④经常性的成本核算时，要进行实际成本与预算收的对比分析。

⑤严格控制成本开支范围，费用开支标准和关财务制度，对各项成本费用的支出进行限制和监督。

⑥提高施工项目的科学管理水平、优化施工方案，提高生产效率、节约人、财、物的消耗。

⑦采取预防成本失控的技术组织措施，制止可能发生的浪费。

⑧施工的质量、进度、安全都对工程成本有很大的影响，因而成本控制必须与质量控制、进度控制、安全控制等工作相结合、相协调，避免返工（修）损失、降低质量成本、减少并杜绝工程延期违约罚款、安全事故损失等费用发生。

⑨坚持现场管理标准化，堵塞浪费的漏洞。

（4）责权利相结合的原则

①要使控制真正发挥作用，必须严格按照经济责任制要求，贯彻责权利相结合的原则。有责无权，不能完成所承担的责任，有责无利，缺乏履行责任的动力。

②工程项目成本涉及面广，必须形成覆盖项目全员的成本责任网络，归口控制项目成本，并与奖金分配挂钩，有奖有罚。

2. 工程项目成本控制的方法

（1）制度控制

制度控制是企业层次对项目成本实施的总体宏观控制，使项目施工过程中成本管理"有章可循"。这些制度主要有《劳务工作管理规定》《机械设备租赁管理办法》《料具租赁管理办法》《工程项目成本核算管理标准》等，详见公司内部文件。

（2）定额控制

为了控制项目成本，企业必须有完整的定额资料，这些定额除了国家统一的建筑、安装工程基础定额以及市场的劳务、材料价格信息之外，企业还应有完善的内部定额资料。内部定额资料根据国家的统一定额，结合现行质量标准，安全操作规程，施工条件及历史资料等进行编制，并以此作为编制施工预算，工长签发施工任务书，控制考核，工效及材料消耗的依据。

（3）合同控制

①项目经理部与公司之间的经济技术承包合同；

②公司与劳务承包队伍之间的承包合同；

③项目经理部与劳务承包实体之间的承包合同。

3. 工程项目成本控制的内容

（1）材料费的控制

材料费的控制按照"量价分离"的原则：一是材料用量的控制；二是材料价格控制。

①材料用量的控制

材料消耗量主要是由项目经理部的施工过程中通过"限额领料"去落实，具体有以下几个方面：

a. 定额控制

对于有消耗定额的材料，项目以消耗定额为依据，实行限额发料制度。项目各工长只能在规定限额内分期批领用，需要超过限额领用的材料，必须先查明原因，经过一定审批手续方可领料。

b. 指标控制

对于没有消耗定额的材料，则实行计划管理和按指标控制的方法。根据上期实际耗用，结合当月具体情况节约要求，制定领用材料指标，据以控制发料。超过指标的材料，必须经过一定的审批手续方可领用。

c. 计算控制

为准确核算项目实际材料成本，保证材料消耗准确，在各种材料进场时，项目材料员必须准确计量，查明是否发生损耗或短缺，如有发生，要查明原因，明确责任。在发生的过程中，要严格计量，防止多发或少发。

②材料价格的控制

材料价格主要由材料采购部门在采购中加以控制。由于材料价格是由买价、运杂费、运输费中的合同损失等所组成的，因此在控制材料价格时，须从以下几个方面进行：

a. 买价控制

买价的变动主要是由市场因素引起的，但在内部控制方面，应事先对供应商进行考察，建立合格供应商名册。采取材料时，必须在合格供应商名册中选定供应商名册。采购材料时，必须在合格供应商名册中选定供应商，实行货比三家，在保质保量的前提下，争取最低买价。同时实行项目监督，项目对材料部门采购的物资有权过问询价，对买价过高的物资，可以根据双方签订的横向合同处理。此外，材料部门对各个项目所需的物资可以分类批量采购，以降低买价。

b. 运费控制

合理组织材料运输，就近购买材料，先用最经济的运输方法，借以降低成本。为此，材料采购部门要求供应商按规定的条件和指定的地点交货，供应单位如降低包装质量，则按质论价付款；因变更指定交货地点所增加的费用均由供应商自付。

c. 损耗控制

要求项目现场材料验收人员及时严格验收手续，准确计量，以防止将损耗或短缺计入材料成本。

（2）人工费的控制

按照内部施工图预算，钢筋翻样单或模板量计算出定额人工工日，并将安全生产、文明施工及零星用工按定额工日的一定比例一次性包干给劳务承包队伍，达到控制人工开支的目的。

（3）机械费的控制

机械费用主要由台班数量和台班单价两方面决定，为有效控制台班费支出，主要从以下几个方面控制：

①指导项目合理安排施工生产，督促项目加强设备租赁计划管理，减少因安排不当引起的设备闲置。

②协助项目加强机械设备的调度工作，尽量避免窝工，提高现场设备利用率。

③监督项目强强现场设备的维修保养，避免因不正当使用造成机械设备的停置。

④协助项目做好上机人员与辅助生产人员的协调与配合，提高机械台班产量。

（4）管理费的控制

管理费在项目成本中有一定比例，由于没有定额，所以在控制与核算上都较难把握，项目在使用和开支时弹性较大，主要采取以下控制措施：

①根据各工程项目的具体情况及项目经理自身的管理能力、水平、思想素质等，分别赋予不同的管理费开支权限。

②制定项目管理费开支指标。项目经理在规定的开支范围内有权支配，超计划使用则需经过一定审批手续。

③及时反映，经常检查。企业委托财务部门对制定的项目管理费开支标准执行情况逐月检查，发现问题及时反映，找出原因，制定纠正措施。

4. 施工项目成本控制的实施

施工项目的成本主要是在施工过程中形成的，其成本费用支出主要发生在施工项目的各职能部门的业务活动中，发生在施工队、生产班组进行的分部分项工程施工中，因而施工项目成本控制的实施要要是指在项目的施工过程中，以各职能部门、施工队、生产班组为成本控制对象，以分部分项工程为成本控制对象，在对外经济业务时，以经济合同为成本控制对象，所进行落实成本控制责任制，执行成本控制计划并随时进行检查、考核、分析等一系列成本控制活动。

施工项目成本控制责任制的主要内容如下：

（1）项目经理

①项目成本控制的责任中心，全面负责项目成本控制工作；

②负责成本预测、决策工作，主持制订、审核项目目标成本、成本计划和降低成本技术组织措施计划；

③建立项目成本控制责任体系，与各职能部门（人员）班组签订成本承包责任状，并监督执行情况。

（2）预算部门

①预测项目成本，编制项目成本计划；

②会同财会部门进行成本计划的综合平衡；

③编制施工图预算、施工预算、提供各单位工程，分部分项工程、各成本项目的预算成本资料；

④监督对外经济合同履约情况收集变更资料；

⑤负责外包工作对外结算工作，控制费用支出；

⑥编制预算时要充分考虑可能发生的成本费用，不要漏项。对预算中"缺口"项目，不要估计偏低，以保证工程收入发生工程变更，及时办理增减账，以通过工程款结算向甲方取得补偿。

（3）技术部门

①在审查各级部门所提技术组织措施的基础上，汇总编制项目的技术组织措施计划；

②提出有效的技术节约、降低成本措施，负责落实，提供技术节约报表；

③制定经济合理的施工组织设计；

④认真会审图纸，提出便于施工、降低成本的修改意见；

⑤制订并贯彻降低成本的技术组织措施，提高经济效益。

（4）工程部门

①合理规划施工现场布置、减少二次搬运、运输费等支出；

②保证工程质量，降低质量根本，避免返工损失；

③严格施工安全控制，确保安全生产，减少事故损失；

④组织均衡生产，搞好现场调度和协作配合，注意收尾工程；

⑤及时办理工程签证。

（5）材料部门

①编制降低材料成本措施计划；

②控制材料采购成本，合理安排储备，降低材料管理损耗，减少资金占用；

③严格执行进料验收、限额发料、周转材料、回收利用制度；

④负责材料台账启记录，提供材料耗用报表，考核材料实际消耗。

（6）动力部门

①编制机械台班使用计划和降低机械使用费措施计划；

②提供各类机械台班实际使用资料，合理使用、节约台班费用；

③加强机械设备管理、保养、维修，提供完好率、使用率；

④控制外租机械租赁的费用。

（7）质安部门

①编制质量成本计划，进行全面质量成本控制；

②合理精简项目管理人员、服务人员，节约工资性支出；

③执行费用开支标准和有关财务制度，控制非生产性开支；

④管好行政办公用财产物资，防止损坏和流失。

（8）财务部门

①编制项目管理费用计划和成本降低计划；

②建立月度财务收支计划制度，根据施工需要，平衡调度资金，控制资金使用；

③按照成本开支范围，费用开支标准、有关财务制度，严格审核各项成本费用，控制成本支出；

④对成本进行分部分项、分阶段和月度的考核分析，发现问题及时反馈；

⑤及时核算实际成本，编制成本报表。

（二）施工项目成本控制程序

1.确定项目目标（责任）成本

施工企业承揽的工程项目，一般都要成立项目部。由项目经理与上级领导签订责任书，明确自己在工程施工过程中承担的责任，同时确定目标（责任）成本。

2.编制项目内控成本计划

根据目标（责任）成本，首先根据施工图纸计算实际工程量，由项目经理及其他项目组管理人员根据施工方案和分包合同，确定计划支出的人工费、实际需要的机械费；其次，根据定额材料消耗量，确定材料费，一般应有 3 ~ 5% 的降低率；根据项目责任合同确定项目现场经费。以上费用综合即为初步确定的项目内控成本计划。计算出的内控成本，必须确保项目责任成本降低率的完成。如果达不到降低率的要求，应通过加快工具周转、缩短工期、采用新技术、新工艺等办法予以解决。通过价值工程的方法，在保证质量和安全的前提下，将不同工期条件与项目固定成本进行对比，解决成本与工期之间的和谐性。项目内控成本的制定，必须附有明确、具体的成本降低措施。

3.落实责任、实施项目成本的过程控制

成本控制要做到全员参与，树立全员经济意识。一是内控成本编制完成后，应在项目部内部层层分解责任成本，层层签订责任书。明确好项目部内各个成员的责任，谁负责、谁负担。提高项目部内成员的责任意识，可将责任书贴在墙上，时刻提醒项目部内成员。二是由各岗位责任人员对每个环节、每道工序实施全过程控制。在项目经理部建立"QC"小组，对成本支出构成比重大的和可控成本进行重点分析、监督，落实控制措施；对重点材料采用竞标的办法，对能自定的材料、物资和大宗物品采用招投标办法，在保证质量的前提下，降低采购成本；科学施工，避免浪费。做到科学配料、科学拌和，不出废料及不合格产品。施工中讲求质量，避免问题和浪费的产生；控制非生产费用和综合支出。减少非生产支出，控制不合理综合费用的发生，对能避免发生的费用要严格控制，从根本上杜绝。

4.项目成本核算

项目成本核算方法一般有表格核算法和会计核算法。前者是各要素部门和核算单位定期采集信息，填制相应的表格，并通过一系列的表格，形成项目成本核算体系；后者是建立在会计核算的基础上，利用会计核算所独有的借贷记账法，按项目成本内容和收支范围，组织项目成本核算的方法。项目成本核算在满足基本会计核算要求的同时，更注重责任成本的核算。要求正确区分相关部门（岗位）的责任成本与非责任成本，并建立内部模拟要

素市场，实行内部有偿结算。

（1）人工费的核算

项目会计根据工资（奖金）发放表、内部结算票据和项目劳资员提供的"单位工程用工汇总表"，据以编制"工资分配表"，进行分部分项的生产人员工资分配；工资附加费可以采取比例分配法；劳动保护费可按标准直接进入人工费核销。分包劳务成本一般由分包单位按合同内容编制结算单，经项目施工员、预算员及项目经理审签后，再按各公司规定程序报公司批准后进行核算。对跨期完工的项目，可先进行劳务分包成本预估，经项目部审核后计入项目成本，决算时冲回。

（2）材料费的核算

材料费是指在施工过程中耗用的构成工程实体的费用，主要包括：主要材料、结构件、其他材料、周转材料摊销、租费和运输费等。材料费核算必须建立健全严格的材料收、发、领、存、退制度，每月定期盘点一次库存，保证成本的准确性和真实性。

（3）机械使用费的核算

自有机械或运输设备进行机械作业所发生的各项费用，由项目部根据实际使用情况直接计入成本。公司内部设备租赁费，按公司转入并由项目相关人员确认的结算单入账。对外租赁的机械费，采取平时按台班及租赁合同预估，结算调整的方式按月进行核算。

（4）其他直接费和间接费用的核算

其他直接费在发生时直接计入成本。间接费用由项目会计按规定的核算标准和费用划分标准进行成本核算。费用划分标准是：建筑工程以直接费为标准，安装工程以人工费为标准，产品（劳务、作业）的分配以直接费或人工费为标准。

5.项目成本分析

首先进行综合分析，将工程实际成本同目标成本、内控成本进行对照检查，计算出绝对数、相对数，以反映成本目标总的完成情况。其次进行成本项目分析，即按施工成本费用构成项目进行分析比较，反映各成本项目降低情况，分析积极、消极因素，促进消极向积极转化。

（1）人工费分析

将项目中的人工费的实际成本同预算成本相比较，再参照劳资部门的有关劳动工资方面的统计资料，找出人工费超支因素及其原因。

（2）材料费分析

常用的方法为因素分析法（具体公式略），分析重要材料物资因用量、单价变化对材料费的影响。另外，材料费分析还应有材料定额变动的分析、废旧料利用情况的分析、施工工艺变动对材料费影响的分析，等等。

（3）机械使用费分析

将施工机械使用费的内控计划数与实际数相对比，然后进行价格、数量分析，找出施工企业自有及租赁机械使用上的节约或浪费。

6. 项目成本考核及奖惩兑现

在工程项目内控成本管理的过程中或结束后，定期或按时根据项目内控成本管理情况，给予责任者相应的奖励或惩罚。只有奖罚分明，才能有效调动每一位员工完成内控成本的积极性，为降低施工项目成本、增加企业积累，做出自己的贡献。

（三）工程项目成本控制条例

1. 总则

第一条 目的

了增强工程项目的成本控制力度，降低成本费用，提高市场竞争力，根据国家有关政策法规，结合公司具体情况，特制订本制度。

第二条 要求

工程项目的成本管理应"以保证质量为前提，以过程控制为环节，以规范操作为手段，以提高经济效益为目的"。

第三条 主要任务

建立成本的事前预测、优化；事中动态控制；事后分析、评价的动态循环系统，落实部门职责和岗位责任制，形成系统内各环节有效实施成本管理的体系，以努力降低成本，提高经济效益。

第四条 适用范围

本制度适用于城区房地产公司所有工程项目。

2. 前期环节的成本控制

第五条 事业发展中心进行市场调研，对市场走势做出分析、判断，及时提供、反馈给公司管理层作为决策参考。

第六条 新项目立项时向公司提交详细的《可行性研究报告》，并经公司立项听证会讨论通过。

第七条 若项目立项后，合作条件或招标、拍卖条件等关键因素发生变化，并将对我方构成重大不利影响时，应重新立项。

第八条 招标或拍卖项目的竞价不得突破内定的最高限价，合作建房项目要充分考虑地价款的支付方式及相应的资金成本。

3. 规划设计环节的成本控制

第九条 总体规划设计方案，必须包括建造成本控制总体目标，首先上报总经理审查，同意后方可进入下一设计阶段（如初步设计、扩初设计、施工图设计）。每一阶段都必须要求设计单位出具《设计概（预）算》，并与上一阶段的概（预）算进行认真分析比较，编出项目的《建造成本概（预）算》，确定各成本单项的控制目标，以此控制下一阶段的设计。

第十条　施工图设计合同应具备有关钢筋、混凝土等建材用量的要求，并写明由设计单位出《设计概算》。

第十一条　设计单位在设计时，若无特殊技术，不得指定施工或材料供应单位。

第十二条　每个项目要成立设计、工程、项目经理部、成本合约部共同组成的造价联合小组，对施工图的技术性、安全性、周密性、经济性（包括建成后的物业管理成本）等进行会审，提出明确的书面审查意见，并督促设计单位进行修正，避免或减少由于设计不合理甚至失误所造成的投资损失。

4. 施工招标环节的成本控制

第十三条　施工单位的选择参照《对外业务分包管理制度》和《招投标管理制度》。

（1）施工单位招标时，同等条件下，应尽量选择企业类别或工程类别高而收费较低的单位。

（2）零星工程应当在两个以上的施工单位中，综合考察其技术力量、报价等，进行择优选择。

（3）垄断性的工程项目（如水、电、气等）应尽力进行公关协调，最大程度降低造价。

第十四条　出包工程应严禁擅自转包。

5. 施工过程的成本控制

第十五条　现场签证

（1）现场签证要反复对照合同及有关文件规定慎重处理。

（2）现场签证必须列清事由、工程实物量及其价值量，并由项目执行经理和预算人员以及现场监理人员共同签名。项目经理必须对工程量、单价、用工量负责把关。

（3）现场签证按《工程签证管理制度》执行。签证内容、原因、工程量必须清楚明了，涂改后的签证及复印件不得作为结算依据。项目部指定人员监管变更洽商的收集留存，并于每月及时报给成本合约部及成本管理中心，成本合约部建立变更洽商台账一览表，以保证资料的完整齐全。

（4）凡实行造价大包干的工程项目，取费系数中已计取预算包干费或不可预见费的工程项目，在施工过程中不得办理任何签证。

（5）需要变更设计的，应填写《设计变更审批表》并编制预算，经设计、监理和甲方有关负责人批准后，方可办理，办理过程中必须对照有关施工或售楼合同，明确经济责任，杜绝盲目签证。

第十六条　工程质量与监理

（1）项目监理通过招标方式择优选择具有合法资格与有效资质等级的监理单位。监理单位应与所监理工程的施工单位和供应商无利益关系。

（2）工程项目管理人员应要求监理单位密切配合，严格把关。一旦发现质量事故，必须组织有关部门详细调查、分析事故原因，提交《事故情况报告》及防止再发生事故的措施，明确事故责任并督促责任单位，按照公司认可的书面处理方案予以落实。事故报告与处理方案应一并存档备案。

（3）应特别重视隐蔽工程的监理和验收。隐蔽工程的验收，必须由工程项目管理人员联合施工单位、质检部门共同参加并办理书面手续。凡未经验收的隐蔽工程，施工单位不得进入下道工序施工。隐蔽工程验收记录按顺序进行整理，存入工程技术档案。

第十七条　工程进度款

（1）原则上不向施工单位支付备料款。确需支付者，应不超过工程造价的15%，并在工程进度款支付到工程造价50%时开始抵扣预付备料款。

（2）工程进度款的拨付应当按下列程序办理

①施工单位按月报送《施工进度计划》和《工程进度完成月报表》。

②项目部、工程部会同监理人员，对照施工合同及进度计划，审核工程进度内容和完工部位（主体结构及隐蔽工程部分须提供照片）、工程质量证明等资料。

③成本合约部对上报的工程进度款中的已完工程量和造价进行审核，通过后交成本管理中心复核。

④按公司有关资金支出审批制度的规定程序，予以付款并登记台账。

⑤工程进度款支付达到工程造价的80%时，原则上应停止付款，预留至少15%的工程尾款和5%的保修款（具体比例参照合同约定），以便掌握最终结算主动权。

6. 工程材料及设备管理

第十八条　开工前，项目经理部应及时列出所需材料及设备清单，一般按照下列原则决定甲供、甲定乙供和乙供，并在工程施工承包合同中加以明确。

（1）甲方能找到一级建材市场的、有特殊质量要求和价格浮动范围较大的材料和设备，应实行甲供或甲定乙供，其余材料和设备实行乙供。

（2）实行甲供或甲定乙供的材料和设备应尽量不支付采购保管费。

第十九条　应按工程实际进度合理安排采购数量和具体进货时间，防止积压或出现窝工现象。

第二十条　甲供材料、设备的采购必须进行广泛询价，货比三家，也可在主要设备和大宗建材采购上采用招标的方式。在质量、价格、供货时间均能满足要求的前提下，应比照下列条件择优确定供货单位。

（1）能够实行赊销或定金较低的供货商。

（2）愿意以房屋抵材料款，且接受正常楼价的供货商。

（3）能够到现场安装，接受验收合格后再付款的供货商。

（4）售后服务和信誉良好的供货商。

第二十一条　项目经理部对到货的甲供材料和设备的数量、质量及规格，要当场检查验收并出具检验报告，办理验收手续，妥善保管。对不符合要求的，应及时退货并通知财务管理部拒绝付款。

第二十二条　《采购合同》中必须载明：因供货商供货不及时或质量、数量等问题对工程进度、工程质量产生影响和损失的，供货商必须承担索赔责任。

第二十三条　由材料设备部负责建立健全材料的询价、定价、签约、进货和验收保管相分离的内部牵制制度，保证材料采购过程的公正、公开。

第二十四条　对于乙供材料和设备，我方必须按认定的质量及选型，在预算人员控制的价格上限范围内抽取样板，进行封样，并尽量采取我方限价的措施（参照《乙供材料设备限价管理制度》）。同时在设备和材料进场时应要求出具检验合格证。

第二十五条　甲供材料、设备的结算必须凭供货合同、供货厂家或商检部门的检验合格证、我方的验收检验证明、结算清单，经财务管理中心审核无误后，方能办理结算。

7. 竣工交付环节的成本控制

第二十六条　单项工程和项目竣工应经过自检、复查、验收三个环节才能移交。

第二十七条　项目经理部、设计管理部、工程管理部、成本合约部、物业必须参加工程结构验收、装修验收及总体验收等，《移交证明书》应由施工单位、监理单位和物业公司同时签署。

第二十八条　凡有影响使用功能，安全上不合格的结构、安装、装饰部位和设备、设施，均应限期整改直到复验合格。因施工单位原因延误工程移交，给我方造成经济损失的，要按合同条款追究其责任。

第二十九条　工程移交后，应按施工合同有关条款和物业管理规定及时与施工单位签订《保修协议书》，以明确施工单位的保修范围、保修责任（包括验收后出现的质量问题的保修责任约定）及处罚措施等。

第三十条　采取一次性扣留保修金、自行保修的，应对保修事项及其费用有充分的预计，留足保修费用。

8. 工程结算管理

第三十一条　工程结算要以甲方掌握的设计变更和现场签证为准，对于施工单位提供的设计变更和现场签证，在复核无误的基础上也可作为参考。

第三十二条　成本合约部应详细核对工程量，审定价格、取费标准，计算工程总造价，做到资料完整、有根有据、数据准确。

第三十三条　成本合约部编制的《预、结算书》，应当有各工程量的计算过程及详细的编制说明，扣清甲供材料款项等。

第三十四条　成本合约部应对主体工程成本进行跟踪分析管理，进行"三算"对比，找出工程成本超、降的因素，并提出改进措施和意见。

第三十五条　成本管理中心负责审核成本合约部的预结算书，编报预结算汇总表。在成本管理中心提供的结算资料的基础上，财务管理中心应当结合预付备料款、代垫款项费用等债权、债务，对照合同审核并决算。

第三十六条 在项目开发经营计划的基础上，应注意加快项目开发节奏，尽可能缩短项目开发经营周期，减少期间费用。应保证向客户承诺的交工日期，以避免赶工成本和延期赔偿；应尽最大努力加快销售，减少现房积压时间，降低利息费用等成本。

第三十七条 项目成本控制贯穿于工程项目的全过程，要逐项循序地进行落实，责任到人，按照制度和有关章程办理，努力抓出实效。

二、成本预测与成本控制实施

（一）详细预测法

1. 概念

详细预测方法，通常是对施工项目计划工期内影响其成本变化的各个因素进行分析，比照最近期已完工施工项目或将完工施工项目的成本（单位面积成本或单位体积成本），预测这些因素对工程成本中有关项目（成本项目）的影响程度。然后用比重法进行计算，预测出工程的单位成本或总成本。

这种方法，首先要计算最近期已完的或将近完工的类似施工项目（以下称为参照工程）的成本，包括各成本项目的数额；第二步要分析影响成本的因素，并分析预测各因素对成本有关项目的影响程度；第三步再按比重法计算，预测出目前施工项目（以下称为对象工程）的成本。

2. 预测影响工程成本的因素

在工程施工过程中，影响工程成本的主要因素可以概括为以下几方面：

（1）材料消耗定额增加或降低，这里材料包括燃料、动力等，由于采用新材料或材料代用，引起材料消耗的降低或者采用新工艺、新技术或新设备，降低了必要的工艺性损耗，以及对象工程与类似工程材料级别不同时，消耗定额和单价之差引起的综合影响等。

（2）物价上涨或下降。工程成本的变化最重要的一个影响因素是因为物价的变化。有些工程成本超支的主要原因就是由于物价大幅度上涨，实行固定总价合同的工程往往会因此而亏本。

（3）劳动力工资的增长。劳动力工资（包括奖金、附加工资等）的增长不可避免地使得工程成本增加，包括由于工期紧而增加的加班工资。

（4）劳动生产率的变化。工人素质的增强或者是采用新的工艺，提高了劳动生产率，节省了施工总工时数，从而降低了人工费用；另一方面，可能由于工程所在地地理和气候环境的影响，或施工班组工人素质与类似工程相比较低，使劳动生产率下降，从而增加了施工总工时数和人工费用。

因此，在确定影响成本因素对成本影响程度之前，首先要分析预测影响该工程的因素是哪一些。

3. 作用

这种方法更快地根据各种因素来估计项目施工成本的情况，编制正确可靠的成本计划。通过成本预测，有利于及时发现问题，找出成本管理中的薄弱环节，采取措施，控制成本。

（二）德尔菲法

1. 概念

德尔菲法是为了克服专家会议法的缺点而产生的一种专家预测方法。在预测过程中，专家彼此互不相识、互不往来，这就克服了在专家会议法中经常发生的专家们不能充分发表意见、权威人物的意见左右其他人的意见等弊病。各位专家能真正充分地发表自己的预测意见。1946 年，兰德公司首次用这种方法用来进行预测，后来该方法被迅速广泛采用。

德尔菲法依据系统的程序，采用匿名发表意见的方式，即专家之间不得互相讨论，不发生横向联系，只能与调查人员发生关系，通过多轮次调查专家对问卷所提问题的看法，经过反复征询、归纳、修改，最后汇总成专家基本一致的看法，作为预测的结果。这种方法具有广泛的代表性，较为可靠。

德尔菲法是预测活动中的一项重要工具，在实际应用中通常可以划分三个类型：经典型德尔菲法（classical）、策略型德尔菲法（policy）和决策型德尔菲法（decision Delph）。

2. 现实意义

德尔菲法作为一种主观、定性的方法，不仅可以用于预测领域，而且可以广泛应用于各种评价指标体系的建立和具体指标的确定过程。

例如，在考虑一项投资项目时，需要对该项目的市场吸引力做出评价。我们可以列出同市场吸引力有关的若干因素，包括整体市场规模、年市场增长率、历史毛利率、竞争强度、对技术要求、对能源的要求、对环境的影响等。市场吸引力的这一综合指标就等于上述因素加权求和。每一个因素在构成市场吸引力时的重要性即权重和该因素的得分，需要由管理人员的主观判断来确定。这时，我们同样可以采用德尔菲法。

3. 用途

德尔菲法主要应用于预测和评价，它既是一种预测方法，又是一种评价方法。不过经典德尔菲法德侧重点是预测，因为在进行相对重要性之类的评估时，往往也是预测性质的评估，即对未来可能事件的估计比较。具体地说，德尔菲法主要有以下五个方面的用途：

（1）对达到某一目标的条件、途径、手段及它们的相对重要程度做出估计；

（2）对未来事件实现的时间进行概率估计；

（3）对某一方案（技术、产品等）在总体方案（技术、产品等）中所占的最佳比重

做出概率估计;

（4）对研究对象的动向和在未来某个时间所能达到的状况、性能等做出估计;

（5）对方案、技术、产品等做出评价，或对若干备选方案、技术、产品评价出相对名次，选出最优者。

（三）高低点法

1. 概念

高低点法指在若干连续时期中，选择最高业务量和最低业务量两个时点的成本数据，通过计算总成本中的固定成本、变动成本和变动成本率来预测成本。

2. 原理

利用代数式 $y=a+bx$，选用一定历史资料中的最高业务量与最低业务量的总成本（或总费用）之差 $\triangle y$，与两者业务量之差 $\triangle x$ 进行对比，求出 b，然后再求出 a。

y——定期间某项成本总额

x—业务量

a—固定成本

b—变动成本

3. 计算

$b= \triangle y / \triangle x$，即

单位变动成本=（最高业务量成本—最低业务量成本）/（最高业务量—最低业务量）=高低点成本之差/高低点业务量之差

可根据公式 $y=a + bx$ 用最高业务量或最低业务量有关数据代入，求解 a。

$a=$ 最高（低）产量成本—$b\times$ 最高（低）产量

4. 优缺点

高低点法虽然具有运用简便的优点，但它仅以高低两点决定成本性态，因而带有一定的偶然性。所以这种方法通常只适用于各期成本变动趋势较稳定的情况。

（四）趋势预测法

1. 概念

趋势预测法又称趋势分析法。是指自变量为时间，因变量为时间的函数的模式。

趋势预测法的主要优点是考虑时间序列发展趋势，使预测结果能更好地符合实际。根据对准确程度要求不同，可选择一次或二次移动平均值来进行预测。首先是分别移动计算相邻数期的平均值，其次确定变动趋势和趋势平均值，最后以最近期的平均值加趋势平均值与距离预测时间的期数的乘积，即得预测值。

趋势预测法包括以下几种方法:

（1）算术平均法

①概念

算术平均法是将过去若干个按照发生时间顺序排列起来的同一变量的观测值进行加总，然后，被观测值的个数除，示出观测值的平均数，以这一平均数作为预测未来期间该变量预测值的一种趋势预测方法。

②原理

假设用下列符号表示各有关的数值：

xI 各观测值，I=1，2，…，n（在成本预测中各观测值即为各期的成本金额）；

n 观测值的个数；

x 平均数（即预测值）。

则算术平均数的计算公式如下：

$$x = \sum xI / n$$

③适用范围

这种方法虽然比较简单，但是，其所确定出的预测值，可能会出现较大的误差。只有产品的成本比较稳定的情况下，采用此法才比较适宜。

（2）加权算术平均法

①概念

利用过去若干个按照发生时间顺序排列起来的同一变量的观测值并以时间顺序数为权数，计算出观测值的加权算术平均数，以这一数字作为预测未来期间该变量预测值的一种趋势预测方法。

②原理

假设用下列符号表示各有关的数值：

xi　　　　各观测值；

wi　　　　各观测值的对应权数；

y　　　　加权算术平均数（即预测值）。

则加权算术平均数的计算公式如下：

$$y = \sum (xi * wi) / \sum wi$$

③意义

采用这种方法来确定预测值，目的是为了适当扩大近期实际成本量对未来期间成本量预测值的影响作用。

（3）简单移动平均法

①概念

将过去若干个按照发生时间顺序排列起来的同一变量的观测值中最近几期的数值进行加总，然后，被最近几期观测值的个数除，求出观测值的平均数，以这一平均数作为预测未来期间该变量预测值的一种趋势预测方法。

②原理

假设用下列符号表示各有关的数值：

t　　　　　期间数；

xi　　　　　第 t 期的观测值；

n　　　　　最近几期观测值的个数；

Mt+1　　　移动平均数（即预测值）。

则简单移动平均数的计算公式如下：

$$Mt+1=(xt+xt-1+\cdots xt-n+1)/n$$

③意义

这种方法实际上也就是用以往一段时间内的实际成本量的算术平均数，作为下期的成本量预测值。在产品的成本短期内变化不是太大的情况下，采用此法比较适宜。

（4）加权移动平均法

①概念

这是利用过去若干个按照发生时间顺序排列起来的同一变量的观测值中最近几期的数值，并以这一期间的时间顺序数为权数，计算出观测值的加权移动平均数，并以它作为预测未来期间该变量预测值的一种趋势预测方法。

②原理

假设用下列符号表示各有关的数值：

t　　　　　期间数

xi　　　　　第 t 期的观测值；

n　　　　　最近几期观测值的个数；

wi　　　　　第 t 期观测值的对应权数；

yt+1　　　加权移动平均数（即预测值）。

则加权移动平均数的计算公式如下：

$$yt+1=(xtwt+xt-1wt-1+\cdots+xt-n+1wt-n+1)/(wt+wt-1+\cdots+wt-n+1)$$

③意义

可以适当扩大近期实际成本量对未来期间成本量预测值的影响作用。

2. 主观概率法

（1）概念

主观概率法是市场趋势分析者对市场趋势分析事件发生的概率（即可能性大小）做出主观估计，或者说对事件变化动态的一种心理评价，然后计算它的平均值，以此作为市场趋势分析事件的结论的一种定性市场趋势分析方法。主观概率法一般和其他经验判断法结合运用。

主观概率是指根据市场趋势分析者的主观判断而确定的事件的可能性的大小，反映个人对某件事的信念程度。所以主观概率是对经验结果所做主观判断的度量，即可能性大小的确定，也是个人信念的度量。主观概率也必须符合概率论的基本定理：

①所确定的概率必须大于或等于0，而小于或等于1；

②经验判断所需全部事件中各个事件概率之和必须等于1。

（2）特点

主观概率是一种心理评价，判断中具有明显的主观性。对同一事件，不同人对其发生的概率判断是不同的。主观概率的测定因人而异，受人的心理影响较大，谁的判断更接近实际，主要取决于市场趋势分析者的经验，知识水平和对市场趋势分析对象的把握程度。在实际中，主观概率与客观概率的区别是相对的，因为任何主观概率总带有客观性。市场趋势分析者的经验和其他信息是市场客观情况的具体反映，因此不能把主观概率看成为纯主观的东西。另一方面，任何客观概率在测定过程中也难免带有主观因素，因为实际工作中所取得的数据资料很难达到（大数）规律的要求。所以，在现实中，既无纯客观概率，又无纯主观概率。

（3）价值

尽管主观概率法是凭主观经验估测的结果，但在市场趋势分析中它仍有一定的实用价值，它为市场趋势分析者提出明确的市场趋势分析目标，提供尽量详细的背景材料，使用简明易懂的概念和方法，以帮助市场趋势分析者判断和表达概率。同时，假定市场趋势分析期内市场供需情况比较正常，营销环境不出现重大变化，长期从事市场营销活动的人员和有关专家的经验和直觉往往还是比较可靠的。这种市场趋势分析方法简便易行，但必须防止任意、轻率地由一两个人拍脑袋估测，要加强严肃性、科学性、提倡集体的思维判断。

（五）成本控制实施

1.降低造价的原则

（1）保证工程质量，达到顾客满意。

（2）保证施工进度，确保工期目标。

（3）保证安全施工和文明生产的需要。

（4）不使用含有有害物质的材料；不使用不合格的材料。

（5）加强管理节能降耗；加强管理消除浪费。

2.降低成本的方法

（1）采用新材料、新技术；

（2）优化施工方案；

（3）科学管理、提高工效；

3.降低成本的目的

（1）提高效益；

（2）回报业主，回报社会；

（3）严格过程控制

严格执行公司《质量/环境管理体系程序文件》和《质量/环境手册》中有关的过程策划和控制程序。

①选择专业性水平高的施工员和施工队伍，严格按过程控制程序施工，消除不合格品，以避免返修、返工而造成的浪费。

②加强施工过程中的材料管理，做到运输无遗洒、工完料净、现场清洁；有依据地合理利用下方料。

③制定相应的规章制度，加强成品、半成品的保护工作，并应责任落实到人。

（4）劳动力的控制

根据工程情况编制具体的劳动力使用量计划，合理地使用劳动力。根据施工方案，精心组织施工，严格工艺流程，合理安排施工顺序，做到布局合理、重点突出、全面展开、平行作业、交叉施工，各工序应紧密衔接，避免不必要的重复工作和窝工。

（5）能源控制

编制节能降耗的技术措施，合理利用能源，消除浪费。

4.成本控制因素

工程成本有五大项组成：即人工费、材料费、机械费、其他直接费与管理费用，要想控制成本，使工程成本达到规定的降低率与降低额，必须加强科学管理，提高劳动力率，具体到每一个成本项目，应有不同的措施：

（1）人工费：精减施工管理人员，提高施工人员素质，加强对民工现场管理，合理安排工序衔接，做到均衡施工，提高劳动率，杜绝窝工，拖工期等现象。

（2）材料费：控制材料成本主要从两个方面考虑，一是价格，二是用量，价格上要货比三家，在保证质量的基础上，尽量使用价廉物美的材料，坚决制止吃回扣买高价；用量上，加强材料的科学管理，严格规范的收、发、存制度，将材料管理落实到责任人。

（3）机械使用费：加强学习，提高施工操作人员素质，努力提高机械使用率，降低机械维率。充分发挥自有机械能力，尽量减少使用外租机械化。

（4）其他直接费与管理费用，积极组织施工管理人员学习专业知识，提高施工管理人员素质低管理费用。加强科学管理，减少现场各项杂费。

（5）加强成本核算，设立专项核算员，对人工、材料、机械费用严格控制，提高管理水平。

（6）严把质量关，尽量减少返工造成不必要的浪费。

（7）合理安排工期，使之连续施工。避免因管理不善造成的误工、停工。

5.成本控制方法

（1）明确生产成本管理职责，建立健全相关预算、结算、绩效方法和制度，严格执行。

（2）减少固定成本的浪费和支出，扩大固定成本利用率，降低单位产品固定成本支出。

（3）优化生产物流流程，降低库存，减少库存成本支出。

（4）增强供应商和价格管理，减少采购成本支出。

（5）精简机构，提高运行流程收益。

（6）提高生产效率，优化生产工艺，降低单位成本支出

（7）节能减排，降低能源及环保成本消耗

6. 企业如何降低成本

（1）靠现代化的管理降低成本

要降低成本，必须抓住管理这个纲。各企业要将实行成本目标管理与经济责任制相结合，强化成本核算，在产、供、销、财务等各个环节都要加强管理，把生产成本中的原材料、辅助材料、燃料、动力、工资、制造费、行政费等项中每一项费用细化到单位产品成本中，使成本核算进车间，进班组，到人头。变成本的静态控制为动态控制，形成全员、全过程、全方位的成本控制格局，使降低成本落实到每个职工的具体行动中。在此基础上，一是要加强供应管理，控制材料成本。企业要制定采购原材料控制价格目录，实行比价采购的办法，实行货比三家、择优选购，做到同质的买低价，同价的就近买，同质同价，能用国产不用进口，以达到降低成本的目的；二是要加强物资管理，降低物化劳动消耗。物资储量和消耗量的高低，直接影响着产品成本的升降。因此，各企业要从物资消耗定额的制定到物资的发放都要实行严格的控制，对原材料等各种物资的消耗用品，要实行定额分类管理，在订货批量和库存储备等方面实行重点控制，要按照适用、及时、齐备、经济的原则下达使用计划，并与财务收支计划、订货合同相结合，纳入经济责任制考核，对影响成本的各种消耗进行系统控制和目标管理，防止各种不必要的浪费，从而达到合理储存、使用物资，降低成本，提高效益，使之既保证生产的合理需要，又减少资金占用；三是强化营销管理，降低销售成本。要把增强销售人员的法律意识与加强销售管理相结合，在每一笔销售业务发生以前，要对客户的营运状况和承付能力认真调查核准，不能贸然发货，更不能搞"感情交易""君子协议"，避免不必要的经济损失，对业务人员的工资、奖金、差旅费、补助、业务费及装卸费、短途运输费、·中转环节等费用本着既要节约，又要调动积极性的原则制定相应的管理办法，并严格考核与奖惩，对拖欠的货款，要采取经济、法律、行政的手段予以积极清收；四是要加强资金管理，控制支出节约费用。企业要建立健全财务监督体系，建立厂内银行，通过推行模拟市场核算来降低成本，控制费用来提高经济效益，避免用钱无计划、开支无标准，多头批条和资金跑冒滴漏现象严重从而造成在资金使用上不计成本的做法，严格加强对资金的控制，使全体职工感受到市场竞争的压力，变由几个算账为人人当家理财，特别要加强行政费用及一些事业性费用的核算，包括管理部门的行政、差旅费、办公费等的开支。在这方面要根据承担的工作性质不同，核算每个人头的费用基数进行控制考核，每只铅笔、每张稿纸都必须从承包额中列支。

（2）靠技术改造降低成本

近年来，原材料价格上升、能源提价对成本的上升影响很大。如何在这些不利因素存在的情况下降低成本、提高效益？企业必须树立技术改造是降低成本重要途径的观念，通过技术改造，采用新技术、新工艺、新材料，提高产品技术含量，开辟降低生产成本的途径。一是要特别注重工艺技术改革，积极采取新技术、新工艺节能降耗，从根本上减少原材料的消耗，在达到产品质量目标的同时，保证成本控制目标的实现；二是在实施技改项目建设中应注意降低项目建设成本，注重以较少的投入求得较多的回报。一方面要采取短、平、快的技改方式；另一方面要采取超常规的基建和技改管理，上项目时机要选准，立项要准确，实施要快速，在保证质量的前提下，千方百计加快技改工程进度，降低项目建设成本，争取早日投资回报。

（3）靠深化改革降低成本

深化企业改革，不断激发职工的劳动热情，提高职工素质，建立适应市场经济的精干高效的运行机制，也是降低成本的重要一环。各企业要把深化改革作为降本增效的重要工作。首先，要改革人事制度，打破干部和工人的界限，体现"肯干、能干、干好"的用人原则，实行招聘与聘任制相结合的人事制度，优化劳动组合，竞争上岗，优胜劣汰，做到"能者上、庸者让、差者下"，从而调动干部职工的积极性，提高劳动生产率，增强企业干部职工的工作责任感和危机感，发动全体干部职工投入到降本增效的工作中去。其次，在科学测定确保最佳成本目标所必需的劳动量的基础上，相应改善劳动组织，核定劳动定员，改革内部分配制度，减少因非生产性人员过多和窝工、怠工、劳动量不足造成的消耗。各企业内部可根据各科室、车间的工作性质、工艺复杂状况、劳动强度、工作环境等因素，分别采取相应的分配形式，做到向苦、脏、累、险和高技能岗位倾斜，进而激发职工的劳动热情，增加有效劳动时间，降低单位产品的劳动消耗量和工资成本，按生产经营实体需要，对职能科室进行精简合并，本着精干、高效的原则配备管理人员，改变人浮于事的局面，达到降本增效的目的。

（4）靠过硬的质量降低成本

产品的质量与产品成本之间有着极为密切的关系。在竞争异常激烈的情况下，谁的产品质量高，谁就有竞争力，产品就有市场，就不会占用过多的资金；产品质量高，不出或少出次品，可以直接降低生产成本；产品质量高，就可以按优质优价原则，以较高价格出售，相对降低成本在销售收入中的比重；产品质量高，可以赢得更多的用户，直接增加销售量，降低销售成本；产品质量高，实际上也就节约了能源、原材料；产品质量高，就可以节省劳动力与管理费用，这样无疑会降低成本。因此，企业要十分注重提高产品质量，千方百计严把产品质量关。

一是要强化对质量管理的领导，企业厂长（经理）要亲自抓质量，形成质量管理网络，每天反馈质量信息，进行质量分析、控制质量成本；二是要有严格的工艺技术标准，对影响产品质量的供、产、销等各个环节实行系统的质量管理，做到不符合质量要求的原材料不采购进厂，不符合质量要求的半成品不流入下道工序，不合格的产品不出厂；三是要充实质量管理力量，完善质量管理制度，建立专职检测队伍，制订自检、互检和专检相结合的质量检测制度和标准，严把产品质量关，同时将质量管理纳入经济责任制考核，推行优质优价优工资、劣质废品惩工资的分配原则，对因各种原因影响产品质量的人或事要给予严肃惩处，以此增强企业上下的质量意识、提高产品质量；四是开展群众性的质量管理小组活动，有计划有组织地进行质量攻关。对影响产品质量，一时又难以搞清的质量问题，作为 QC 小组的攻关课题落实到车间、班组，开展群众性的 QC 小组攻关活动，使群众性的 QC 小组活动在有组织领导、有活动课题、有计划安排、有检查落实的受控状态下进行，从而提高产品质量。

（5）靠优化结构降低成本

一是优化产品结构。一个企业的产品是否受市场欢迎，能否在市场中占有一定的份额，是降低成本的基础前提。如果一个企业的产品销售不出去，造成积压，根本谈不上降低成本。只有产品品种多，产品结构合理，才能满足不同层次消费者的需要，才有稳定的市场，才可以减少库存和产品资金占用，加快资金周转，只有产品结构合理，才能加速产品扩散，实行多角化经营，加快市场渗透，提高市场的相对占有率，从而达到降低成本的目的。所以各企业在生产经营中必须认识到自己的不足，认真分析、审时度势，及时改变生产经营战略，对市场形势不好，积压占用成品资金多的产品进行限产和转产，对选择的主导产品要通过采用先进技术，提高生产的机械化、自动化水平，强化生产指挥调度等一系列措施提高产量，以降低产品成本中所含的折旧、利息等固定费用。同时还必须不断创新、优化产品结构，采取"你无我有、你有我多、你多我精、你精我转"的策略，增加花色品种，开发新产品，追踪世界发展潮流，结合不同地区、不同层次消费者的需要，形成不同的产品结构，使产品市场逐步扩大。

二是优化资本结构。在激烈竞争的市场形势下，企业要不断发展，以此来增强参与市场竞争、抗衡市场风险的能力，但是要发展就要靠大的投入，而且在目前整个市场低迷的情况下，大的投入必然给企业背上沉重的包袱。为此，各企业要通过兼并、租赁等多种形式，加大资产的流动和重组，优化资本结构，实现资本的扩张，以此来扩大生产规模、降低成本，提高市场占有率和竞争力，达到降本增产，增销增利的良好效果。就要靠大的投入，而且在目前整个市场低迷的情况下，大的投入必然给企业背上沉重的包袱。为此，各企业要通过兼并、租赁等多种形式，加大资产的流动和重组，优化资本结构，实现资本的扩张，以此来扩大生产规模、降低成本，提高市场占有率和竞争力，达到降本增产，增销增利的良好效果。

（六）成本控制实施细则

1. 一般规定

第一条 为了加强成本管理，降低消耗，增加企业经济效益，提升市场竞争力，特制定本细则。

第二条 项目成本控制包括成本预测、计划、实施、核算、分析、监督、考核、整理成本资料与编制成本报告。

第三条 项目经理部应对施工过程发生的、在项目经理部管理职责权限内能控制的各种消耗和费用进行成本控制。项目经理部承担的成本责任与风险应在"项目管理目标责任书"中明确。目标成本在"项目管理目标责任书"中处于核心地位，该项指标在项目管理目标责任考核中未能完成的，行使"一票否决"。

第四条 公司应建立和完善项目管理层作为成本控制中心的功能和机制，并为项目成本控制创造优化配置生产要素，实施动态管理的环境和条件。

第五条 项目经理部应建立以项目经理为中心的成本控制体系，按内部各岗位和作业层进行成本目标分解，明确各管理人员和作业层的成本责任、权限及相互关系。项目经理是项目成本控制的第一责任人。

2. 成本计划

第六条 项目经理部应按照实事求是、适当先进、一贯配比原则编制成本计划。

第七条 项目中标后，投标人员应与计划成本分析领导小组、项目管理人员进行相互交底。同时项目管理人员要对标书进行认真评估，掌握本项目整体盈亏情况，确定项目的主要盈利点和亏损点，为项目经理部进行科学安排施组、优化施工工艺、管理创新、有针对性地进行二次经营、资源控制、风险锁定与转移等项工作的开展奠定坚实基础。

第八条 项目经理部在进场前必须认真细致地做好施工调查，对当地劳动力价格、材料价格、设备租赁价格、沿线施工环境、社会施工力量分布等进行详细调查。

第九条 项目经理部在标书分析、施工调查和施工图认真研究的前提下，必须对施工组织进行科学的分析，弄清主次矛盾，找出关键，制定最经济合理的施组方案。这个方案必须合理安排各种资源的投入顺序、数量、比例，进行科学的工程排队，组织平行交叉流水作业，均衡生产，充分提高对时间、空间、各种资源的利用，使其达到保证工程安全质量、加快施工速度、缩短工期取得全面经济效益的企业理想目标。项目部制定的施工方案应形成文字性材料，并报上一级工程专家委员会审核后实施。

第十条 项目经理部管理层应在标书分析、施工调查、实施性施组方案和招标文件中的工程量清单基础上，结合企业的内部定额，确定该项目的目标成本。当项目某些环节或分部分项工程施工条件尚不明确时，可按照本企业类似工程施工经验或招标文件所提供的计量依据计算出目标成本。项目目标成本必须在工程开工前编制完成。

第十一条 项目目标成本编制完成再经上级项目管理部门审核通过后，以此为基础，公司管理层应与项目经理部管理层签订"项目管理目标责任书"，作为对其进行监督、考核的主要依据之一。

第十二条 项目经理部根据确定的目标成本应按工程特点分项分部进行成本分解，为其工程成本核算、监督、考核提供依据；同时还应按成本项目进行分解，确定项目的人工费、材料费、机械台班费、其他直接费和间接费的构成，为施工生产要素的成本核算、监督、考核提供依据。

第十三条 项目经理部应编制"目标成本控制措施表"，并将各分项分部工程成本控制目标、重点和要求及各成本要素的控制目标、重点和要求，落实到成本控制的责任者，并在表中明确对成本控制措施、方法和时间应进行检查，使其根据形势的发展不断修正、完善。

3. 成本控制

第十四条 项目经理部应坚持按照增收节支、全面控制、责权利相结合的原则，用目标管理方法对实际施工成本的发生过程进行有效控制。

第十五条 项目经理部应根据成本控制目标要求，通过生产要素的优化配置、合理使用、动态管理，有效控制实际成本。应加强现场管理，避免因施工计划不周和盲目调度造成窝工损失、机械利用率降低等而使施工成本增加。

第十六条 项目经理部应加强施工定额管理，现场工、料、机消耗及以费率取费的各项费用均不得超出内部定额。

第十七条 项目经理部应加强施工任务单管理，应切实贯彻灵活、机动的人力资源政策，合理用工，控制人工费的消耗。

第十八条 项目经理部应加强材料费用的控制，尤其是钢材、水泥等主材和大堆料的管理与使用，避免浪费、使项目效益大量流失的情况发生。材料采购应严格按计划进行，防止积压，形成毁损；大宗物资应采用招标办法进行采购，过程应公开透明；应健全材料管理制度，加强计量检验和定期盘点工作；应抓好材料修旧利废、节约代用和回收利用工作；材料人员的经济利益应与项目经理部使用物资的质量、单价及管理情况挂钩，条件允许的项目应建立内部索赔制度。

第十九条 项目经理部应加强机械费用的控制。应合理配备主辅施工机械，明确划分使用范围和作业任务，提高其利用率和使用效率；应加强机械设备的维修、保管；应合理确定机械设备的进场和退场时间；要加强机械设备的台班计量管理，要防止超计量的可能，机械费用的支付应与实际完成的工程数量挂钩。

第二十条 项目经理部应对间接费用严格控制。在执行国家及上级部门的财经法规、制度的前提下，对管理层各职能部门实行责任费用考核；对办公费、差旅费、招待费的支付应按公司内部规定严格执行。

第二十一条 项目经理部在成本控制过程当中应当加强项目风险管理。要对各种自然风险、价格风险、技术风险、工期风险、安全风险、质量风险、社会风险、国际风险、内部决策与管理风险等进行预测、辨识、分析、判断、评估，并采取相应对策，如风险回避、控制、分隔、分散、转移、自留及利用等活动，要使项目实际成本始终处于可控范围之内；

项目经理部必须建立风险管理制度和方法体系。特别是加强对材料价格、工期、质量的风险控制。

第二十二条 项目经理部必须加强安全控制，必须坚持"安全第一，预防为主"的方针，减少、消除由于安全事故导致项目成本加大情况发生。

第二十三条 项目经理部必须加强质量管理，必须坚持"质量第一，预防为主"的方针和"计划、执行、检查、处理"循环工作方法，不断改进过程控制，严格按施工规范文明施工，提高工程质量一次验收合格率，减少、消除由于工程项目质量达不到设计要求而增加的返工损失。

第二十四条 项目经理部应加强对分包成本的管理。要选用信誉好、实力强、工程质量高的协作队伍；分包合同的签订必须在分包工程开工前完成，各项条款严密，工程细目、单价、数量要量化准确，计量原则与拨款方式要明确；加强分包合同履约的过程控制，动态监控，减少、转移、回避风险；加强对分包方材料发放控制；加强对分包方验工计价管理，当月已完工程符合质量要求的才予计量。

第二十五条 项目经理部应加强施工合同管理和施工索赔管理，正确运用施工合同条件和有关法规，及时进行索赔。

4. 成本核算

第二十六条 项目经理部进行成本核算时应坚持权责发生制、实质重于形式、配比性、重要性、一贯性的原则。

第二十七条 项目经理部应根据财务制度和会计制度的有关规定，在企业职能部门的指导下建立成本核算制，明确项目成本核算的原则、范围、程序、对象、方法、内容、责任及要求，并设置核算台账，记录原始数据。

第二十八条 施工过程中项目成本核算，项目部宜以每月为一核算期，在月末进行；作业层根据分项分部工程特点，尽量缩短核算周期（每日、每循环）。

第二十九条 核算对象应按分项或分部工程划分，并与施工项目管理责任目标成本界定范围相一致。

第三十条 项目成本核算应坚持工程部门工程量统计、验工部门价值量计算与财务部门实际成本归集"三同步"的原则，三部门核算期内应及时沟通交流情况。财务部门应按分项或分部工程设置工程数量、计量价值等管理台账，完善内控制度。

第三十一条 项目经理部应在成本核算的基础上，编制月度项目成本报告。

第三十二条 项目经理与成本核算负责人应对核算信息的真实性负责，对提供虚假信息的将追究其的经济、行政乃至法律责任。

5. 成本分析

第三十三条 项目经理部进行成本分析应坚持客观性、重要性、及时性、相关性、一贯性、明晰性的原则。

第三十四条　项目经理部在成本核算的基础上每核算期内应进行成本分析，并将分析结果形成文件，为成本偏差的纠正与预防、成本控制方法的改进、制定降低成本措施、改进成本控制体系、变更索赔工作的开展、企业以后相似项目的经营投标等提供依据。

第三十五条　项目经理部应在每核算期分项分部成本的累计偏差和相应目标成本余额的基础上，预测分析后期成本的变化趋势和状况；根据偏差原因制定改善成本控制的措施，控制下月施工任务的成本。

第三十六条　项目经理部应将成本核算、分析、预测信息在全体员工中进行沟通，增强全员成本意识，使全体员工明确各自在成本控制过程中的地位和作用，并群策群力寻求改善成本的对策与途径。

第三十七条　项目经理部（指挥部）应将成本分析报告、预测报告随核算报告一同按季度报送公司财会部。

第三十八条　项目经理部进行成本分析可采用下列方法：

（1）按照量价分离的原则，用对比分析影响成本节超的主要因素。包括：实际工程量与预算工程量的对比分析，实际消耗量与计划消耗量的对比分析，实际采用价格与计划价格的对比分析，各种费用实际发生额与计划支出额的对比分析。

（2）在确定施工项目成本各因素对计划成本影响时，可采用连环替代法或差额计算法进行成本分析。

6.成本监督与考核

第三十九条　项目经理部进行成本监督与考核应坚持奖罚分明、奖惩兑现的原则。

第四十条　项目成本监督、考核应分层进行：公司对项目经理部的成本管理进行监督与考核；项目经理部对项目内部各岗位及作业层成本管理进行监督与考核。

第四十一条　项目成本监督、考核内容应包括：目标成本完成情况监督、考核，成本管理工作业绩监督、考核。

第四十二条　项目成本监督、考核的时间应采取定期与不定期方法相结合。

第四十三条　项目成本监督、考核应按照下列要求进行：

（1）公司对项目经理部进行监督考核时，应以"项目管理目标责任书"确定的责任目标成本为依据。考核主体为公司项目主管部门，相关部门配合。

（2）项目经理部应以控制过程的监督考核为重点，控制过程的考核应与竣工考核相结合。

（3）各级成本监督考核应与进度、质量、安全等指标的完成情况相联系。

（4）项目成本监督考核的结果应形成文件，为奖罚责任人提供依据。

（5）公司、项目经理部根据有关制度、合同规定，对监督考核结果必须奖惩兑现，赏罚分明。

第四十四条　对项目经理部的成本监督应实行预警报告制度，亏损额达核算期内目标

5% 及以上的项目，应把原因分析向集团公司工程管理中心报备。

第四十五条 公司对各子分公司项目经理部成本管理的监督检查职责如下：

（1）公司应对各子分公司项目经理部成本管理情况定期不定期的进行监督检查，检查依据为《成本管理实施细则》《资金管理实施细则》等有关规定，每次检查后都应有检查工作底稿，对发现的问题有书面整改建议，事后有督促、有回访、有记录。公司应对各子分公司项目经理部建立健全风险预警机制，当发现重大、异常问题和不良趋势时应及时向该项目部的子分公司主要领导通报，同时向公司报告，并采取相应手段促使该项目部限期改正。

监督检查的主要内容：各子分公司材料采购价格是否合理；分包合同是否及时签订，履行是否严格；分包单价是否合理；验工计价程序是否合规，工程数量是否符合实际情况；资金管理是否严格，有无超拨情况，债权债务是否及时清理，民工工资是否及时发放；间接费用的支付是否合法合规；工程质量、安全是否平稳可靠；施组是否科学、现场管理是否规范；工期能否保证；责任成本管理体系是否建立并有效执行。

（2）公司应对所属子分公司项目部的成本控制承担监管责任，由于公司指挥部监管缺位、监管不力子分公司项目经理部亏损的，公司对指挥部考核时，将视各子、分公司项目部亏损情况，扣减公司指挥部领导班子承包兑现奖，并按一定比例扣减指挥部经费计划。

（3）各子分公司项目经理部每个季度末应将详细的财务决算上报集团公司项目经理部。

三、成本核算管理方法

（一）总则

第一条 为加强成本核算及管理工作，规范成本预算、控制、核算、分析等行为，保证成本准确核算、有效控制，现根据国家有关法律法规、企业内部控制制度要求，结合公司成本管理工作流程，制定本办法。

第二条 本办法所称成本是指可归属于产品成本、劳务成本的直接材料、直接人工和其他直接费用。本办法适用公司下属各车间及部门的成本核算及管理工作。

第三条 成本管理工作为公司生产经营管理的核心，贯穿于生产经营活动全过程。基本任务为：通过预测、计划、控制、核算、分析和考核，反映公司生产经营成果，挖掘产品成本潜力，降低产品成本。

成本管理工作重点：

1. 坚持质量第一，一切降低成本的手段不能以牺牲质量为前提；

2. 加强和完善成本管理的基础统计工作；

3. 确定成本费用的开支范围和标准，合理划分产品成本界限；

4. 对主营产品实施成本预测；

5. 编制合理、可行的成本计划，组织制订降低成本的措施；

6. 分解成本和费用指标，控制生产损耗，落实成本管理责任，实行分级归口管理；

7. 准确、及时核算产品成本，控制和监督成本计划和费用预算执行情况，进行成本和费用分析；

8. 根据成本计划及费用预算执行结果，定期开展成本控制责任考核。

第四条　公司实施全员成本管理。管理目标需逐一分解细化，落实到具体车间、部门及人员。

第五条　成本管理工作贯彻责、权、利三结合原则，公司定期对各级成本管理责任人的成本控制成果组织考核，考核结果将影响人员全年绩效考评。

（二）职责分工

第六条　全员成本管理由总经理牵头，按分工职责建立成本管理责任制，确保办理成本业务的不相容岗位相互分离、制约和监督。同一岗位人员应定期做适当调整和更换，避免同一人员长时间担任同一业务。

第七条　公司领导和职能部门的成本责任制具体分工如下：

1. 总经理

（1）领导、组织、安排、协调公司各部门开展成本管理工作；

（2）对公司成本管理工作取得的整体效果负责；

（3）对公司成本管理决策和实施的结果负责。

2. 生产副总

（1）对生产体系的生产计划和成本考核指针完成及效果负责；

（2）对组织生产体系的成本管理、正确执行成本计划和费用预算负责；

（3）对生产体系成本管理决策和实施结果负责。

3. 质量副总

（1）对产品开发、产品质量、技术改造、工艺革新等所产生的经济效果及法律风险负责；

（2）对降低成本技术组织措施的实施及其经济效益负责。

4. 财务行政副总

（1）领导并组织成本核算管理工作开展，对公司经济效益的真实性、合法性、完整性负责；

（2）遵守财经纪律，对公司执行国家有关财经法律、法规和制度负责。

（3）参与成本管理中如：工资福利等重大决策方案的制订，并对结果承担责任。

5. 生产部

（1）对生产任务的有效完成负责；

（2）对外协外联业务中发生的人工、燃动成本控制负责；

（3）对盲目投产（指未按生产计划生产或接到市场销售发生重大变化的通知但未及时调整生产计划）造成在产品、半成品资金占用超过定额或长期积压负责；

（4）对生产调度不及时，造成停工损失负责；

（5）对在制品、半成品管理不严，致使成本计算不真实负责。

（6）负责本部门成本控制目标的分解

6. 内勤部

（1）对物料领发的准确性和及时性负责；

（2）对物料采购计划的正确制定负责；

（3）对库存物资的有效保养、安全有序负责。

7. 财务部

（1）制定成本管理制度，编制落实成本计划，并监督考核执行情况；

（2）对监督成本费用审批控制过程负责；

（3）制定目标成本，组织成本核算，进行成本预测和分析，提出改进措施和建议。

8. 质量部

（1）对由于执行检验制度不严，造成报废或质量事故负责；

（2）对外购材料、外协件检验不严所造成的损失负责；

（3）对工艺改进造成的质量风险或隐患负责。

（4）负责本部门成本控制目标的分解。

9. 采供部

（1）对材料供应不及时，造成停工待料负责；

（2）对不按计划采购，造成材料超出积压负责；

（3）对不执行比价采购原则，造成材料进价偏高负责。

（4）负责本部门成本控制目标的分解。

10. 工程部

（1）对机器设备增减、报废不及时办理手续，致使设备数额账实不符，折旧提存不实负责；

（2）对机器设备维护保养工作组织不力，造成停工损失、废品损失或维修费用超预算负责。

（3）对由于计量衡器未检修或检定失准造成材料物资短缺损失负责；

（4）对水、电、气消耗无定额，无计量，无记录，或未提出合理分摊标准，致使成本计算不实负责；

（5）由于未及时安装或维修各种能源消耗计量仪表，造成能耗责任不清，成本不实负责。

（6）对全厂各部门能源消耗指标的编制和监控负责。

（7）负责本部门成本控制目标的分解。

11.行政人事部

（1）对劳动组织、劳动纪律、生产用工等管理不当，影响正常生产负责；

（2）对按国家政策控制工资、奖金及劳动保险费的支出负责；

（3）对办公费用及其他行政事务费用的超支负责。

（三）成本管理基础工作

第八条　根据生产和管理的实际情况，建立、健全各项原始记录。各部门需指定专人负责管理原始记录，统一规定各类原始记录的格式、内容、填写、审核、签署、传递等要求，保证原始记录管理的规范化和标准化。

1. 内勤部负责材料物资方面的原始记录，真实反映材料的收、发、领、退等物流全过程。包括：材料、物资入库单、领料单、退料单、外加工产品材料领料单、外加工产品成品入库单、材料物资盘点表等，并做好材料仓库台账的记账工作。

2. 行政人事部负责劳动工资方面的原始记录，反映职工人数、调动、考勤、工资、工时、停工情况、有关津贴等项记录。

3. 质量部负责工艺改动方面的原始记录，反映产品工艺改动、工时材料定额变动等项的记录。

4. 生产部负责生产方面的原始记录，反映产品从材料领出至验收入库的全部过程，并做好产品投入产出数量管理和工时统计工作。

5. 工程部负责设备使用方面的原始记录，反映设备验收、交付使用、维修、报废的情况，如固定资产验收单、固定资产调拨单、在建工程转固验收单等，并做好固定资产卡片和固定资产台账的登记工作。

6. 工程部负责动力消耗方面的原始记录，反映根据各计量仪表所显示的水、电、气的实际耗用量，并做好能源消耗统计报表。

7. 各部门建立本部门使用的各项物资消耗或损耗标准，建立有利于成本控制的各项技术经济指标标准，并做好相应的统计报表。

第九条　建立健全各项资产、物资的计量验收制度，并保持计量工具的准确性，对材料、在产品、半成品、产成品及工器具等的收发和转移，都必须进行计量、点数和质量验收。

1. 材料运达仓库后，由仓库管理人员根据入库单（或送货单位送货单）所列的品名、规格和数量，采取点数、过磅等适用的计量方法，准确计算数量，经质量部门检验后，按实际合格数量入库。对于数量和质量不符，以及破损等情况，要查明原因，分清责任，要求有关方面赔偿或扣付货款。

2. 对于在产品、半成品在车间与车间之间或车间内部的转移，应根据工艺流程记录的凭证，经质量检验合格后进行点数、交接。在产品报废或短缺，应及时查清数量和原因，填制有关的原始凭证，以保证投入、产出数量记录的准确性和连贯性。

3.对于车间完工的半成品和产成品，应由车间填制入库单，经检验合格签证后，送交仓库点收入库。

（四）成本计划

第十条　为了保证产品目标成本和经营目标的落实，各部门应本着费用最少、效益最大的原则，明确合理期限，充分考虑成本发生的不确定因素，根据自身工作需要编制成本费用计划，制订降低成本的具体措施，组织内部成本管理。编制成本计划应服从公司整体战略目标，结合历史资料和计划期需要，考虑各种成本降低方案，从中选择最优成本方案。

第十一条　公司成本计划编制以年度为一个计划期。

第十二条　成本计划中成本项目的内容、费用的分摊、产品成本的计算，必须和计划期内实际成本核算的方法口径一致，以便检查计划的执行情况。计划期成本项目内容如有变动和上年实际成本不一致时，要调整上年实际成本的成本项目，以统一核算的口径和内容。

第十三条　成本计划和费用预算至少包括但不局限于下列内容：

1.产品销售计划；

2.产品生产计划；

3.产品单位成本计划；

4.动力消耗计划；

5.工资计划；

6.生产费用及期间费用预算。

第十四条　成本计划应结合下列因素进行编制：

1.成本控制目标；

2.计划期内生产、工资、材料供应、工艺技术改进等计划；

3.计划期内原料、辅料、包材、其他材料、动力等现行消耗定额和工时定额；

4.计划期内各部门的费用预算计划；

5.内部计划价格预计；

6.上期成本水平和成本分析资料。

第十五条　成本计划编制步骤：

1.准备工作。包括：收集整理各项基础资料和历史资料，掌握计划期内材料、工时定额、工艺技术改进等方面的变化情况，研究降低成本的具体措施。

2.正式编制计划。编制成本计划在总经理和财务行政副总的统一领导下，由财务部门牵头，组织各有关职能部门和各方面的有关人员共同参加。编制成本计划要以提高经济效益为中心，进行生产、供应、销售、资金、费用等多方面计划的综合平衡。需注意下列各项计划的逻辑关系：

（1）产品生产计划、劳动工时计划与成本之间的关系；

（2）物资供应计划与产品材料成本计划之间的关系；

（3）工资计划与产品工资成本计划之间的关系；

（4）各项费用预算与成本计划之间的关系；

（5）资金计划与成本计划之间的关系；

（6）成本计划与利润计划之间的关系。

3. 上报集团审批。根据编制的成本计划确认成本指针，如主要产品单位成本、产值成本率、产值燃动率、产值工资率、产值费用率等，由总经理审批，报集团核准。

第十六条　如集团对成本计划和成本指标进行调整，各部门则按照调整后的指标对成本计划和费用预算进行修订。修订步骤同成本计划编制步骤。

（五）成本控制

第十七条　结合全员成本管理，将成本计划和目标成本的各项指针细化，层层分解，实行成本分级归口管理，并对实际的生产耗费进行严格审核，保证有效地控制经济活动，实现成本控制，完成目标成本和成本计划。

第十八条　实行成本分级归口管理和成本控制：

1. 材料成本的控制

（1）采购价格控制。制订价格审批管理条例和奖惩办法；对外购物资和外协加工进行价格监督；搜集市场信息，掌握各种物资及外协加工的最低价格的客户资料；审核各有关部门的物资采购和外协加工价格审批单；监督检查审批后价格执行情况。

（2）材料耗用控制。严格执行限额发料制度和维修用材料的计划发料制度，严格超限额领用和补料的审批制度，严格各项材料收发的手续，严格执行余料退库及假退规定，实施以旧换新、修旧利废、综合利用等节约用料的方法，保证产品用料单耗的降低。

2. 设备使用及保养控制

严格执行设备的使用及保养制度，加强机器设备、厂房的合理利用，从数量、时间、能力和综合利用等几方面提高设备利用率。

3. 劳动力耗费控制

控制定编、定员、保持一线生产工人的比例相对稳定，保证提高出勤率、工时利用率和劳动生产率，要控制工资总额的增长幅度低于经济效益的增长幅度。

4. 费用开支控制

实行费用指标限额管理和考核制度，明确各项费用权责归属，严格费用支出审批手续，控制按计划和限额耗费。

5. 生产投入控制

要控制生产量的投入，包括投产周期、投产数量等，保证按计划投产，控制过量生产，确保均衡完成生产计划。

6. 材料外协加工费用控制

要严格执行货比三家，择优定点的原则，加工点及价格的确定，要实行审批制度。

7. 动力消耗控制

所有动力消耗都应实行定额管理和考核。控制动力消耗首先要从线路、管道方面划清耗能责任归属，安装计量仪表，减少跑、冒、滴、漏和大功率负荷空载现象，保证动力单耗的降低。

8. 结合各种耗费指标与费用支出，制订奖惩制度，节约或超支与工资奖金挂钩，以提高全员对成本控制工作的积极性。

（六）成本分析

第十九条 为检查成本计划执行情况，查找影响目标成本升降的因素，从而制订下一步降低成本的措施，应在正确核算成本的基础上，开展成本分析工作。

第二十条 必须建立各级成本分析制度，按月、季、半年、年度定期进行成本分析，对一些影响成本较大或对完成成本计划可能产生重大影响的问题，应及时组织专题分析，查明原因，提出整改措施。半年和年度的成本分析报告，需报送集团财务总监和集团财务部。

第二十一条 成本分析工作，由财务行政副总和生产副总牵头，以财务部为主，组织全厂职能部门和车间共同进行。各车间的成本分析应在其车间主管的主持下，以车间的核算人员为主，会同有关职能人员共同进行。

第二十二条 成本分析应采用本期实际数与计划数对比，与上年同期数对比。各级成本分析都要编制书面报告，配有图表和文字说明。对于成本分析中提出的主要问题，要有整改措施和实施责任人，并列入成本分析会纪要，实行跟踪检查考核。

1. 成本计划完成情况的总体分析，如产值成本率计划完成情况、生产费用计划完成情况，全部产品成本计划的完成情况等。

2. 按成本项目进行分析，材料项目要分析耗用数量和材料价格变动对成本带来的影响情况；工资、动力、费用分析，要结合相应费用总额与生产总量的变动情况分析；对亏损产品和利润下降幅度过大的产品单位成本，要深入查明原因，进行成本责任分析。

3. 费用中等相对重要费用项目，要按二级项目发生额结合归口管理部门责任进行分析，对完成全厂成本指针有较大影响的费用超支项目还必须责成有关部门进行重点分析。

4. 车间成本分析的主要内容，包括生产计划完成情况，材料消耗定额完成情况，费用预算执行情况等。

（七）成本核算原则

第二十三条 在成本核算中应严格执行以下核算原则：

1. 实际成本计价原则

产品成本核算，必须坚持按照实际成本计算的原则。在成本计算过程中，由于核算程序的需要，对材料、能源、劳务、自制半成品和产成品等，按计划成本、计划价格或定额成本进行核算的，最终必须在成本计算期内根据成本耗费的实际资料，调整为实际成本。不得以计划成本、估计成本、定额成本代替实际成本。

2. 合法性原则

计入成本的费用，都必须符合国家法律、法规和制度规定，不符合规定的费用不能计入成本。

3. 一贯性原则

与成本核算有关的会计处理方法，应保持前后期一致，使前后期的核算资料衔接，便于比较。不得通过任意改变会计处理方法调节各期成本和利润。

4. 费用确认配比原则

生产经营所发生的费用可按下列三种方式确认：

（1）按因果关系确认。对于费用的发生与某种收入存在明显因果关系的支出，应在该项收入实现时，确认为生产成本，并与之配比，而在该项收入未实现时，先作为计入存货的成本确认，例如制造产品的材料耗费和人工耗费，应计入产品的制造成本，随着产品的销售转为销售成本，并与相关的销售收入配比。

（2）按受益期分配确认。对于支出的效益涉及若干会计年度的资本性支出，应在与支出效益相关的各受益期，按合理的方式分配确认为费用，分别与各受益期的收入配比，例如固定资产的折旧费用。

（3）按发生的时期立即确认。对于既无明显因果关系，又难以按受益原则进行分配的支出，在发生的当期立即确认，即作为期间费用与发生当期的收入配比。

5. 权责发生制原则

在成本核算时，应遵循权责发生制原则。其基本内容是，凡是应计入本期的收入或支出，不论款项是否收到或付出，都算作本期的收支；凡是不应计入本期的收入或支出，即使款项已经收到或付出，也不能算作本期的收入或支出。在成本核算中运用权责发生制原则，主要是指确认本期费用的问题。即应正确处理待摊费用、递延资产和预提费用等。在成本核算时，对于已经发生的支出，如果其受益期不仅包括本期，而且还包括以后各期，就应按其受益期分摊，不能全部列于本期；对于虽未发出的费用，但却应由本期负担，则应先行预提计入本期费用中，待支出时，就不再列入费用。不得利用待摊费用、递延资产和预提费用人为地调节成本，使成本计算失去真实性。

第二十四条　为了正确核算产品成本和经营成果，应严格划清以下成本费用的界限：

1. 本期成本与下期成本的界限，应按照权责发生制原则，确定成本费用的归属，通过待摊费用和预提费用核算，及采用估价入账、余料退库等办法，划分本期成本与下期成本的界限。

2. 在产品成本和产成品成本的界限，必须加强车间生产的投入产出管理，结合定期盘存，确保期末在产品数量准确，并按规定方法正确计算在产品的约当成本和产成品实际成本，不得任意压低或提高在产品的成本。

3. 各种产品之间成本费用的界限，凡是能够直接计入有关产品的各项直接费用，都要直接计入；凡是与几种产品共同有关的不能直接确认的费用，要根据合理的分配标准，在各种产品之间分配。不得在盈利产品和亏损产品之间互相转移生产费用，以掩盖成本超支或盈利补亏。

4. 产品成本与期间费用的界限，期间费用不计入产品成本而直接计入当期损益。

第二十五条　应选择与产品生产类型相适应的成本核算方法。成本核算方法一经确定，应保持稳定，不得任意变更。

（八）成本费用核算内容和程序

第二十六条　生产经营中发生的所有费用，分为制造成本费用和期间费用，只有制造成本费用计入生产成本，而期间费用在发生的会计期间，直接计入当期损益。

1. 制造成本

是指企业生产经营过程中，实际消耗的直接材料、直接人工、直接动力支出和制造费用的总和。它们可归纳为：

（1）直接费用：是指在生产过程中发生的，能直接计入某种产品或劳务成本的生产费用。包括直接材料费、直接人工费、外协加工费、燃料动力等及其他直接费用。上述费用发生时，直接计入产品制造成本。

（2）间接费用。是指在生产过程中发生的，除直接费用之外的一切费用，包括内部各车间部门为组织和管理生产而发生的共同费用，以及不能直接计入产品成本的各项费用。这些费用发生时，应通过一定标准分配计入产品制造成本。

2. 期间费用

是指行政管理机构组织和管理生产经营活动而发生的费用，这些费用按规定进行汇总，直接计入当期损益。该费用分为管理费用、财务费用、销售费用。

第二十七条　计入产品成本的生产费用按经济用途划分如下项目：

1. 直接材料——指构成产品的原料、辅料、包装物等。

2. 直接工资——直接从事产品生产的工人的工资及附加。

3. 燃料动力费——生产所消耗的水、电、燃气等费用之和，按照一定标准分配计入产品制造成本。

4. 制造费用——指为生产产品和提供劳务而发生的各项间接费用。

第二十八条　期间费用的核算内容：

1. 管理费用—指为组织和管理企业生产经营所发生的各种费用。

2. 财务费用—指为筹集生产经营所需资金等而发生的费用。

3. 销售费用—指销售过程中发生的费用。

第二十九条　生产的一切可供对外销售的产品、厂内自制自用品和劳务加工等，应分别核算成本，不得混淆和遗漏。

第三十条　生产费用和成本核算的程序：

1. 根据产品和劳务作业的生产过程特点、生产组织类型以及管理的需要，分别确定成本计算对象，选用适合的成本核算方法。

2. 按照费用发生地点和成本计算对象，填制、审核各种会计凭证。有关成本核算的原始凭证和记账凭证，应有经办人员和责任人员签章，做到手续完整，准确及时。

3. 设置下列各种成本和费用明细账：

（1）基本生产明细账，按生产地点和成本项目核算基本生产车间发生的生产费用。

（2）自制半成品明细账，由车间和库房按品种建立数量明细账，进行投料、移交、结存等日常数量核算，月末编制汇总表。车间和库房必须认真进行收发、计量、交接，要有合法的原始凭证、健全的台账登记制度和定期盘存制度，保证半成品资料的真实、准确，使产品成本计算建立在可靠的基础上。

（3）制造费用明细账，按车间、部门及二级明细项目分别对制造费用进行归集，月末进行分配核算，月终不保留余额。

（4）根据归集的全部生产费用和成本核算资料，按成本项目计算各种产品的产品成本、产成品成本和单位成本。

（九）成本费用核算细则

材料费用核算：

第三十一条　材料采购成本包括：

1. 购入材料的原价（不含增值税；不包括购入材料包装物或容器的押金）；

2. 购入材料的外地运杂费；

3. 材料入库前，整理挑选时发生损耗的净损失，及其整理费用；

第三十二条　采用加权平均价格进行材料的日常核算。

第三十三条　核算材料成本，要收集当月采购生产过程中入库、领用、退库的全部材料凭证进行核算。对于材料价款尚未明确却已经办理入库的材料领用，要按暂估成本入账。当月领用的材料应计入当月成本，不准任意提前或延迟实际领用时间。外购材料直接交车间使用时，仍应按照规定的收发程序，办理材料检验和收发手续。

第三十四条　核算材料成本，应与库房发放数核对一致，然后按成本项目进行分配，计入产品成本计算对象或费用项目。

第三十五条　直接用于产品的材料成本，应当直接计入有关的成本计算对象。凡是由几种产品共同负担的材料，可分别按消耗定额比例、耗用重量比例、产品数量比例等方法，在有关的成本计算对象之间进行分配。

第三十六条　车间月末已领用而未使用的产品原材料，必须办理实物退料或"假退料"

手续。生产计划执行完毕或中途停止执行时，所有已领未用的原材料应全部退库，不得移作他用。

第三十七条 生产过程中的废料和回收的包装物，应按月回收交库房统一处理变卖。变卖所得的款项应及时上缴财务部。任何个人和部门不得隐瞒和擅自挪用。

第三十八条 车间设有二级材料储备仓库的，必须严格按仓库管理程序，专库保管，专设账册凭证，专人收发保管。二级材料储备仓库的期末结存，应办理库存材料的移库核算手续，不得计入生产成本。

第三十九条 由于生产需要，对库存材料进行的各种加工，包括外部加工和自制，加工后虽然改变了原有材料的形状或规格，但仍具有通用材料性质，并入库待领的，作为自制材料处理。自制材料实际成本，应包括：领用材料和加工费用，扣除退库的余料价值。

第四十条 车间领用各种材料，必须按照实际领用数量填写领料单，不得把由于仓库保管责任所造成的材料溢缺、损坏等经济责任，自行修正领用数量，转嫁给领用部门承担。

第四十一条 库房保管材料盈亏、毁损的核算规定如下：

1. 由于物资自然损耗，经生产副总和财务行政副总批准后，计入管理费用。

2. 由于采购和保管责任而造成盈亏、毁损的，要由责任部门和人员提出书面说明和改进措施，追究相关责任。报生产副总和财务行政副总审查后，根据盘亏和毁损物资按实际成本，扣除责任人赔偿，通过规定的核销程序计入管理费用。

3. 由于自然灾害和各种意外造成的损失，应查清原因，扣除保险公司和有关责任人的赔偿，减去残余价值，经总经理和财务行政副总批准后（金额巨大的，需报经集团领导审批），将净损失列入营业外支出。

第四十二条 库房物资应定期盘点，核实库存数。如有盘亏或毁损，应按上述规定处理，任何部门和个人不得隐瞒或擅自采取各种途径予以处理。

工资及福利费核算：

第四十三条 全厂在册员工（含临时工和试用工）的各项工资，包括：基本工资、效益工资、计件工资以及属于税法规定工资总额范围内的津贴、补贴、奖金等，都应当根据国家法律法规和集团公司要求进行计算、支付、汇总、分配。

第四十四条 实行计件工资制的车间，计件生产工人的工资，应根据上月实际完成合格品的实数量，或按实物量折算的劳动量，乘以计件单价计算。

第四十五条 严格按照国家的规定计提职工福利费、教育经费和工会经费。其提取基数，应为药厂每月实际发放工资数。

第四十六条 直接从事产品生产的生产工人工资及附加，凡是能直接划分产品成本归属的，应直接计入该产品成本。计件工资一般应直接计入有关的成本核算对象。

第四十七条 在归集和分配工资费用时，应当严格区分工资费用的用途，不能将应由其他项目负担的工资费用和应列入产品成本费用中的工资费用混淆。

第四十八条 动力费用，指外购的水、电、天然气费用。月终结算时，应按照扣除增值税后金额分配核算动力费用。食堂、公寓楼等生活福利部门和在建工程耗用的外购动力，要按含税实际成本核算。

第四十九条　动力费用应当根据各车间的实际耗用量分摊计算。能直接划分产品动力消耗的，应按产品实际耗用量直接计算动力成本。无法划分产品的动力费用，根据一定比例在全部产品中进行摊销。当外购动力费用的实际支出，与内部统计数之间出现差额时，可按实际支付金额和厂内实际耗用总量重新计算单价，据以分配各受益单位的动力费用。

第五十条　计提折旧的范围和方法，严格按照制订的《固定资产管理办法》中相关规定执行。

第五十一条　应按使用车间和部门，分别核算折旧费，一般不直接计入产品成本，而作为间接费用分配核算。生产车间计提的折旧，记入制造费用，管理部门应提的折旧计入管理费用；租出固定资产应提的折旧计入其他业务支出。

第五十二条　固定资产的修理费，按实际发生额一次或分次计入生产成本或期间费用。

第五十三条　修理费用的内容一般包括：房屋、建筑物及设备的修理、维护及保养费用。外包的修理费，按实付金额计算（不包括工程部人员为车间进行的日常维修而领用的材料费）。

第五十四条　制造费用的归集，设置制造费用明细账，按车间、部门分别设置账户，采用多栏式账页，按明细项目归集费用发生额，月末汇总结转生产成本帐。制造费用明细账期末应无余额。

第五十五　制造费用应分成直接费用和间接费用再进行分配。直接费用直接进入相关产品成本，如无形资产摊销费用。间接费用根据一定比例在全部产品中进行摊销。

第五十六条　各生产车间必须加强在产品的管理和核算，设置在产品数量台账，记录车间在产品投入、转移、交库等数量变动及生产进度。车间内部如设有中间库的，应当设置实物收发保管数量卡片，根据车间内部收发凭证进行登记。为了保证在产品数量的准确性，车间主管人员要对在产品数量台账和中间库的数量卡片进行定期稽核，做到卡物相符。

第五十七条　在产品、半成品应当定期组织盘点，防止成本虚增、虚减。要在全厂建立产品的盘存制度，由生产部和财务部共同组织盘存。盘存工作一般可按下列办法进行：

1. 单件小批生产和轮番投产的生产类型，当产品完工下场时，应及时组织静态盘点。

2. 成批大量生产的生产类型，应定期组织盘点。一般每季度盘点一次。

3. 在年度终了前，要组织在产品、半成品的全面盘存，发生盈亏应查明原因，按照规定的审批权限，经批准后，扣除责任人赔偿，计入管理费用。如果没有在产品实物数量记录的，必须按月组织盘点。

4. 财务部应当根据在产品的数量记录、盘存记录，正确计算月末产品成本，不得任意估计。

第五十八条　在产品成本按直接材料费用计算，暨在产品成本只计算直接材料成本，其他费用全部由当期完工产品负担。计算公式如下：

月末在产品成本 = 月末在产品数量 × 单位产品材料单价

本月完工产品成本 = 月初在产品成本 + 本月发生的费用 - 月末在产品成本

第五十九条 已经完工的产成品，应在检查合格后填制产成品入库单，办理入库手续。财务部应当根据本月完工产成品的交库凭证或统计资料，正确计算产成品实际成本，按月编制分产品的完工产品成本汇总表，并据以结转产成品成本。

第六十条 应当加强产成品仓库的收发管理，要根据检验合格的成品交库单和手续齐全的发货凭证，记录成品卡片或成品台账。财务部应设置的产成品明细分类账，按月与产成品库核对一致。产成品结转销售的明细分类核算，一般应按加权平均计算的实际成本进行。产成品仓库发生盈亏毁损，应当及时查明原因和责任。按照规定的核销程序，在扣除过失人赔偿后，计入管理费用。

（十）成本考核

第六十一条 每个年度完毕，公司经营班子组成成本考核小组，对成本管理责任部门或人员进行考核。

第六十二条 考核指标以年初获得核准的成本计划或费用预算为基础，结合各部门或责任岗位工作重点及控制目标进行制定。考核指标需具有可量化、可客观判断等特点。

第六十三条 成本考核小组通过目标成本节约额、目标成本节约率等指标和方法，根据成本计划和费用预算执行情况、考核指标完成情况以及工作管理工作具体开展情况，对部门或人员进行综合考评。

第六十四条 成本考核结果将与奖惩密切结合起来，并作为部门或个人年度工作完成的重要组成，纳入年度绩效考核结果。

（十一）其他

第六十五条 各车间部门根据责任工作分工建立成本内部报告制度，实时监督成本费用的支出情况，发现问题应及时上报上级领导及相关部门。

（十二）附则

第六十六条 本办法由财务部负责解释。未尽事宜，由财务部负责组织修订。

第六十七条 制度报集团财务部审批同意后予以实施。

第四节 施工项目合同管理

一、相关概念及定义

（一）项目与项目管理

项目是为创造独特的产品、服务或成果而进行的临时性工作（Project Management Body of Knowledge，PMBOK）。项目管理则是指在一定的约束条件下，为达到项目目标（在规定的时间和预算费用内，达到所要求的质量）而对项目所实施的计划、组织、指挥、协调和控制的过程。项目管理的对象是项目，由于项目具有单件性和一次性的特点，要求项目管理具有针对性、系统性、程序性和科学性。

（二）工程项目与工程项目管理

工程项目是以工程建设为载体的项目，是作为被管理对象的一次性工程建设任务。工程项目管理是项目管理的一个重要分支，它是指通过一定的组织形式，用系统工程的观点、理论和方法对工程建设项目生命周期内的所有工作，包括项目建议书、可行性研究、项目决策、设计、设备询价、施工、签证、验收等系统运动过程进行计划、组织、指挥、协调和控制，以达到保证工程质量、缩短工期、提高投资效益的目的。由此可见，工程项目管理是以工程项目目标控制（质量控制、进度控制和投资控制）为核心的管理活动。

工程项目的质量、进度和投资三大目标是一个相互关联的整体，三大目标之间既存在着矛盾的方面，又存在着统一的方面。进行工程项目管理，必须充分考虑工程项目三大目标之间的对立统一关系，注意统筹兼顾，合理确定三大目标，防止发生盲目追求单一目标而冲击或干扰其他目标的现象。

（三）合同与合同管理

合同是指当事人或当事双方之间设立、变更、终止民事关系的协议。通俗来说合同是指两人或几人之间、两方或多方当事人之间在办理某事时，为了确定各自的权利和义务而订立的各自遵守的条文。

根据《中华人民共和国民法通则》第85条规定：合同是当事人之间设立、变更、终止民事关系的协议。

根据《中华人民共和国合同法》第2条规定：合同是平等主体的自然人、法人、其他组织之间设立、变更、终止民事权利义务关系的协议。

《合同法》分则规定的15种有名合同：买卖合同、供用电、水、气、热力合同、赠予合同、借款合同、租赁合同、融资租赁合同、承揽合同、建设工程合同、运输合同、技术合同、保管合同、仓储合同、委托合同、行纪合同、居间合同。

合同管理是指对合同的签订和履行所进行的计划、组织、指导、监督和协调，顺利实现经济目的的一系列活动。合同管理的具体内容包含：合同管理制度、重大合同审查管理、履行监督和结算管理、违约纠纷管理等。

合同的全生命周期：起草—审批—签订—履行—（更改／续签）—归档。

（四）工程合同与工程合同管理

1. 建设工程合同

建设工程合同指在工程建设过程中发包人与承包人依法订立的、明确双方权利义务关系的协议，本质上是承揽合同的一种。在建设工程合同中，承包人的主要义务是进行工程建设，权利是得到工程价款；发包人的主要义务是支付工程价款，权利是得到完整、符合约定的建筑产品。

建设工程合同具有合同主体严格性（发包人一般是法人，承包人必须是法人）、合同标的特殊性（建筑物及相关）、合同履行的长期性、投资和程序的严格性、合同形式特殊（书面）等特征。按照不同的分类标准，工程合同可分为以下几种类型：

①按完成承包的内容分类：建设工程勘察合同、建设工程设计合同、建设工程施工合同。

②按工程承发包的范围和数量：建设工程总承包合同、建设工程承包合同、分包合同。对于全部的建设工程任务，总包人应当及时对发包人负责，对交由分包人完成的部分工程，总包人应当与分包人共同对发包人承担连带责任。

③从付款方式：总价合同，适用于工程量不太大且能精确计算、工期较短、技术不太复杂、风险不大的项目；单价合同，适用项目很广，大多用于工期长、技术复杂、大型复杂工程的施工，以及为了缩短建设周期，初步设计完成后就进行施工招标的工程；成本加酬金合同，适用需要立即开展工作，或新型工程项目，或工程内容及技术经济指标未确定的项目。

2. 合同管理

项目建设过程中所有参与者相互之间通过合同对工程项目的管理，是项目管理的核心。按照合同的生命周期，建设工程合同管理的主要内容包括：合同订立前的管理，主要是工程的招投标管理；合同订立中的管理，主要是施工合同管理；合同履行中的管理，其他合同管理；合同发生纠纷时的管理，主要是工程索赔处理。这些过程都是建立在合同法律法规的基础之上的。

（1）工程项目中的合同管理

合同确定工程项目的价格（成本）、工期和质量（功能）等目标，规定着合同双方责权利关系。所以合同管理必然是工程项目管理的核心。广义地说，建筑工程项目的实施和管理全部工作都可以纳入合同管理的范围。合同管理贯穿于工程实施的全过程和工程实施的各个方面。它作为其他工作的指南，对整个项目的实施起总控制和总保证作用。在现代工程中，没有合同意识则项目整体目标不明；没有合同管理，则项目管理难以形成系统，难以有高效率，不可能实现项目的目标。

在项目管理中，合同管理是一个较新的管理职能。在国外，从20世纪70年代初开始，随着工程项目管理理论、管理理论研究和实际经验的积累，人们越来越重视对合同管理的研究。在发达国家，80年代前人们较多地从法律方面研究合同；在80年代，人们较多地研究合同事务管理（Contract Administration）；从80年代中期以后，人们开始更多地从项目管理的角度研究合同管理问题。近十几年来，合同管理已成为工程项目管理的一个重要的分支领域和研究的热点。它将项目管理的理论研究和实际应用推向新阶段。

在现代建筑工程中不仅需要专职的合同管理人员和部门，而且要求参与建筑工程项目管理的其他各种人员（或部门）都必须精通合同，熟悉合同管理和索赔工作。所以合同管理在土木工程、工程管理以及相关专业的教学中具有十分重要的地位。为了分析土木工程类专业毕业生进入建筑施工企业后，需要哪些方面的管理知识，美国曾于1978年、1982年、1984年三次对400家大型建筑企业的中上层管理人员进行大规模调查。调查表列出当时建筑管理方向的28门课程（包括专题），由实际工作者按课程的重要性排序。从上面的调查结果可见，建设项目相关的法律和合同管理居于最重要的地位。

现在人们越来越清楚地认识到，合同管理在建筑工程项目管理中有着特殊的地位和作用。国外许多工程项目管理公司（咨询公司）和大的工程承包企业都十分重视合同管理工作，将它作为工程项目管理中与成本（投资）、工期、组织等管理并列的一大管理职能。

合同管理作为工程项目管理的一个重要的组成部分，它必须融合于整个工程项目管理中。要实现工程项目的目标，必须对全部项目、项目实施的全过程和各个环节、项目的所有工程活动实施有效的合同管理，形成健全有序的合同体系。合同管理与其他管理职能密切结合，共同构成工程项目管理系统。

（2）工程合同管理的目的

发展和完善建筑市场。建立社会主义市场经济，就是要建立、完善社会主义法制经济。作为国民经济支柱产业之一的建筑业，要想繁荣和发达，就必须加强建筑市场的法制建设，健全建筑市场的法规体系。

规范建筑市场主体、市场价格和市场交易。建立完善的建筑市场体系，是一项经济法制工程，它要求对建筑市场主体、市场价格和市场交易等方面加以法律调整。对于建筑市场主体，其进入市场交易，其目的就是为了开展和实现工程项目承发包活动。因此，有关主体必须具备合法的主体资格，才具有订立建设工程合同的权利能力和行为能力。建筑产品价格，是建筑市场中交换商品的价格。建筑市场主体必须依据有关规定，运用合同形式，调整彼此之间的建筑产品合同价格关系。建筑市场交易，是指对建筑产品通过工程项目招标投标的市场竞争活动进行的交易，最后采用订立建设工程合同的法定形式加以确定。在此过程中，建筑市场主体依据有关招标投标及合同法规行事，方能形成有效的建设工程合同关系。

加强管理，提高建设工程合同履约率。牢固树立合同的法制观念，加强建设工程项目的合同管理，合同双方当事人必须从自身做起，坚决执行建设工程合同法规和合同示范文本制度，严格按照法定程序签订建设工程项目合同，认真履行合同文本的各项条款。监理工程师通过谨慎而勤奋的工作，通过对建设工程合同的严格管理，力求在计划的投资、进度和质量目标内实现建设项目的目标，这样就可以大大提高建设工程合同的履约率。

进行工程合同管理不仅有利于提高我国建设水平，开放国际建筑市场，增加经济效益，而且有助于我国社会主义法治体系，尤其是项目法人责任制、招投标制度、合同法等的建设。

（3）合同管理的组织设置

合同管理的任务必须由一定的组织机构和人员来完成。要提高合同管理水平，必须使合同管理工作专门化和专业化，在承包企业和建筑工程项目组织中应设立专门的机构和人员负责合同管理工作。

对不同的企业组织和工程项目组织形式，合同管理组织的形式不一样，通常有如下几种情况：

①工程承包企业应设置合同管理部门（科室），专门负责企业所有工程合同的总体的管理工作。主要包括：参与投标报价，对招标文件，对合同条件进行审查和分析；收集市场和工程信息；对工程合同进行总体策划；参与合同谈判与合同的签订，为报价、合同谈判和签订提出意见、建议甚至警告；向工程项目派遣合同管理人员；对工程项目的合同履行情况进行汇总、分析，对工程项目的进度、成本和质量进行总体计划和控制；协调项目各个合同的实施；处理与业主，与其他方面重大的合同关系；具体地组织重大的索赔；对合同实施进行总的指导，分析和诊断。

②对于大型的工程项目，设立项目的合同管理小组，专门负责与该项目有关的合同管理工作。在美国恺撒公司的施工项目管理组织结构中，将合同管理小组纳入施工组织系统中，设立合同经理、合同工程师和合同管理员。

③对于一般的项目，较小的工程，可设合同管理员。他在项目经理领导下进行施工现场的合同管理工作。而对于处于分包地位，且承担的工作量不大，工程不复杂的承包商，工地上可不设专门的合同管理人员，而将合同管理的任务分解下达给各职能人员，由项目经理作总体协调。

④对一些特大型的，合同关系复杂、风险大、争执多的项目，在国际工程中，有些承包商聘请合同管理专家或将整个工程的合同管理工作（或索赔工作）委托给咨询公司或管理公司。这样会大大提高工程合同管理水平和工程经济效益，但花费也比较高。

（4）工程合同管理的主要内容

建设工程合同是建设单位作为出资人将工程建设委托给有资质的承包人承建，在合同中应明确双方各自的责任、权利、义务，从而实现工程预期的质量、进度、安全文明、造价方面的要求。建筑工程合同管理是建设单位工程项目管理的核心，工程建设项目立项批准后，建设单位依靠咨询单位对项目的可行性、必要性、科学性、经济性进行客观、细致、全面的分析，待工程项目可行性研究得到批复后，建设单位对工程建设开展的一系列活动，都需要工程合同管理确保合同目标的实现。建设工程合同管理的核心内容是：

①合同文本管理。合同文本中委托事项要明确，范围界定清晰，条文完整，双方合作遵守的法律法规要有明确的依据，对合同范围及内容清晰明白，对双方的责任、权利、义务明确具体全面，对合同风险有较好的分担与转移措施。同时对违约责任也要有明确的规定，工程参建方违约了，建设单位有权利中止合同或有对违约方进行经济处罚的权利，这样便于建设单位在合同管理过程中发现当合同执行偏离合同目标时，有明确的措施来确保合同进入正常的轨道上来。

②质量目标管理。建设工程合同中界定好质量目标、验收标准、验收规范，制定质量目标不能实现时，如何处置的措施。这样建设单位在合作过程中对质量目标进行管理时，有明确的质量目标、验收依据，对不合格的工程有明确的处置措施，从而确保工程质量目标的实现。

③工期目标管理。建设工程合同中要明确的总工期要求、分段工期要求及不能满足工期要求应受到的处罚等，这样建设单位在合作过程进行工期目标管理时，有明确的可操作性的管理方法，通过合同工期管理从而实现工程预期的进度要求。

④安全文明目标管理。建设工程由于施工时交叉作业多，安全风险大、受环境的影响大，所以施工过程中一定要确保安全文明施工，安全文明施工不光体现在施工过程中，在设计阶段、咨询阶段也要考虑设计方案便于安全文明施工，合同中均要有明确安全文明施工目标要求，施工过程中依照合同约定进行管理，确保安全文明施工目标的实现。

⑤投资效率的最大化。建设工程在建设过程中，是以建设单位出资为前提的，建设单位的投资最终结果是想实现投资效率的最大化。建设单位对工程合同进行管理为了实现投资效率的最大化这个终止目标，在工程建设的全寿命阶段，建设单位的管理无一不围绕这个终极目标来策划，建设单位对合同文本的管理、过程管理，风险管理、动态管理，其目的是为了实现投资效率的最大化。

3. 中国建设工程合同管理现状与问题

（1）中国建设工程合同管理现状与问题

我国建设工程从计划经济到市场经济转型过程中，将过去的工程建设由计划分配制改为市场招投标制，建设工程实施靠合同内容来约束合作双方的责任、权利及义务，从而实现合同约定的目标。这在一定程度上改善了建筑行业无序竞争的状况，促进了建筑市场的有序发展。但由于我国法制的不健全、市场经济发展不够完善，建设交易行为尚不规范，我国建设工程合同管理的现状及问题是：

①工程建设招标投标的不规范

在工程建设招标投标过程中，尽管有《中华人民共和国招投法》作强有力的法制规定，但我国的建设市场还是存在一定的不规范行为，由于我国建筑市场准入门槛低，参建单位多，目前我国的建设市场是卖方市场，参建单位为了能承揽工程，总是想尽一切办法，通过围标、串标等手段来获得工程，或者通过恶性竞价、低于成本价格来获得工程，或者在投标时利用招标文件的不严密性编制投标文件，在投标文件中编制许多对投标单位有利的条款如故意漏项、不平衡报价、将招标文件中不准确部分的材料锁定为低品牌产品等。这些不规范行为都为后面合同履行过程中埋下高价索赔的突破口。

②建设工程合同签订的不平等

建筑工程合同中双方的管理人才队伍悬殊，建设单位由于工程建设的不连续性，一个工程建设完成了，有时几年后才有新的工程建设任务，这时管理人员有待分流，相对固定的管理人员少，他们对建设工程相关政策了解的系统性不强，管理水平明显存在局限性。而工程的参建单位，每年同时建设的工程不止一个，他们有健全的组织机构，管理人员都是专业技术人才，组织内部还有相互交流学习的机会，他们对工程建设的相关政策了解的系统性强，在一个又一个的工程实际中积累了丰富的建设工程合同管理经验。于是在合同签订过程中，参建单位总占有一定的优势，如合同条款的呼应性较好，低标中标时会有低品质的材料呼应，会有较多的索赔条件作支撑，这就是俗称的"低价中标，高价索赔"。参建单位总能很巧妙地将建设工程合同中的风险转给建设单位。

③建设工程合同履约不诚信

建设工程合同履行过程中，由于参建单位人才具有绝对的优势，他们在履行合同的过程中，首先考虑的是自身的成本与利润，不断寻求用最小的投入来完成合同规定的责任与义务，只要建设单位发现不了，他们就降低质量标准，减少服务内容，加上目前建筑市场材料档次高低范围宽，同是合格产品，材料价格档次相差大，有时参建单位以工程进度要求高为理由，多方位游说建设单位让步接收他们使用较低价位材料生产出来的产品或投入较少的服务到工程建设中，建设工程实施过程中"偷工减料"现象时有发生。

④建设工程合同监管市场不力

目前我国建设工程合同实行的是合同备案制，建设工程合同监督管理市场很少有主动到建筑现场去检查工作的，只要合同的双方能协调处理不到监管部门去投诉，监督管理部门是不会发现合同签订、履行过程中的不合理现象。目前建设市场相对准入要求低，有资质的参建单位多，而建筑市场工程项目少，形成了"僧多粥少"的建筑市场，参建单位一旦中标一个工程项目，他们往往是挂靠或分包来完成建设单位的委托工作，在层层的转包分包挂靠过程中，合理的利润被层层瓜分，实际承担工程建设任务的组织不能很好地履行合同内容，监督管理部门从未主动发现这样的市场行为。目前建设工程和监督管理基本上是一些建筑业的协会，这些协会都是相同性质的参建单位组成的，参建单位定期向协会交纳会费，合同履行过程中发生了建设单位与参建单位的合同纠纷与投诉时，协会自然会为参建单位服务。

⑤建设工程合同管理的相关法律法规不健全

目前我国建设工程领域，主要的法律法规依据是《中华人民共和国合同法》《中华人民共和国建筑法》《中华人民共和国招标投标管理办法》，这些法律只是对于签订合同双方的权利与义务及合同签订的政府主管部门进行了简单的说明，对于违反合同相关条款的规定是只有部分的说明。在这些法律中，都只是对合同管理进行了初步的说明，没有系统全面的阐述，而且涉及建设工程合同管理的法律更少，所以目前我国对建设工程领域的合同管理，高层次的建筑法规数量太少，而规章以下的低层次的规范性文件数量庞杂，其内容随意性强，彼此之间有矛盾之处。对于参建单位不严格履行合同规定的责任、义务没有相对应的法律法规制裁，工程建设单位也只能对其进行经济处罚或中止合同，但由于参建单位的不履行合同行为经建设单位带来的信誉、工期、市场机会等损失如何得到有效的补偿，目前没有相关法律法规来确保建设单位的权利。

⑥建设单位合同管理的协调复杂

建设单位对工程合同管理是全寿命周期内的，从立项的咨询合同开始、设计合同、地质勘查合同、工程造价咨询合同、招标代理咨询合同、施工合同、监理咨询合同、材料采购合同、竣工结算审计咨询合同等。建设单位涉及的工程合同范围广、时间长、专业多。建设单位在人员少的情况下，针对不同建设时段、不同合作对象提炼出相对系统的合同管理方法是有难度的，要实现工程合同管理的主动性是需要不断研究的。

⑦建设工程合同管理影响因素多、风险大

随着科学技术的不断进步，建筑业的新技术、新材料、新工艺不断涌现，建设工程的规模也不断扩大、使用功能也要求高且全、工程建设室外作业多、受自然环境影响大、受社会因素制约多、合同管理人员素质局限性等决定了建设工程合同具有风险性。建设工程的自然环境风险是不可抗的，而建设单位的管理风险、参建单位的诚信风险、社会影响风险可预防的。

⑧建设工程合同管理信息化程度低，管理手段落后

建设工程合同管理是一项技术与经济专业性强的工作，同时还要求管理人员具有一定的法律专业知识。合同管理由于建设工程建设周期长，随着时间的连续又是一项动态的管理工作，而目前我国的建设工程合同管理工作对信息的采集、存储、提炼、维护等管理意识淡薄，应用软件的开发和推广相对滞后，建设工程项目的信息化程度低。

归结起来主要是两方面的问题，体制不健全和专业人才缺失。

4. 完善建设工程合同管理的对策与建议

（1）宏观角度分析及对策建议

从宏观上分析建设工程合同管理的现状后，针对我国目前建设单位合同管理特点，结合我国建设工程管理体系，为建设单位的合同管理提出如下建议：

①建设单位加强工程建设合同管理离不开完善的社会体系

市场经济的建立需要公平、公正、完善的法律体系，诚实守信的社会秩序。工程建设是需要建设单位与工程参建方共同合作完成，建设单位选择合适的参建方按国际上先进的管理理念是通过工程招投标来公开、公平、公正地进行选择。要进一步完善招标、投标管理方法，建立国内外建设工程参建单位准入制度，打破我国现行的体制下的利益格局，实现政企分开，减少行政干预；制预防围标、串标的措施，建议通过加大投标保证金的比例、增加通过资格审查单位的数量来提高围标成本，减少或防止围标现象的发生；通过建设单位对项目经理在工程现场的工作业绩证明来建立投标项目经理的诚信档案，预防或减少合作过程中偷工减料、转包分包；积极推行工程担保制度，履约保函与工程实施同步进行，加大违约的成本，促进工程参建单位行业自律、诚实守信，推动市场经济健康发展。

促进行业自律、诚实守信，离不开强有力的市场监管，建设工程行政管理部门应制定完善的监管体系，加强工程建设信息公开力度，行政管理部门在监管的同时加强服务指导，建立公众参与监管的平台；同时充分发挥建设工程行业的协会作用，行业协会是建设市场行为不能成为行政管理部门的附属单位，行业协会加强自身建设，提高行业协会的威信，有独立、科学、权威的话语权，行业协会成员要有强烈的社会责任感，自觉远离腐败。通过协会的专业性、客观公正性、技术权威性来制定建设工程合同管理细则。

②加强工程建设领域的人才队伍建设

社会的进步离不开人才的力量，工程建设领域的合同管理由于其专业性强、专业多、户外作业面广、技术与经济需同时考虑等决定了它需要高素质的人才队伍，人才的培养除需要高等学校进行专业的、系统的理论知识培养外，还需要社会、企业广泛的为人才提供实践机会，只在有不断的工程实践、系统理论学习、科学的提炼中，人才队伍才会得到充足的发展与锻炼。还可通过行业协会的专业技术能力来组织工程建设管理人员进行合同管理培训，提高他们的管理素质、职业道德情怀、专业技术能力，增加他们的责任感、使命感，促进他们忠诚于岗位，不断学习、勇于实践、总结、分析、创新，做好工程建设的合同管理。行业协会要不断地对影响大的、典型的合同管理案例进行分析总结，定期对建设工程合同管理人员进行培训，使得在建设工程合同管理队伍始终有一批了解熟悉国家政策、法规又精通建设工程领域专业技术知识的人才。让他们形成一个独立、权威、稳定的建设工程合同管理队伍体系。

③发挥建设工程行业协会的作用，尽快制定中国的土木工程合同条件标准

提高行业协会的入会门槛，要求在建设工程领域有专业技术知识、有一定的建设工程管理经验、能自觉维护协会声誉，较强的职业道德、能承担社会责任、远离腐败的工程师才能入会。充分发挥建设工程行业协会的作用能转换政府建设行政主管部门的职责，使他们依法管理为主，政策引导、市场调整为辅，依靠行业协会管理实现对工程建设过程的直接指导，发挥行业协会组织的专业人才作用。

让我国的建设工程行业协会能尽快制定出中国的土木工程合同管理标准。通过借鉴国外的先进管理理念，结合我国的法律体系，针对我国的工程建设工程的管理模式制定出具

有可操作性、公平性的建设工程合同管理体系，维护合同责任双方的权益，同时对违约责任也应结合我国的现状制定明确的处理措施。

④利用现代管理手段，加强合同管理信息化程度

随着建设工程数量增加，建设规模扩大，合同金额也不断增加，涉及合同的内容、合同的条款、合同对象也逐渐丰富，建设单位应运用现代的管理手段，借用计算机平台，录入本单位所有建设工程合同信息，对工程项目的数据进行收集、统计、分析、整理，实时地更新合同内容，从而提炼出系统的合同管理办法。还要利用社会管理机构、政府行政管理部门的合同管理平台，对比分析建设工程合同的特点，查询建设工程合同管理所需要的参建单位诚信资料、市场供求信息等，质量检验验收标准及政府行政管理部门对建设工程管理的强制性、指导性文件，为建设工程合同管理提供科学的依据。

（2）微观角度分析及对策建议

建设工程的具体实践是通过建设工程施工来实现的，随着工程项目的建设与装修，工程项目的实物逐渐清晰，这类建设工程的合同管理显得有形、实在、具体。建设工程施工类合同金额高，周期长，受自然环境、社会环境影响大，合同内容与自然人的接触多，这类建设工程合同管理方法具体、成熟。建设工程施工类合同管理的核心是工程质量、进度、造价及安全文明施工。

①施工合同签订前的策划管理

由于建设工程造价高，建设工程施工合同签订前应按《中华人民共和国招标投标法》进行公开的招标投标，通过招标投标来选择施工队伍。建设单位或其委托的招标代理单位在编制招标文件时就应将招标文件内容与施工合同内容结合起来考虑，招标文件中就应策划好工程的质量目标、工期要求、安全文明施工要求、施工内容，明确合同风险范围，材料、设备的供应方式，提出竣工工程结算方式及合同价款支付等具体要求，为施工合同签订做好前期准备。这个阶段的合同管理是对建设单位最有利的，建设单位是最主动的，只要招标文件的内容符合《中华人民共和国建筑法》《中华人民共和国招标投标法》及地方建设工程行政管理办法，建设单位尽可能地维护好自己的权利，充分考虑日后合同签订后合作中的不利因素，制定较好的应对措施。如在满足法律法规的前提下，结合自身的财务状况制定可行的、有利于财务成本的进度款支付方式，结合使用功能要求策划出施工用主材的采购方式及分包工程的内容。

②施工合同签订过程管理

施工合同签订尽量用规范的合同文体，合同内容协调一致，合同文字严谨，不要出现相互矛盾或前后不一致的表述；合同目标清晰，合同的管理目标的核心部分即工程质量、工期、安全文明施工目标明确，工程造价控制中的结算办法、工程签证等约定明确具体，工程进度款支付方式科学具体；合同条款完整，既要有明确的责任、义务、权利约定也要有违反合同约定的处理措施，既要有施工过程约定也要有竣工验收合的质量保修约定，既要有工程实体管理的约定又要有工程资料管理的约定；施工合同内容的科学性合理性，合

同内容既要体现合作双方的自愿、平等性，又要符合国家的法律法规要求；合同内容既要约定的合同内的风险范围也要约定合同风险外的风险共担的原则；合同内容既要有原则性又要有很强的可操作性。

③施工过程中的合同管理

建设工程的施工过程，是按经审查合格的设计图纸进行施工，施工合同中一般有对施工过程管理的约定，施工过程的合同管理就是建设单位按照施工合同的约定，对施工单位按设计图施工进行管理的过程。在施工过程中，建设工程外形一天一个样，随着时间的推移，建设工程项目外观越来越具体，工程的质量、进度、安全文明施工控制节点越来越明确，施工合同管理也越来越具体，施工单位在施工合同约定的工期内，按设计图施工，经分部分项验收合格后，建设单位按合同约定支付工程进度款，建设单位、施工单位自觉履行合同约定的责任、义务，享受合同赋予的权利，使得建设工程施工在合同中约定的质量目标、工期目标、安全生产文明施工目标能顺利完成。在施工过程中，施工合同管理的难点主要在以下几种情况：①发生了工程变更；②发生了合同约定外的风险；③施工资料的真实性、全面性。

这三种情况是施工过程中合同管理的重点，对此，施工合同管理的主要措施及建议是：

①一般的工程变更，当涉及的金额不大、施工不困难时、对工程建设总的目标影响不大时，只要经施工现场的管理人员、监理、设计人员、建设单位施工现场代表共同论证，认为该变更是必要的、可行的就可获得批准通过。

②当工程变更涉及的金额较大、给施工增加困难、对建设工程影响较大时，该变更将按工程建设前期论证的程序，组织相关咨询人员、专业技术人员进行论证，并报政府行政主管部门审批后方可通过。

③当合同约定的风险范围外的风险因社会环境、自然环境、政策法规影响变化较大时，建设单位及施工单位需要在咨询单位、监理单位的共同参与下，结合招标文件、合同文件中对风险的约定原则，本着实事求是的精神，在政府行政文件的指导下及时、公平、公正地进行协商，达成一致意见后形成书面的合同的补充文件，及时完善施工过程中合同管理中的新问题，确保工程建设目标的顺利进行。

④设置专人对施工过程资料进行收集、整理，及时归档。施工过程资料主要有建设行政主管部门发布的管理性文件、建设单位与参建单位往来函件、设计图纸及工程变更单、地质勘查技术资料、施工过程质量保证资料、施工管理性资料、施工合同及补充协议等，专职的资料管理人员应工作严谨、归档及时、必要进借用现代计算机管理平台对施工过程资料实现动态的管理，运用数码技术对施工过程进行影像记录归档。

④竣工验收时合同管理

施工单位在合同约定的管理的模式下，将合同约定的工作内容竣工后，向监理单位、建设单位提出验收申请，监理单位、建设单位审查合同内容已全部完成，具备验收条件时，由建设单位组织设计单位、地质勘查单位、咨询单位、监理单位、政府行政管理职能部门共同对竣工的工程项目进行质量验收，参与验收的专业人员按照国家对竣工工程验收的标准要求，通过查阅施工过程记录、查看建设工程外观、实测已完工程的分部分项检验值、现场检验试用材料设备等一系列的检验方法、手段，对竣工工程进行检验与验收，验收结果一般有三种，合格、存在一些质量缺陷需整改复查后合格、不合格。这个验收主要是针对工程质量的验收，工程广义的验收还有节能验收、环境影响评价验收、规划验收、消防验收、无障碍设施验收、绿化验收、电梯验收（如有电梯时）、高压供电验收（如发生时）等。这些验收均要在施工合同约定的原则下进行，分清职责，验收时发生的各项专业检测费用按合同约定的支付规定进行支付。工程竣工验收合格后，交付建设单位使用时，建设单位按合同约定支付工程进度款，并办理竣工工程结算手续。这一切都是常规的竣工验收合同管理，竣工验收时合同管理的难点主要有两种情况：

①到了合同约定工程竣工时间，由于施工单位的原因，工程竣工验收时，有质量缺陷或不合格导致不能使用，而建设单位又急需使用。

②到了合同约定的工程竣工时间，由于施工单位的原因，工程没有竣工，不能交付使用。

针对竣工验收时合同管理的难点，建设单位应采取的主要控制措施是：

①启用合同约定中对工期、质量违约的条款，按此条款要求及时地对施工单位发出书面通知，要求施工单位承担由此产生的一切后果，并接受合同约定的处罚。

②敦促施工单位、监理单位制定出应对措施、整改措施，尽快地完成合同约定的内容，积极对质量缺陷进行整改，满足合同约定的质量目标，将各方的损失降低到最低。

③必要时采取中止合同的措施，将未完成的工作委托给有资质、信誉好的第三方施工单位来完成，确保工程能尽快竣工合格能投入使用，减少建设单位运行、生产、使用的工期压力。

⑤竣工验收合格后合同管理

工程竣工验收合格后，建设单位的施工合同管理分两个方面：

a.竣工工程质量保修期合同管理。工程竣工验收合格后，按合同约定可以正常生产使用，在使用过程中，建设工程不可避免地暴露出一些质量缺陷，影响工程的正常使用。这时按质量保修条款约定来管理，如果是施工单位的责任，施工单位责无旁贷地维护，根据对工程使用影响的程度来定维修时间，监理要对维修过程予以监督，维修完成后，经建设单位组织验收；当施工单位不配合，为了不影响正常生产使用，建设单位自行委托有资质、信誉良好的第三方施工单位来维修，维修费用从预留的质量保证金中支付。如果不是施工单位的责任，是建设单位使用不当造成的，可以委托原施工单位维修，但建设单位应将此作为工程变更增加，支付增加工程的工程款；此时如果建设单位因为原施工单位质量意识不强、维修部分的综合单价过高、原合作不愉快等原因，也可将此维修委托给第三方施工单位维修，但不得影响、破坏原工程的结构，否则以后有什么质量缺陷让原施工单位维修，就会产生维修费用的纠纷。

b.竣工工程验收后工程结算管理。建设单位、施工单位双方在施工合同约定下都能自觉地履行责任、义务，使得施工单位的施工内容圆满完成，建设工程竣工验收合格，建设单位可以正常投入生产使用。此时建设工程的质量、工期、安全文明施工目标都顺利实现，合作的双方开始对工程结算进行核对与审核。施工单位提出完整的竣工资料及结算报告书报送建设单位，建设单位自己或委托有资质的中介单位对竣工结算报告书进行审核。结算审核的依据是施工合同及补充协议，如果施工合同签订、工程变更管理均是科学合理的，那么这个阶段合同管理的重点是：

审核人员的素质。审核人员如果具有良好的工程造价管理知识、丰富的施工现场管理经验、高尚的职业道德意识，这样时审核人员在审核过程中能将工程量计算准确、综合单价测算科学、对合同及补充协议中相关结算条款理解深刻，同时不会被施工单位的各种经营手段所诱惑，这样的结算审核是公平、公正、科学、合理的。

竣工资料的完整性、客观性。由于工程竣工后的结算审核，工程施工过程已经完成，审核人员只能从施工过程资料中查阅当时的施工情况，审核人员的审核结论是建立在竣工资料的完整性与客观性上，同时审核人员应善于从大量的竣工资料中找出资料中与客观实际不相符的地方，借用施工过程影像记录来还原施工过程，将施工单位高估冒算的地方剔除出来，将施工过程不满足合同要求的地方挑选出来，尽量找出挤干施工单位报送的结算报告书中的水分。使得竣工工程的结算价真实、科学、合理。

注意索赔，争取反索赔。索赔是指在合同履行过程中，对于并非自己的过错，而是应由对方承担责任的情况造成的实际损失向对方提出经济补偿和（或）时间补偿的要求。工程建设过程中，由于工期长、金额大，建设单位由于地质条件的变化，或为完善使用功能，或由于内部管理需要等原因不可避免地对原工程设计内容进行变更与完善，同时由于建设管理市场环境的变化，行政主管部门会发布一些指导性调整建筑市场人工、材料、机械台班的单价，施工单位在竣工结算时会据此对建设单位进行索赔。建设单位专业合同管理人员或委托的结算审核人员应对索赔依据、内容进行系统的分析、整理、对比、运用，根据合同约定及行政主管部门发布文件的精神进行索赔计算，科学、合理地确定索赔内容。同时根据施工过程管理资料的收集、结合施工合同约定、行政主管部门发布的文件精神，建设单位还可以对施工单位进行反索赔。如施工单位拖延工期、降低施工过程中的质量标准，有证明其偷工减料的资料，结算审核时可据此扣减其结算价，实现反索赔。

如果施工合同签订、工程变更管理存在一定的不规范性，竣工结算审核时就会发生扯皮、纠纷现象，那么这个阶段合同管理的重点是：

收集好建设工程招投标文件、各项技术资料、施工合同及补充协议、施工过程资料、竣工验收资料、双方往来资料等。

充分借助监理单位、跟踪审计造价咨询单位的协调。

必要时准备起诉与应诉。

三、施工项目所涉及的合同

篇一：桥梁施工合同范本

桥梁工程（劳务）施工合同

合同编号：桥梁—劳务—001号

甲方名称：

乙方名称：

合同签订时间：2014 年 ×× 月 ×× 日

桥梁工程（劳务）施工合同

甲方：×× 高速公路第标段（×××××××× 建筑有限公司）（以下简称甲方）

乙方：（以下简称乙方）合同签订地点：×××××××× 合同签订时间：2014 年 ×× 月 ×× 日，鉴于：

1. 甲方是 ×× 高速公路第 × 标段（k42+600 ～ k45+500）段桥梁工程的合法施工承包单位；

2. 乙方申明有与本合同（劳务）工程施工相适应的施工经验和能力；

3. 乙方已向甲方提交了编号为企业法人营业执照、编号为 ××× 建筑劳务分包企业资质证书等证明主体资格的证明文件，并申明该证明文件真实合法。

甲乙双方依照《中华人民共和国合同法》及有关法律、法规，遵循平等、自愿、公平和诚实信用的原则，就劳务分包事宜协商达成一致，由甲方将本桥梁工程的劳务工作分包给乙方，为明确双方在施工过程中的权利、义务和经济责任，经双方协商同意订立本合同以资遵守。

第一条 工程概况

1. 工程地点

2. 分包范围

（1）分包内容：详见附件一《工程量及费用清单》。

（2）为完成本合同分包内容必须实施的所有工作，包括但不限于附件一《工程量及费用清单》的工作内容，都属于分包范围。

（3）甲方有权根据乙方施工过程中所表现的履约能力对2.1分包工程内容和数量进行调整，乙方需无条件服从。

（4）在施工过程中甲方如需安排乙方合同以外的工作（比如抢险等），乙方必须无条件服从。

第二条 标准化和工班管理

1. 甲方按照中国水电四局五分局晋红高速公路第 iv 标段项目部关于标准化的管理模式对乙方进行管理，乙方自愿服从并遵守中国水电四局五分局晋红高速公路第 iv 标段项目部有关标准化管理的规定。乙方在签约前已经详细查阅并了解了中国水电四局五分局晋红高速公路第 iv 标段项目部有关标准化管理的规定，甲方对乙方提出的疑问进行了阐释。

2. 甲、乙双方确认：在本合同第一条第二款分包范围的施工要素管理体系中乙方为"中国水电四局五分局晋红高速公路第 iv 标段项目部第三工区桥梁工班"（以下简称为"工班"）。

3. 乙方法人代表（身份证号：　）为履行本合同的现场全权代表，在本合同施工管理过程中称为班长。

4. 甲乙双方明确并理解：

（1）"工班"是为了甲方对本合同项目的管理需要而设立的，不是独立的企业法人或其他经济组织，不具备对外从事民事活动及诉讼、仲裁活动的主体资格；

（2）乙方不因"工班"的名称而自然与甲方产生人、财、物方面的权利义务关系；

（3）乙方不得以"工班"的名称与任何第三方进行民事活动。如乙方违反本款约定，每发生一次，则按照本合同暂定总价的 10% 支付违约金；如给甲方造成损失，须按照所造成损失的 1.5 倍赔偿甲方；无论是否造成不良后果，甲方有权据此单方解除本合同。

5. 甲方对乙方管理和作业人员的工资采用标准化的管理模式发放，由乙方向甲方报送工资名单，甲方根据乙方委托将工资存入对应人员实名开立的银行账户，或者现金发放给对应人员。甲方发放乙方人员工资视为乙方已经领取的劳务费，在结算时扣除。

第三条 质量

1. 工程质量检查和验收标准为：《公路桥涵施工技术规范》（JTG/TF50-2011）、云南省、××高速项目总承包部、xx 标项目部颁布的与本工程相适应的竣工验收规定、施工规范、工程质量评定验收标准、施工图文件、施工技术文件等。

2. 乙方必须严格按照施工规范、施工图纸及甲方现场技术人员的技术交底进行施工，本工程质量经双方研究，要求达到优质工程。

3. 隐蔽工程在甲方和现场监理检查之前不得覆盖或隐蔽。

4. 如果质量不符合标准，乙方须承担返工修复责任。

5. 乙方必须配合甲方试验室取样、试件制作、拆模及同条件养护试件的倒运工作。

6. 按标准化管理要求，乙方必须按项目标准化管理要求建设合同内 2# 制梁场并达到验收标准。

第四条 工期及进度

1. 开竣工日期：暂定为 2014 年 4 月 1 日开工，2016 年 4 月 1 日竣工。（具体以晋红高速第 iv 标段项目部下达的开、竣工时间为准）。

2. 开工后，如遇下列情况，经甲方现场负责人签证后，工期相应顺延：因业主原因，甲方不能按时提供施工用地、水、电源，道路未能接通（由乙方自行解决的水、电源、自建道路除外）影响施工。

3. 甲方负责供应的材料、成品或半成品未能保证施工需要或因验交时发现缺陷需要修、配、代、换而影响进度。

4. 因项目部提供的技术资料和技术交底不及时，以及监理、实验室检查签证不及时影响正常施工。

5. 人力不可抵抗的因素而延误工期。

第五条　安全

1. 乙方应遵守国家、地方政府部门、业主和监理颁布的一切有关安全生产和劳动保护的规定，执行甲方编制的施工组织计划中有关安全生产的要求。

2. 所有现场人员未经安全教育，不得上岗。特殊工种要经过专业技术培训，取得相关主管部门颁发的上岗操作证，在证件有效期内上岗操作。

3. 乙方作业人员的安全防护和劳动保护用品由甲方统一采购发放，费用由乙方承担。工作服由甲方按晋红高速 iv 项目部标准统一配送，费用由乙方承担。现场需配置必要的安全设施和保护器材、设置安全警告标牌。安全设施和标牌由甲方按项目部要求制作，乙方负责保管，如有损坏或丢失，由乙方重新添置，费用由乙方承担。

4. 在施工过程中，乙方不得召集作业人员以任何理由围堵工区及项目部，否则造成的一切后果及损失均由乙方承担。

5. 乙方承诺：合同履行期间发生的各种安全事故（包括造成乙方员工和第三方的人身伤害），均由乙方自理，并承担一切责任和由此产生的全部费用；需向事故受害方（包括乙方员工和第三方）进行赔偿时，甲方可在无利害关系第三方的参与和见证下，代乙方履行赔偿义务，与受害方达成赔偿协议；甲方与受害方达成的赔偿协议对乙方有约束力，甲方代为支付的所有赔偿费用在乙方应付款项中直接扣除。

6. 乙方所有劳务人员必须经过体检合格后方能上岗，并保证年龄不能超过 60 周岁。

7. 乙方特种作业人员必须持证上岗，相关证件的取证、年审费用由乙方自行承担。

第六条　材料

1. 为强化保管责任、杜绝浪费，除《甲方供应材料、设备、构配件配置表》《甲方提供周转、低值易耗材料一览表》以外的所有其他材料均由乙方采购，费用已包含在《工程量及费用清单》的综合单价中；所有其他材料也可由甲方统一采购，在结算时按成本价（采购价 + 运输费 + 二次倒运费 + 装卸费 + 保管费，下同）扣除。

2.《甲方供应材料、设备、构配件配络表》《甲方提供周转、低值易耗材料一览表》所列材料由甲方供应，费用由甲方承担。

3. 对甲方供应的材料，未经甲方书面批准，乙方不得自行采购。

4. 甲供材料由甲方统一运输至2#制梁场，乙方负责卸车、验收和保管。

5. 对甲方限量供应的材料，按施工图纸和合理损耗系数计算允许消耗量，主要甲供材料的允许损耗率见下表：实际消耗量超过允许损耗量的部分由甲方按成本价对乙方进行扣款。

6. 对甲方供应的材料，乙方不得倒卖或转让，否则每次按《工程量及费用清单》中暂定总价的5%支付甲方违约金。

7. 施工场地内材料的保管责任由乙方承担，如有损坏或丢失，由乙方赔偿。

8. 生产过程中产生的边角余料及废弃物资需由甲方物资办统一处理，乙方无权倒卖或转让，否则将按倒卖或转让物资双倍的价值进行处罚，并追究当事人及劳务队伍负责人的相关法律责任。

第七条　机械和机具

1. 甲方提供的机械和机具详见《甲方提供施工机具、设备一览表》，除《甲方提供施工机具、设备一览表》以外的所有其他机械和机具均由乙方采购，费用已包含在《工程量及费用清单》的综合单价中；

（1）根据工序安排乙方提供的架桥机、运梁车、门式起重机、压浆机、高速搅拌机、压浆泵、真空泵、张拉千斤顶、张拉油泵、吊车、模板及钢筋加工设备应能满足甲方工期及工程质量要求。

篇二：桥梁施工合同范本

桥涵施工合同协议书

发包方：（甲方）

承建方：（乙方）按照《中华人民共和国合同法》《中华人民共和国劳动法》和《建筑安装工程承包合同条例》的有关规定，遵循平等、自愿、公平和诚实信用的原则。为明确双方在施工过程中的权利、义务和经济责任，甲乙双方就本项目工程合作事宜，经双方协商同意签订本合同。

一、工程概况

1. 工程名称

2. 工程地点

3. 工程性质

4. 承包工程范围及内容

5. 工程造价：经双方商定，本承包合同全部工程造价为￥（大写：　）。本工程价款实行总价包干，合同履行期间无论材料、人工、机械及工程施工使用的任何物料的价格涨幅都不做单价调整。该总价包含实施和完成本合同内各项目工程所需的劳务、机械设备（吊车、挖机、泵车等由甲方提供）及所有材料（除甲方提供材料外）和辅材、缺陷修复、水费、电费、管理、保险、个人所得税及利润等费用；含人员及设备进退场费用；以及合同明示或暗示的所有一切风险、责任和义务费用。

6. 工程期限：根据双方商定，本合同全部工程自××年××月××日开工至××年××月××日竣工，工期个日历天，如因乙方原因逾期完不成本工程，每拖延一天，扣工程款××元。

二、施工技术依据

采用中华人民共和国行业标准JTJ041-2000《公路桥涵施工技术规范》和JTG F80/1-2004《公路工程质量检验评定标准》、JTGb01-2003《公路工程技术标准》、[2003]94号《公路工程国内招标文件范本》。

三、施工与设计变更

1. 在组织施工中，必须遵照中华人民共和国交通部颁发的JTJ041-2000《公路桥涵工程施工技术规范》和JTG F80/1-2004《公路工程质量检验标准》以及设计文件的要求组织施工。每道工序完成后，必须经甲方委派的工程监理人员检验合格后，方可进行下一道工序的施工，并注意做好检验记录，填好相应施工资料。

2. 在组织施工中如必须变更设计，应按下列程序处理。

（1）施工中发现设计文件有错误，或不能满足结构要求或因地质情况有实质性的变化等确需变更，乙方应及时报告甲方监理提出申请，由甲方在72小时内提出修改意见或变更设计的可行性文件给予书面答复，经甲、乙双方办理签证手续后，方可继续施工，工期相应顺延。

（2）在施工中如遇设计变更超出原设计标准或规模时，须经原批准单位审批同意，甲乙双方办理签证手续后方可继续施工，在设计变更尚未批准前，乙方不能强行施工，工期相应顺延。

（3）设计变更及其他变更签证费用均视为包含在工程总价内，工程价款不做调整。

3. 在施工中由乙方本身原因造成的停工、返工、材料构件的倒运等损失，由乙方自行承担。

四、双方责任

1. 甲方责任

a. 会同工程所在协调地方及周边关系；协调电力架设、水源、料场等，确保"三通一平"；确保工作面得及时移交。

b. 派驻监理对原材料、工程进度、工程质量进行监督监控。

c. 负责向乙方进行技术交底。

d. 负责按合同规定的期限及形式支付工程款。

e. 监控乙方资金的使用。

2. 乙方责任

a. 服从甲方及监理人员的技术监督和质量管理。

b.乙方委派为项目负责人，为技术负责人，负责现场管理工作。乙方代表及时向甲方提出开工报告、施工进度计划、交竣工验收资料及按照监理人员的要求整理好必需的内业资料。

c.严格按照设计要求和技术标准要求自行筹措工程所需材料、劳力、机械，自行联络开工前必要的条件，并按照技术规范组织施工，确保工程质量，按合同规定的时间竣工和交付。

d.保证现场整洁、有序，符合有关规定。交工前清理现场达到有关规范的要求，承担违犯规定造成的损失。

e.确保项目的安全施工，要加强安全生产教育，杜绝事故的发生，出现材料设施、工程质量或人身伤亡等安全事故，自行承担责任。

f.建立健全质量管理体系，内部实行自检、互检、专检制度，做好自检记录。并接受甲方及监理人员的检查指导，对其提出的问题及时解决。

g.完善各种建筑材料的试验和实验规程，积极配合甲方及所派监理人员的实验工作；各分项工程开工前，必须向甲方及监理人员提交砂浆和砼配合比报告，各种实验费用由乙方承担。

h.负责工程成品的保护工作直至竣工验收前。

五、施工监理

1.监理办法：由甲方委托有相关资质的监理公司对工程进行全过程质量的监督控制。

2.公司委派监理工程师××同志为该工程监理。

3.监理依据中华人民共和国行业标准《公路工程施工监理办法》《公路工程质量检验评定标准》进行施工监理。

六、材料要求

1.本工程所使用的全部材料均应达到合格标准。

2.主材中钢材须选择莱钢或济钢总厂生产，水泥须选择青龙山或山水品牌，石灰须为一级灰，并提供每批产品合格证及试验报告，否则甲方有权拒绝使用，由此而造成的损失由乙方负担。

3.砂采用水洗中粗砂；碎石采用优质石子，无黄皮、针片状含量符合规范要求；片石、块石采用优质青石，无黄皮，尺寸大小符合规范要求。

七、质量与检查

1.工程质量的验收标准按中华人民共和国行业标准《公路工程质量检验评定标准》执行。

2.检查和返工：乙方应认真按照标准、规范、设计和要求及甲方代表依据合同发出的指令施工，随时接受甲方代表或工程监理人的检查检验，为检查检验提供便利条件，并按甲方代表或其监理人的要求返工修改，承担由自身原因导致返工、修改的费用。以上检查检验合格后，在保修期内又发现由乙方原因引起的质量问题，仍由乙方承担责任和发生的费用，赔偿甲方有关损失。

3. 工程质量要求：工程质量应达到国家或专业的质量检验评定标准的合格条件。如达不到合格条件，甲方代表或监理一经发现，可要求乙方返工，乙方应按甲方代表要求时间返工，直到符合合格条件。因乙方原因达不到合格条件，乙方承担返工费用，工期不予顺延。双方对工程质量有争议时，由相关部门负责仲裁，但仲裁费用和由此而造成的经济损失，由败诉一方承担。

八、计量支付

付款方式：项目由乙方垫资建设，甲方按总投资的30%、30%、20%、20%分四次付清总工程款。工程开工后由建设方跟踪审计，施工期间拨付预算总投资的30%，工程验收后，剩余工程款分三年付清，2013年年底付至总工程款的60%，2014年年底付至总工程款的80%，2015年年底付清尾款。

工程施工合同书

发包人：

承包人：

四、履约过程中的合同管理

（一）目的

为规范企业合同履行工作，提高企业合同管理水平，保护企业权益，特制定本规定。

（二）职责及含义

职责：对建设工程施工合同的订立和履行进行指导、监督、检查和管理。

含义：指项目发包方和承包方根据合同规定的时间、地点、方式、内容、标准等要求，各自完成合同义务。

（三）合同履约部管理制度

1. 依法成立合同具有法律约束力。一切与合同有关的部门、人员必须本着"重合同、守信誉"的原则，严格执行合同所规定的义务，确保每个项目合同的实际履行或全面履行。未经审批部门同意，任何个人或部门不得消极处理或擅自变更、中止、终止合同。

2. 合同履行过程中的具体负责人，按照企业审核规定执行，即由谁审核，就由谁负责合同的事前监督、事中处理和事后总结。

3. 合同履约部等有关部门负责人应随时了解、掌握合同的履行情况，发现问题及时处理或汇报。否则，造成合同不能履行、不能完全履行的，要追究有关人员的责任。

4. 因企业合同履行部门过错而导致企业利益受损的，相关责任人应当承担赔偿责任并应及时采取补救措施；因客户过错给企业带来损失的，应按《中华人民共和国合同法》提请对方承担损害赔偿责任；双方都有过错的，各自承担相应责任。

5. 合同履行部应当组织工作人员对合同履行情况进行全程监控，以确认合同履行情况符合合同要求。重大复杂的合同项目，由总经理同意后可外聘专家参加合同履行控制工作。

6. 合同履行部应制订合同履约流程，明确履约控制指标，明晰参加合同履行工作人员的岗位职责，编制合同履行岗位职责书，工作人员应在岗位职责书上签字，并承担相应的法律责任。

7. 合同履行岗位职责书由企业法律部门负责编制，应标注所履行合同的编号、客户名称、合同内容、开始履行时间、全员审核部门等基本情况。合同履行中发生的情况应建立合同履行执行情况台账。

8. 合同履行完毕前五天，履行部门应向总经理办公室发出通知；即时清结的合同，应在履行之初与总经理办公室协商处理验收事项；涉及货物交接的合同，在接收货物时，应通知验收人员到场。

9. 合同履行部门应督促客户全面履行合同义务，合同已有规定的，按照约定执行；没有约定或约定不明的，必须符合国家、行业、地方标准执行及企业履约目标。

10. 重大、复杂合同的履行过程中，经办人员应定期与对方对账，确认双方债权债务。

11. 客户发生兼（合）并、分立、改制或其他重大事项以及本公司或对方当事人的合同经办人员发生变动时，应及时对账，确认合同效力及双方债权债务。

12. 客户未按合同约定的时间、地点或方式履约，继续交易将损害企业利益的，合同履行部门或验收人员应及时通知客户改正并向总经理报告，并提出中止履行、变更履行、不予履行等意见，总经理应将合同履行情立即转告合同审核部门及相关负责人。

13. 合同负责人收到合同履行意外情形后，视具体情况做出继续履行、中止履行、变更履行、不予履行等意见。

14. 合同执行中如因我方原因需要变更合同或有任何偏离时，合同履行部门应及时向客户进行通报，以保证能得到客户的理解或更改要求。

15. 验收人员应具备与合同项目相关的专业知识和实践经验，本单位专业技术人员不足的，应邀请相关技术人员参加验收。

16. 验收人员收到验收通知后，应做好组织接收和验收的准备，在到货、工程竣工或服务结束后的五个工作日内或合同约定的期限内提出验收意见；重大复杂的合同项目可以延迟，但最迟不得超过二十个工作日。验收人员无正当理由拖延或拒绝验收致使企业违约的，应承担相应责任。

17. 合同履行完毕，应指定的专门验收人员对合同履行情况进行验收总结，填写合同履行情况总结书，向总经理呈报。合同履行情况总结书应标注履行合同的编号、客户名称、合同内容、合同履行的时间、企业收益、履行期间的困难、合同履行的启示等情况。

18. 合同验收过程中发现有严重问题或重大可疑情况的，验收人员应及时书面向总经理反映。经确认属客户过错的，应及时与其交涉，追究其民事违约责任或向相关部门举报，依法追究其行政违法责任直至刑事责任。

19.合同履行完毕的标准，应以合同条款或法律规定为准。没有合同条款或法律规定的，一般应以物资交清、工程竣工并验收合格、价款结清以遗留交涉手续为准。

20.合同履行部工作人员和验收人员不得相互串通损害企业利益。合同履行部门工作人员与合同审核、验收人员的职责权限应当明确，并相互分离

21.合同履行部、验收等工作人员有下列情形之一，构成犯罪的，依法追究刑事责任；尚不构成犯罪的，处以罚款；有违法所得的，并处没收违法所得，按照企业有关规定给予行政处分：

（1）与客户或其代理人恶意串通的；

（2）接受客户贿赂或者获取其他不正当利益的；

（3）关部门依法实施的监督检查中提供虚假情况的；

（4）其他损害企业利益的情形。

22.合同履行中的书面签证、来往信函、文书、电报等均为合同的组成部分，合同经办人员应及时整理、妥善保管。在合同履行过程中，对本企业的履行情况应及时做好记录并经对方确认。向对方当事人交付重要资料、发票时应由对方当事人出具收条，履行合同付款时应由对方当事人出具收条。

（四）合同履约流程

合同签订——合同履约部——工程部——财务室——合同履约部——收集资料建立档案（班组合同、施工方案、施工人员档案、开工报告）——编制合同跟踪记录表——依据合同节点——协助各部开展系统工作——收集施工资料——整理竣工资料——办理决算（甲方及班组）——款清归档

（五）合同履约部各级岗位职责

1.总经理岗位职责

（1）认真贯彻执行党和国家的各项路线、方针和政策；主持企业全面工作；负责处理企业的日常行政、人事、安全、生产管理等事务。

（2）严格执行国家政府职能部门制定的对建筑行业有关建筑施工工程作业方面的各项法规、决议和决定。

（3）加强对员工的安全、服务意识教育，牢固树立安全和文明生产观念。

（4）负责组织制定和审批公司各项管理制度、管理办法和各项作业流程，健全和完善企业各部门岗位职责。

（5）负责组织制定企业的发展规划、编报公司年度工作计划和工作总结，指挥、督促并检查下属各部门完成各项工作。

（6）负责确定企业部门的设置、定编、定员、定岗。

（7）对本企业各部门主管级（含）以上管理人员有任免权，并进行绩效考核，有权对考核结果进行处理。

（8）负责组织、领导本企业所有员工的业务、技能培训工作，提高员工的专业素质和工作绩效。

（9）负责贯彻实施质量管理体系文件内容，按要求做好相关工作的落实与检查工作。

（10）负责审核企业资金使用、费用开支、财务预算方案。

（11）负责对企业各种生产、生活物资采购计划进行审核。

（12）负责组织、参与项目竞标工作；负责与各项目经理签订相关经理责任合同，并督促检查合同执行情况和施工完成情况。

（13）了解和掌握国家对建筑业有关的新政策、新举措和行业动态，注重科学管理，抓好质量安全工作，实行"经理负责制"，不断提高企业的经济效益和社会效益，扩大企业知名度。

（14）定期组织召开企业部门负责人工作例会，总结、研究企业现阶段生产、经营及管理情况。

2. 合同履约部副部长、负责工程部领导工作。

（2）负责工程进场前的施工准备工作。

（3）负责审批落实项目各分承包合同的谈判和签订工作，对工程分承包方进行评价和选择，建立合格分承包方名册，并负责分承包队伍的管理。

（4）在总经理的领导下，负责施工过程中的过程控制，包括落实年、月生产计划，并负责考核计划的完成情况。

（5）随时掌握工程进展情况，惊醒综合平衡，统筹安排，以加快施工进度，缩短施工工期，并负责工程部阶段性和年度的工作总结。

（6）在总经理领导下对各施工的现场的监督管理，安全文明施工，以及环境职业健康安全运行管理涉及的其他方面的监督检查工作。

（7）负责工程施工的成品保护检查，以及项目工程产品保护措施执行情况的监督检查工作。

（8）对部门内所有上报的申请、报告、报表、工程进度等文件的质量负责。

（9）负责组织在施过程管理、搬运、储运、防护、和交付管理，顾客、相关方满意度测评及服务管理，工程分承包管理，以及环境、职业健康安全运行的管理。

（10）在施工及交付的服务过程中，及时通过主动走访、电话、信件及交谈等方式收集顾客及相关方的满意信息并向项目分公司进行施工交底。

（11）对在施项目负责组织制订年度工程回访计划和进行顾客满意度调查，受理顾客投诉，组织回访、保修和服务工作，并将来自顾客的信息传递到相关部门。

（12）负责与部门内业务有关的环境因素、主要环境因素、危险源、主要危险源的测定和监督。

（13）定期召开部署会议，提出改进工作的目标和措施。

（14）完成总经理交付的其他工作。

3. 合同履约部副部长、总工程师岗位职责

（1）负责公司所有施工工程质量和技术工作的总体控制。

①监督、检查施工技术操作规程的执行。

②监督、检查设备维护使用规程的执行。

③监督、检查安全技术操作规程的执行。

④监督、检查其他有关的生产管理制度的执行。

（2）积极开展合理化建议工作，大力提倡采用新技术、新材料应用。

（3）负责对工程项目《施工组织设计》的审批。

（4）负责施工安拆方案技术内容的修改和方案审批。

（5）负责对工程项目基础、主体分部和单位工程的质量验收。

（6）负责各个项目投标方案的编报、对工程技术文件的审核工作。

（7）负责审批针对产品中严重不合格项的纠正措施，并评审实施效果。

（8）参加各工程项目重要部位和施工工程竣工验收会议。

（9）负责对顾客投诉进行处理并及时反馈各相关方。

（10）负责组织对重大质量事故的鉴定和处理；不定期对施工现场进行检查，随时监控工程质量，发现问题及时召集项目部、生产技术处等相关部门负责人进行处理。

（11）完成上级领导安排的临时性、重要性工作。

4. 合同履约部副部长、材料部经理岗位职责

（1）认真贯彻、执行并遵守国家的法律法规和公司的各项规章制度；负责材料设备处日常事务和人员的管理，直接对总经理负责。

（2）加大对质量管理工作的学习、贯彻执行力度，确保工程材料及设备的质量符合国家行业标准，杜绝伪劣材料进入施工现场。

（3）负责公司施工材料需求，严把工程材料的验收和发放环节，按计划供应材料，保证及时供应；随时掌握工程进度与材料进场的时间关系与使用情况，负责对施工现场各种余料的管控和回收工作。

（4）负责与供应商建立长期、稳定的业务关系和情感维系工作，为资金的良性循环创造良好、宽松的运行环境。

（5）认真分析、熟悉和掌握市场行情，严把材料价格关，保证采购价格的合理性和一定的利润空间，控制好采购成本。

（6）负责监督和管理施工现场材料使用情况，如有不符，督促有关人员限期查清原因、

制定措施并处理、汇报；对铺张浪费、管理和使用不当等原因造成的材料损失，有权追究和处理。

（7）保证报表的真实性、完整连续性，做好材料的统计和分析工作。

（8）完成公司领导交办的其他工作和任务。

5. 合同履约部组长

（1）负责工程项目资料、图纸等档案的收集、管理。

负责工程项目的所有图纸的接收、清点、登记、发放、归档、管理工作：

（2）收集整理施工过程中所有技术变更、洽商记录、会议纪要等资料并归档：负责对每日收到的管理文件、技术文件进行分类、登录、归档。负责项目文件资料的登记、受控、分办、催办、签收、用印、传递、立卷、归档和销毁等工作。负责做好各类资料积累、整理、处理、保管和归档立卷等工作，注意保密的原则。来往文件资料收发应及时登记台账，视文件资料的内容和性质准确及时递交总经办批阅，并及时送有关部门办理。确保设计变更、洽商的完整性，要求各方严格执行接收手续，所接收到的设计变更、洽商，须经各方签字确认，并加盖公章。设计变更（包括图纸会审纪要）原件存档。所收存的技术资料须为原件，无法取得原件的，详细背书，并加盖公章。做好信息收集、汇编工作，确保管理目标的全面实现。

（3）参加分部分项工程的验收工作

①负责备案资料的填写、会签、整理、报送、归档：负责工程备案管理，实现对竣工验收相关指标作备案处理。对各工程项目备案资料进行核查。严格遵守资料整编要求，符合分类方案、编码规则，资料份数应满足资料存档的需要。

②监督检查各项目施工进度：对施工单位形成的管理资料、技术资料、物资资料及验收资料，按施工顺序进行全程督查，保证施工资料的真实性、完整性、有效性。

③在工程竣工后，负责将文件资料、工程资料立卷归档。

（4）负责计划、统计的管理工作

①负责编制各项目当月进度统计报表和其他信息统计资料。编报的统计报表要按现场实际完成情况严格审查核对，不得多报，早报，重报，漏报。

②负责与项目有关的各类合同的档案管理：负责对签订完成的合同进行收编归档，并开列编制目录。做好借阅登记，不得擅自抽取、复制、涂改，不得遗失，不得在案卷上随意划线、抽拆。

（5）负责工程项目的内业管理工作

①协助项目经理做好对外协调、接待工作：协助项目经理对内协调公司、部门间，对外协调施工单位间的工作。做好与有关部门及外来人员的联络接待工作，树立企业形象。

②负责工程项目的内业管理工作：汇总各种内业资料，及时准确统计，登记台账，报表按要求上报。通过实时跟踪、反馈监督、信息查询、经验积累等多种方式，保证汇总的

内业资料反映施工过程中的各种状态和责任，能够真实地再现施工时的情况，从而找到施工过程中的问题所在。对产生的资料进行及时收集和整理，确保工程项目的顺利进行。有效地利用内业资料记录、参考、积累，为企业发挥它们的潜在作用。

③负责做好文件收发、归档工作。负责对竣工工程档案整理、归档、保管、便于有关部门查阅调用。

（6）完成项目经理交办的其他任务。

6.合同履约部组员项目部岗位职责

（1）认真执行公司的质量方针及作业指导书，严格按照质量保证体系和质量管理体系实施贯彻，确保工期进度、质量、安全、创建文明工地目标的实现。

（2）负责工地施工进度计划的编制及施工方案和质量计划的实施。

（3）全面负责项目部各分部分项工程的施工，严格按照施工规范、操作规范进行施工，合理安排工序，确保产品质量。

（4）负责劳动力、机械、材料等资源的调配与供应，有计划地安排施工机械和材料的进出场。

（5）负责按相关规定认真签写施工日志。

（6）全面负责项目部的安全生产活动，落实安全保证措施。

（7）协助项目经理做好与分包单位、建设单位、监理公司等单位的配合工作。

7.合同履约部组员市场部岗位职责

（1）负责公司营销策略的制定、实施以及市场开拓。

（2）市场信息、行为的及时收集与反馈。

（3）各类项目的承接、合同签订和协助各工程项目款项回收。

（4）不断收集客户的需求信息，建立完善的客户资料管理体系；维护客户对公司服务的满意度和忠诚度。

（5）完成公司下达的年度考核指标。

8.合同履约部组员、预算部岗位职责

（1）预算部门负责工程施工预算，竣工决算工作，成本核算等工作。并负责和分包队伍工程量的核算审核，按合同确定的单价进行核算。核算结果需要有项目经理，专职安全员，质检员的签字后生效。

（2）以施工方案管理措施为依据，消耗定额，作业效率等进行工料分析，根据市场价格信息，编制施工预算，开工前应完成预算编制。

（3）当某些环节或本部分项工程施工条件尚不明确时，可按照类似工程施工经验或招标文件所提供的计量依据计算暂结费用。

（4）成本分解

①按工程部位进行成本分解，为分部分项工程成本核算提供依据。

②按成本项目进行成本分解，确定项目的人工费，材料费，机械台班费，其他直接费和间接成本的构成。为施工生产要素的成本核算提供依据。

③对项目成本进行预测预控。

（5）施工过程中项目成本的核算，每月为一核算期，在月末进行，单位工程为核算对象，并与施工项目管理责任目标成本的界定范围相一致。项目成本核算应以施工形象进度，施工产值统计，实际成本归集体"三同步"。

（6）施工产值和施工成本的归集。

①应按统计人员提供的当月完成工程量的价值及有关规定，不包括各项上缴税费。作为当期工程结算收入。

②人工费应按劳动管理人员提供的用工分析和受益对象进行账务处理，计入工程成本。

③材料费应根据当月项目材料消耗和实际价格，计算当期消耗，计入工程成本；周转材料应实行内部租赁（调配制）按当月使用时间、数量、单价计算，计入工程成本。

④机械使用费按照项目当月使用台班和单价计入工程成本。

⑤其他直接费应根据有关核算资料进行账务处理，计入工程成本。

⑥间接成本应根据现场发现的间接成本项目的有关资料进行账务处理，计入工程成本。

9. 合同履约部组员、财务部岗位职责

（1）在总经理领导下，依据《会计法》《企业会计准则》《企业会计制度》等相关法规，负责组织和实施公司的会计核算、会计监督、财务管理。

（2）根据《企业财务会计报告条例》要求，按期编制财务会计报表。

（3）建立健全公司内部财务管理的各种规章制度，并监督、检查其执行情况。

（4）核算公司内部各单位的收入和成本，分析、反映其完成情况，同时完成各种上交。

（5）积极配合有关部门的工作，促进公司取得较好的经济效益。

（6）负责清理公司债权，督促各项目工程欠款的催收。与法律顾问配合，积极采取措施防止公司债权超过法律诉讼时效。

（7）负责督促各工程项目及时办理竣工工程财务结算。

（8）完成领导交办其他工作。

五、工程施工索赔

（一）索赔分类

按照索赔的目的可以将工程索赔分为费用索赔和工期索赔。

费用索赔的目的是要求经济补偿。当施工的客观条件改变导致承包人增加开支，要求对超出计划成本的附加开支给予补偿，以挽回不应由承包人承担的经济损失。费用索赔的费用内容一般可以包括人工费、设备费、材料费、保函手续费、贷款利息费、保险费、利

润及管理费等。在不同的索赔事件中可以索赔的费用是不同的。

工期索赔是由于非承包人责任的原因而导致施工进程延误，要求批准顺延合同工期的索赔。

（二）索赔的依据

索赔要有依据，证据是索赔报告的重要组成部分，证据不足或没有证据，索赔就不可能成立。提出索赔的依据主要有以下几方面：

1. 招标文件、施工合同文件及附件、补充协议，施工现场各类签认记录，经认可的工程施工进度计划、工程图纸及技术规范等；

2. 双方的往来信件及各种会议，会谈纪要；

3. 施工进度计划和实际施工进度记录、施工现场的有关文件及工程照片；

4. 气象资料、工程检查验收报告和各种技术鉴定报告，工程中送停电、送停水、管路开通和封闭的记录和证明；

5. 国家有关法律、法令、政策文件等。

（三）索赔证据应该具有真实性、及时性、全面性、关联性、有效性

（四）索赔成立的条件

1. 构成施工项目索赔条件的事件

索赔事件又称干扰事件，是指那些使实际情况与合同规定不符合，最终引起工期和费用变化的各类事件。通常，承包商可以提起索赔的事件有：

（1）发包方违反合同给承包方造成时间、费用的损失；

（2）因工程变更造成的时间、费用损失；

（3）由于监理工程师对合同文件的歧义解释、技术资料不确切，或由于不可抗力导致施工条件的改变，造成时间、费用的增加；

（4）发包方提出提前完成项目或缩短工期而造成承包方的费用增加；

（5）发包方延误支付期限造成承包人的损失；

（6）合同规定以外的项目检验，且检验合格，或非承包人的原因导致项目缺陷的修复所发生的损失或费用；

（7）非承包人的原因导致工程暂时停工；

（8）物价上涨、法规变化及其他。

2. 索赔成立的前提条件

索赔成立必须同时具备以下三个条件：

（1）与合同对照，事件已造成了承包人工程项目成本的额外支出，或直接工期损失；

（2）造成费用增加或工期损失的原因，按合同约定不属于承包人的行为责任或风险责任；

（3）承包人按合同规定的程序和时间提交索赔意向通知和索赔报告。

（五）索赔的程序

发包人未能按合同约定履行自己的各项义务或发生错误以及应由发包人承担责任的其他情况，造成工期延误或承包人不能及时得到合同价款及承包人的其他经济损失，承包人可按下列程序以书面形式向发包人索赔：

1. 索赔事件发生后 28 天内，向工程师发出索赔意向通知；

2. 发出索赔意向通知后 28 天内，向工程师提出延长工期和补偿经济损失的索赔报告及有关资料；

3. 工程师在收到承包人送交的索赔报告和有关资料后，于 28 天内给予答复，或要求承包人进一步补充索赔理由和依据；

4. 工程师在收到承包人送交的索赔报告和有关资料后 28 天内未给予答复或未对承包人做进一步要求，视为该索赔已经认可；

5. 当该索赔事件持续进行时，承包人应当阶段性向工程师发出索赔意向，在索赔事件终了后 28 天内，向工程师送交索赔的有关资料和最终索赔报告。

承包人为未能按合同约定履行自己的各项义务或发生错误，发包人可按以上索赔程序和时限向承包人提出索赔。

（六）索赔的计算

1. 工期索赔的计算方法

（1）网络分析法：网络分析法通过分析延误前后的施工网络计划，比较两种工期计算结果，计算出工期应顺延的工程工期。

（2）比例分析法：比例分析法通过分析增加或减少的单项工程量于合同总量的比值，推断出增加或减少的工程工期。

（3）其他方法：工程现场施工中，可以按照索赔事件实际增加的天数确定索赔的工期；通过发包方与承包方协议确定索赔的工期。

2. 费用索赔计算方法

（1）总费用法：又称总成办法，通过计算出某单项工程的总费用，减去单项工程的合同费用，剩余费用为索赔费用。

（2）分项法：按照工程造价的确定方法，逐项进行工程费用的索赔，可以分为人工费、机械费、管理费、利润等分别计算索赔费用。

（七）承包人提出索赔的期限

1. 承包人按合同约定接受了竣工付款证书后，应被认为已无权再提出在合同工程接收证颁发前所发生的任何索赔。

2. 承包人按合同约定提交的最终结清申请单中，只限于提出工程接收证书颁发后发生的索赔。提出索赔的期限自接受最终结清证书时终止。

六、施工合同管理办法实施细则

（一）总则

1. 为了加强对工程施工合同的管理，规范公司的经营行为，依据《中华人民共和国合同法》《中华人民共和国建设法》等有关法律、法规，依据山东地产旅游有限公司《施工合同管理办法》制定本实施细则。

2. 合同内容要遵循国家法律、法规和政策，不得损害国家、社会和公司的利益。

3. 签订合同要贯彻平等自愿、互惠互利和诚实信用的原则。

4. 依法订立的合同具有法律约束力，应按照合同的约定享受权利、履行义务，不得擅自变更或解除合同。

（二）适用范围

适用于公司所签订的涉及建筑、安装、装饰、市政、园林、房屋修缮及保养维修等工程合同与相配套的监理合同。

（三）施工合同的拟订及谈判

1. 施工合同的谈判工作需要在招标定标工作完成、中标公示期满无任何异议后，方可进行。

2. 公司收到合同签订依据（中标通知书）后，通知中标单位按照招标文件要求提交证明文件及各项材料作为合同的共存附件；同时，公司成本部负责拟稿，并分发给项目公司工程部等相关部门进行合同初审。各职能部门根据其职责范围和要求，对施工合同约定的内容进行相应的调整及补充。

3. 合同初审通过后，由成本部牵头，组织项目公司工程部等相关部门共同参与工程承包方谈判。谈判小组必须由两人以上组成，共同参与施工合同的谈判，对达成共识的内容要形成会议纪要，参会人员要签字认可，并存档备案。

4. 公司在组织合同谈判过程中，主要就合同专用条款和附加条款达成一致，对在洽谈过程中无法解决的问题，由成本部及时向公司分管领导、总部工程管理部沟通和汇报，以便于公司领导进行决策。

5. 合同双方就合同内容达成一致后，由公司成本部完成合同的完善和修改工作，进入合同审批阶段。

说明：施工合同根据工程类别优先使用行业主管部门颁布的示范文本，可在专用条款后添加补充条款，要求内容全部打印，不得手写，空白部分应画波浪线。

（四）施工合同的审批

根据合同价款的范围，施工合同的审批权限和流程：

1.合同价款在500万元以下的施工合同

合同经办人→法律顾问→成本负责人→工程部经理→财务负责人→分管工程副经理→公司经理

2.合同价款在500万元～1000万元的施工合同

合同经办人→法律顾问→成本负责人→工程部经理→财务负责人→分管工程副经理→公司经理→地产旅游公司工程管理部经理

3.合同价款在1000万元以上施工合同

合同经办人→法律顾问→成本负责人→工程部经理→财务负责人→总工程师→分管工程副经理→公司经理→地产旅游公司工程管理部经理→地产旅游公司总经理。

为了确保施工合同签订的合法性、有效性，在合同审批的过程中，成本部将合同文本提交给法律顾问签署《律师意见书》《律师意见书》在报项目公司分管工程经理签前提供。

（五）施工合同的签订

1.结合施工合同审批权限的界定，将合同进行逐步审批通过后（审批单全部签字完毕），项目公司成本部可通知中标单位提供已签字盖章的定稿合同。

2.项目公司成本部对定稿合同进行审核，并检验中标单位是否已按投标文件办理完相关承诺手续，如无异议，将合同原件提交项目公司经理签字后，由综合部加盖项目公司公章，合同签订完成。按照合同保管原则将正式合同文本存档备案。

说明：

1.无特殊情况下，施工合同应按招标文件中规定的时间内签订完毕。

2.合同双方法定代表人或其授权人（需出具法人代表授权委托书）在签订施工合同时，要注明合同签订日期，签字并加盖单位公章后，即产生法律效力。

3.需要总部工程管理部审批的合同，成本部须在招标文件定稿前，将招标文件报总部工程管理部审核。

（六）施工合同的归档与保管

1.在施工合同签订当日，成本部应将所签合同正本一份、合同审批单及相关证明文件原件（施工方营业执照、专业资质、资信证明、法人代表授权委托书等加盖公章的复印件）交综合部存档，合同副本交由财务部、工程部分别留存，成本部及综合部应保存好电子版。

2.根据合同价款合同保存的程序：

（1）施工合同价款在500万元以下的：一式捌份（其中正本贰份），合同甲方陆份、乙方贰份；施工合同签订后三日内，成本部将电子版报地产旅游公司工程管理部存档备案。

（2）施工合同价款在 500 万元以上的：一式拾份（其中正本贰份），合同甲乙双方各执伍份；施工合同签订后三日内，成本部将其电子版及原件一份报地产旅游公司工程管理部存档备案。

根据实际情况，经总部工程管理部或项目公司经理同意后，可增加或减少施工合同的份数。

3. 项目公司成本部应设专人负责合同的保管工作。合同管理人员对已生效的合同要及时编号登记，逐项建立档案，凡与合同有关的文书、信函、补充协议等都要附在合同卷内归档，不得出现缺损、遗失。

4. 成本部合同管理人员必须建立合同台账，注明合同名称、金额、付款方式等主要内容（台账表格详见附件 3），并于每月的 20 号之前发给地产旅游公司工程管理部。

5. 所有施工合同均属企业机密。各使用单位或部门在使用合同的过程中，未经公司分管工程经理同意，不得将有关资料在任何商业或技术文献上刊登或披露，或转交、复印给其他无关人员，更不允许将电子版合同随意外传，否则由此造成的后果由责任人承担。

（七）施工合同的执行与监督

1. 自施工合同生效之日起，项目公司工程部应督促合同双方严格按照合同的约定，履行自己的权利和义务。

2. 地产旅游公司不定期地对项目公司合同的签订、审查、履行和归档情况进行检查，以便于施工合同、工程付款、工程结算的统一；地产旅游公司总部将结合施工合同、台账、结算书以及项目公司的工程形象进度审核工程资金计划。

3. 在施工合同的执行过程中，如需对合同内容进行变更，需严格按照施工合同变更程序执行，形成施工合同的补充协议。

4. 未签订施工合同的工程一律不予付款。

5. 合同在执行过程中出现纠纷时，项目公司工程部应及时将情况上报，项目公司成本部组织相关部门和分管工程经理进行处理，并把处理结果以报告形式存档，报地产公司工程管理部备案。

（八）施工合同的变更管理

1. 合同变更分项目公司提出的变更和乙方（承包方、被委托方）提出的变更两种。

2. 因项目公司需要提出变更的，可结合实际，按照以下程序办理：

由项目公司与乙方（承包方、被委托方）协调达成一致后，项目公司成本部向总部工程管理部提出变更合同的书面请示，请示应包括合同变更的原因、合同变更的内容、合同变更分析等项目，按审批程序报相关部门及人员批准后，依据原合同谈判、审批及签订程序办理合同变更事宜。

3. 一般情况下，不允许乙方（承包方、被委托方）提出合同变更，因特殊原因乙方（承包方、被委托方）提出合同变更的，结合实际情况，可以按照以下程序办理：

乙方（承包方、被委托方）向监理单位提出合同变更书面申请报告，须详细说明变更理由、内容、造价、结算办法等。监理单位审核申请报告，根据实际情况提出书面意见，报项目公司成本部。项目公司成本部和工程部对乙方（承包方、被委托方）申请报告及监理单位审核结果进行核查，与项目公司工程部研究确定变更合同的必要性，经研究确定不必办理合同变更的，项目公司成本部向提出合同变更的单位做出相应回复；对确定需要办理合同变更的，由项目公司成本部向总部工程管理部提出变更合同的书面请示，将监理审核意见及乙方（承包方、被委托方）书面申请作为请示附件，按审批程序报相关部门及人员审批。经具有相关审批权限的负责人批准同意后，依据原合同谈判、审批及签订程序办理合同变更事宜。

说明：

1. 合同变更审批权限与第四章施工合同审批权限相一致；

2. 合同变更中价款、工期增加的比例达到占原合同20％范围以外的情况，应重新办理合同变更事宜并签订补充协议；20％范围内，经项目公司经理召开专题会议审查通过后，形成纪要的书面资料并上报总部工程管理部。

（九）惩罚与奖励

1. 项目公司把施工合同管理纳入企业管理的重要内容，并作为一项重要的评议指标，定期检查、考核。

2. 在合同签订、履行的过程中，成绩显著和为避免或挽回重大经济损失做出贡献的有关人员，应视情况给予精神和物质的奖励。

3. 有以下行为之一的，经查证属实，将追究相关责任人的行政、法律责任，并处以一定的经济处罚；情节严重构成犯罪的，移交司法机关追究刑事责任。

（1）违反本规定，未经公司法定代表人同意或超越代理权限，擅自对外签订合同，给单位造成经济损失的；

（2）与对方当事人恶意串通，为谋取个人利益而损害公司利益的；

（3）未对对方当事人严格审查，盲目签订合同，以致上当受骗，造成重大经济损失的；

4. 合同未按程序进行审批，条款不全，内容不清，引起经济纠纷并造成重大经济损失的；

5. 由于有关人员严重不负责任，致使合同不能履行，造成重大经济损失或故意隐瞒经济纠纷，使公司蒙受重大经济损失的；

6. 丢失或擅自销毁合同、合同附件和合同订立、履行、变更、终止等往来函件的；

7. 应当签订书面合同而没有签订，给公司造成经济损失的；

8. 在合同审查、签订、履行和管理的过程中，私自泄漏企业的商业秘密，给公司造成经济损失的；

9. 在合同签订、审查、履行过程中，玩忽职守、徇私舞弊，给公司造成损害的；

10. 其他依照法律、法规和有关规定需要追究其责任的。

第五节　施工项目的其他管理内容

一、生产要素管理

（一）定义

生产要素：生产力作用于施工项目的有关要素，也可以说是投入施工项目的劳动力、材料、机械设备、技术和资金等要素。

（二）管理目的

通过生产要素管理，实现生产要素的优化配置，做到动态管理，降低工程成本，提高经济效益，从而达到节约劳动和物化劳动。

（三）内容

1. 劳动力的管理

劳动力的管理，关键在于使用，如何提高效率，就和职工劳动的积极性密切相关，只有加强思想政治工作和利用行为科学，从劳动力个人的需要和行为关系出发，进行恰当的激励机制，才能达到管理的效果。

（1）项目经理部应根据施工进度计划和作业特点优化配置人力资源，制定劳动力需求计划，特殊作业人员数量、普工数量、技能等级、身体状况，报工程管理部批准，并筛选合格施工队与之签订劳务合同。

（2）劳务分包合同的内容包括：作业任务、应提供的劳动力人数；进度要求及进场、退场时间；双方的管理责任；劳务费计取及结算方式；奖励与处罚条款。

（3）工程开工前一周，施工队应根据劳动力需求计划调配作业人员，经项目经理审核符合标准后，方可进入工地施工。

（4）项目经理部应对劳动力进行动态管理。劳动力动态管理应包括下列内容：

①对施工现场的劳动力进行跟踪平衡，及时要求施工队进行劳动力补充或减员，必要时向工程部提出申请计划。

②向进入施工现场的作业班组下达施工任务书，进行考核并兑现费用的支付和奖惩。

（5）项目经理部应加强对人力资源的教育培训和思想管理；加强对劳务人员作业质量和效率的检查。

（6）项目经理在施工过程中应对人力资源的技能进行培训，对劳动力进行恰当的激励和惩罚，调动其积极性。

（7）项目经理应在工程结束后对施工队进行评价，并注重骨干队员的培养，为公司发展做好人才储备工作。

2.项目材料管理

（1）材料部按材料需要计划保质、保量、及时、供应材料。

（2）材料需求量计划应包括材料需求总计划、月计划、周计划。

（3）材料仓库的选址应有利于材料的进出和存放，符合防火、防盗、防风、防雨、防变质的要求。

（4）进场的材料应进行数量验收和质量认证，做好相应的验收记录和标识。不合格的材料应更换、退货或让步接收（降级使用），严禁使用不合格的材料。

（5）材料的计量设备必须经具有资格的机构定期检验，确保计量所需要的精确度。检验不合格的设备不允许使用。

（6）进入现场的材料应有生产厂家的材质证明（厂名、品种、出厂日期、出厂编号、实验数据）和出厂合格证。要求复验的材料要有取样送检证明报告。新材料未经实验鉴定，不得用于工程中。现场配制的材料应经试配，使用前应经认证。

（7）材料储存应满足下列要求：

①入库的材料应按型号、品种分区堆放，并分别编号、标识。

②易燃易爆的材料应专门存放、专人负责保管，并有严格的防火、防爆措施。

③有防湿、防潮要求的材料，应采取防湿、防潮措施，并做好标识。

④有保质期的库存材料应定期检查，防止过期，并做好标识。

⑤易损坏的材料应保护好外包装，防止损坏。

（8）建立材料使用台账，记录使用和节超状况。

（9）应实施材料使用监督制度。材料管理人员应对材料使用情况进行监督；做到工完、料净、场清；建立监督记录；对存在的问题应及时分析和处理。

（10）班组应办理剩余材料退料手续。设施用料、包装物应回收，并建立回收台账。

（11）制定周转材料保管、使用制度。

3.项目机械设备管理

程序是：选择——使用——保养——维修——改造——更新

（1）项目所需要的机械设备可从工程部自有机械设备调配，或租赁，或购买，提供给项目经理部使用。远离公司的项目经理部，可有企业法定代表人授权，就地解决机械设备来源。

（2）项目经理部应编制机械设备使用计划报工程部审批。对进场的机械设备必须进行安装验收，并做到资料齐全准确。进入现场的机械设备在使用中应做好维护和管理。（应有技术交验文件）

（3）项目经理部应采取技术、经济、组织、合同措施保证施工机械设备合理使用，提高施工机械设备的使用效率，用养结合，降低项目的机械使用成本。

（4）机械设备操作人员应持证上岗、实行岗位责任制，严格按照操作规范作业，搞好班组核算，加强考核和激励。

（5）项目工程结束后，施工机械应清理维修完好办理退库手续，损坏的照价赔偿。（内部施工方法）

4. 项目资金管理

程序：编制资金计划——投入资金——资金使用——资金核算与分析

（1）工程部应在财务部门设立项目专用账号进行项目资金的收支预测、统一对外收支与结算。项目经理部负责项目资金的使用管理。（建立台账）

（2）项目经理部应编制资金收支计划，上报财务部门审批后实施。

（3）项目经理部应配合财务部门及时进行资金计收。资金计收应符合下列要求：

①新开工项目按工程合同收取预付款或开办费。（项目周转金定一下）

②根据合同编制"工程进度款结算单"，在规定日期内报监理工程师审批、结算。如发包人不能按期支付工程进度款且超过合同支付的最后期限，项目经理部应向发包人出具付款违约通知书，并按银行的同期贷款利率计息。

③根据工程变更记录和证明发包人违约的材料，及时计算索赔计金额，列入工程进度款结算单。

④发包人委托代购的工程设备或材料，必须签订代购合同，收取设备预付款或代购款。

⑤工程材料价差应按规定计算，发包人应及时确认，并与进度款一起收取。

⑥工期奖、质量奖、措施奖、不可预见费及索赔款应根据施工合同规定与工程进度款一起收取。

⑦工程尾款应根据发包人认可的工程结算金额及时回收。

5. 工程项目现场管理

（1）现场管理的定义

施工项目现场管理是对施工现场的质量、安全防护、安全用电、机械设备、技术、消防保卫、场容卫生、环保材料等各方面的管理。

（2）现场管理的目的

通过严密的管理组织，严格的要求，标准化的管理，科学的施工方案和职工较高的素质，实现工程项目优质、高效、低耗的目的，使其有良好经济效益和社会效益。有利于培养一支懂科学，善管理、讲文明的施工队伍。

（3）现场管理的一般规定

①项目经理部应认真做好现场管理，做到文明施工、安全有序、整洁卫生，不扰民、不损害公众利益。

②现场项目经理部应根据工程的总体规划和部署，搞好承包施工区域的场容文明形象管理。严格执行并纳入总承包人或甲方的现场管理范畴，接受监督、管理与协调。

③项目经理部应在现场入口处的醒目位置公示以下内容（五牌二图）

a. 工程概况牌（工程规模、性质、用途、发包单位、施工单位、设计单位、监理单位、施工开、竣工日期）

b. 安全纪律牌

c. 防火须知牌

d. 安全无重大事故记时牌

e. 安全生产、文明施工牌

f. 施工总平面图

g. 项目经理部组织框架及主要管理人员名单图

④项目经理部应把施工现场管理列入经常性的巡视检查内容，与日常管理有机结合。认真听取总包、甲方、监理、邻近单位及社会公众的意见和反映，及时抓好整改。

（4）规范施工现场场容

施工现场场容应规范化、合理化、标准化施工现场布置合理，物料堆放有序，便于施工操作

①项目经理部必须结合现场施工条件，按施工方案和进度计划的要求，认真进行施工平面图规划、设计布置、使用和管理。

②项目经理部应严格按照已审批的施工平面图和相关单位划定的位置进行以下内容的规划布置：

布置：施工主要机械设备、脚手架、安全网和围挡。

规划：临路、水、电、暖、线路。

规划：现场办公、食宿、仓库。

布置：材料的码放整齐，挂标识牌（产品名称、规格、数量、产地）。

③按施工平面布置图设置各项临时设施，堆放大宗材料、成品、半成品和机具设备，不得侵占场内道路及安全设施。

④施工机械应该按照施工平面布置图规定位置和线路设置，不得任意侵占场内道路及安全设施。施工机械进场必须经过安全检查，合格后方可使用，施工机械操作人员必须建立机组责任制，并依据有关规定持证上岗，禁止无证人员操作。

⑤严格按要求架设施工现场用电线路，严禁任意拉接电线，用电设施的安装必须符合安装规范和安全操作规程。

⑥设置夜间施工照明设施，必须符合施工安全的要求，危险潮湿场所的照明以及手持照明灯具应符合安全的电压。

经常清理建筑垃圾，每周举行依次清扫和整理施工现场活动，以保持场容整洁。把不需要的人、事、物分开。再将不需要的人、事、物加以处理，对施工现场现实摆放和停滞

各种物料进行分类，对于不需要的剩料，多余的半成品、料头、片屑、垃圾废品、多余的工具、报废的设备要坚决清理出场。以增大施工操作面积。保证现场整洁，行道通畅提高工作效率，减少磕碰机会保证安全和质量，消除管理上的混放、混料等差错事故，节约资金减少库存。另一方面改变人的拖拉习惯，振奋人的精神，提高工作情绪。

⑦确定废品、料头、切头的集散地，并设置标志，做到人人皆知。物料摆放要科学合理，经常使用的应放近一些，偶尔使用的应放远一些

⑧施工现场道路保持畅通，必要时现场应设置畅通的排水沟，不能积水，保持施工道路干燥坚实。

（5）环境保护

①项目经理部应根据《环保管理系列标准》（GB/T2400-ISO14000），建立相应的管理体系，不断反馈监控信息，采取整改措施。

②不准在现场熔化沥青和油漆，不得焚烧可产生有毒有害的废弃物。

③施工垃圾应在指定的地点堆放，每日进行清理。应采取有效措施控制施工过程中的扬尘，飞末，生活垃圾场和零星建筑垃圾实行袋装化。

④施工中需要停水、停电、封路而影响环境时，必须经有关单位批准，事先告示。

⑤在行人、车辆通行的地方施工，应当设置相应的标志。

⑥施工噪音大时，应错开居民或人员休息时间，夜间施工时不得超过规定休息时间。

（6）防火保安

①单位工程现场（钢结构一家），应设门卫、警卫负责现场保卫工作，要有防盗措施。

②施工现场管理人员，应当佩戴证明其身份的胸卡，其他施工人员宜有标识。

③现场建立健全消防、安全制度及措施，配置消防灭火器材，如灭火器、消防桶等。

④现场严禁吸烟，用火要开动火证并设专人看火，备有水源及灭火器材。

⑤电焊作业是应注意电焊火星落如木脚手板缝中或其他易燃品上，应派专人看火。配备消防设施。

（7）卫生防疫及其他事项

①施工现场不宜设置职工宿舍，需设置的尽量和施工现场分开。

②根据需要，宿舍应采取防暑降温、防寒保温和消毒防毒措施。

③项目经理部应进行现场节能管理，有条件应下达节能措施。

④现场的食堂、厕所应符合卫生要求，食堂工作人员必须有健康证，体检合格方可上岗。炊具应严格消毒，生熟食品应分开。

⑤由于工地现场难点是厕所问题，应考虑施工人员人数设置厕所，要求通风良好，封闭严密，定期清楚粪便。现场随地大小便问题只有在解决相关设施和方能彻底解决。

⑥施工现场食堂严禁出售酒精饮料，现场施工人员在工作期间严禁饮用酒精饮料，现场应设饮水设备，炎热季节应供应清凉饮料。

二、施工现场管理

（一）技术管理基础工作

1. 建立健全施工项目技术管理制度

技术管理制度主要有：技术责任制度、图纸会审制度、施工组织设计管理制度、技术交底制度、材料设备检验制度、工程质量检查验收制度、技术组织措施计划制度、工程施工技术资料管理制度以及工程测量、计量管理办法、环境保护工作办法、工程质量奖罚办法、技术革新和合理化建议管理办法等。

2. 技术责任制度

首先建立以项目技术负责人为首的技术业务统一领导和分级管理的技术管理工作系统，并配备相应的职能人员，然后按技术职责和业务范围建立各级技术人员的责任制。

3. 贯彻技术标准和技术规程

项目经理部在施工过程中，严格贯彻执行国家和上级颁布的技术标准和技术规程及各种建筑材料、半成品、成品的技术标准及相应的检验标准。

4. 建立施工技术日志

施工技术日志是施工中有关技术方面的原始记录。内容有设计变更或施工图修改记录；质量、安全、机械事故的分析和处理记录；紧急情况下采取的措施；有关领导部门对工程所做的技术方面的建议或决定等。

5. 建立工程技术档案

施工项目技术档案是施工活动中积累形成的、具有保存价值并按照一定的立卷归档制度集中保管的技术文件和资料，如图纸、照片、报表、文件等。工程技术档案是工程交工验收的必备技术资料；同时也是评定工程质量、交工后对工程进行维护的技术依据之一；还能在发生工程索赔时提供重要的技术证据资料。

6. 做好技术情报工作

项目经理部在施工中应注意收集、索取技术信息、情报资料，通过学习、交流，采用先进技术、设备，采用新工艺、新材料，不断提高施工技术水平。

7. 做好职工技术教育与培训

通过对职工的技术教育、技术培训，提高职工的技术素质，使职工自觉遵守技术规程，执行技术标准，开展群众性的技术改造、技术革新活动。

（二）施工项目的主要技术管理工作

1. 设计文件的学习和图纸会审

图纸会审是施工单位熟悉、审查设计图纸，了解工程特点、设计意图和关键部位的工程质量要求，帮助设计单位减少差错的重要手段。它是项目组织在学习和审查图纸的基础上，进行质量控制的一种重要而有效的方法，图纸审查的内容包括：

（1）是否是无证设计或越级设计，图纸是否经设计单位正式签署。

（2）地质勘探资料是否齐全。如果没有工程地质资料或无其他地基资料，应与设计单位商讨。

（3）设计图纸与说明是否齐全，有无分期供图的时间表。

（4）设计地震烈度是否符合当地要求。

（5）几个单位共同设计的，相互之间有无矛盾；专业之间平、立、剖面面图之间是否有矛盾；标高是否有遗漏。

（6）总平面与施工图的几何尺寸、平面位置、标高等是否一致。

（7）防火要求是否满足。

（8）建筑结构与各专业图纸是否有差错及矛盾；结构图与建筑图的平面尺寸及标高是否一致；建筑图与结构图的表示方法是否清楚，是否符合制图标准；预埋件是否表示清楚；是否有钢筋明细，如无，则钢筋混凝土中钢筋构造要求在图中是否说明清楚，如钢筋锚固长度与抗震要求是否相符等。

（9）施工图中所列各种标准图册施工单位是否具备，如无，如何取得。

（10）建筑材料来源是否有保证。图中所要求条件，企业的条件和能力是否有保证。

（11）地基处理方法是否合理。建筑与结构构造是否存在不能施工、不便于施工，容易导致质量、安全或经费等方面的问题。

（12）工艺管道、电气线路、运输道路与建筑物之间有无矛盾，管线之间的关系是否合理。

（13）施工安全是否有保证。

（14）图纸是否符合监理规划中提出的设计目标描述。

2.施工项目技术交底

建立技术交底责任制，并加强施工质量检验、监督和管理，从而提高质量。

（1）技术交底的要求

所有的技术交底资料，都是施工中的技术资料，要列入工程技术档案。技术交底必须以书面形式进行，经过检查与审核，有签发人、审核人、接受人的签字。整个工程施工、各分部分项工程，均须作技术交底。特殊和隐蔽工程，更应认真作技术交底。在交底时应着重强调易发生质量事故与工伤事故工程部位，防止各种事故的发生。

（2）施工项目技术负责人对工长、班组长进行技术交底

应按工程分部、分项进行交底，内容包括：设计图纸具体要求；施工方案实施的具体技术措施及施工方法；设计要求；规范、规程、工艺标准；施工质量标准及检验方法；隐蔽工程记录、验收时间及标准；成品保护项目、办法与制度；施工安全技术措施。

（3）工长向班组长交底

主要利用下达施工任务书的时候进行分项工程操作交底。

3. 隐蔽工程检查与验收

隐蔽工程是指完工后将被下一道工序所掩盖的工程。隐蔽工程项目在隐蔽前应进行严密检查，做出记录，签署意见，办理验收手续，不得后补。有问题需复验的，须办理复验手续，并由复验人做出结论，填写复验日期。建筑工程隐蔽工程验收项目如下：

（1）地基验槽。包括土质情况、标高、地基处理。

（2）基础、主体结构各部位的钢筋均须办理隐检。内容包括：钢筋的品种、规格、数量、位置锚固或接头位置长度及除锈、代用变更情况，板缝及楼板胡子秀处理情况，保护层情况等。

（3）现场结构焊接。钢筋焊接。钢筋焊接包括焊接型式及焊接种类；焊条、焊剂牌号（型号）；焊口规格；焊缝质量检查等级要求；焊缝不合格率统计、分析及保证质量措施、返修措施、返修复查记录等。

（4）高强螺栓施工检验记录。

（5）屋面、厕浴间防水层下的各层细部做法，地下室施工缝、变形缝、止水带、过墙管做法等，外墙板空腔立缝、平缝、十字缝接头、阳台雨罩接头等。

4. 施工的预检

预检是该工程项目或分项工程在未施工前所进行的预先检查。预检是保证工程质量、防止可能发生差错造成质量事故的重要措施。预检时要做出记录。预检项目如下：

（1）建筑物位置线，现场标准水准点，坐标点（包括标准轴线桩、平面示意图），重点工程应有测量记录。

（2）基槽验线，包括：轴线、放坡边线、断面尺寸、标高（槽底标高、垫层标高）、坡度等。

（3）模板，包括：几何尺寸、轴线、标高、预埋件和预留孔位置、模板牢固性、清扫口留置、施工缝留置、模板清理、脱模剂涂刷、止水要求等。

（4）楼层放线，包括：各层墙柱轴线、边线和皮数杆。

（5）翻样检查，包括几何尺寸、节点做法等。

（6）楼层 50cm 水平线检查。

（7）预制构件吊装，包括：轴线位置、构件型号、构件支点的搭接长度、堵孔、清理、锚固、标高、垂直偏差以及构件裂缝、损伤处理等。

（8）设备基础，包括：位置、标高、几何尺寸、预留孔、预埋件等。

（9）混凝土施工缝留置的方法和位置，接槎的处理（包括接槎处浮动石子清理等）。

（10）各层间地面基层处理，屋面找坡，保温、找平层质量，各阴阳角处理。

5.技术措施计划的编制

技术措施是为了克服生产中的薄弱环节，挖掘生产潜力，保证完成生产任务，获得良好的经济效果，在提高技术水平方面采取的各种手段或办法。要做好技术措施工作，必须编制、执行技术措施计划。

（1）技术措施计划的主要内容

①加快施工进度方面的技术措施。

②保证和提高工程质量的技术措施。

③节约劳动力、原材料、动力、燃料的措施。

④推广新技术、新工艺、新结构、新材料的措施。

⑤提高机械化水平、改进机械设备的管理以提高完好率和利用率的措施。

⑥改进施工工艺和操作技术以提高劳动生产率的措施。

⑦保证安全施工的措施。

（2）施工技术措施计划的编制

①施工技术措施计划应同生产计划一样，按年、季、月分级编制，并以生产计划要求的进度与指标为依据。

②编制施工技术措施计划应依据施工组织设计和施工方案。

③编制施工技术措施计划时，应结合施工实际，公司编制年度技术措施纲要；分公司编制年度和季度技术措施计划；项目经理部编制月度技术措施计划。

④项目经理部编制的技术措施计划是作业性的，因此在编制时既要贯彻上级编制的技术措施计划，又要充分发动施工员、班组长及工人提合理化建议，使计划有群众基础。

⑤编制技术措施计划应计算其经济效果。

（3）技术措施计划的贯彻执行

①在下达施工计划的同时，下达到栋号长、工长及有关班组长。

②对技术措施计划的执行情况应认真检查，发现问题及时处理，督促执行。如果无法执行，应查明原因，进行分析。

③每月底施工项目技术负责人应汇总当月的技术措施计划执行情况，填写报表上报、总结、公布成果。

6.施工组织设计工作

施工组织设计工作是一项重要的技术管理工作，是指导工程从施工准备到施工完成的组织、技术、经济的一个综合性的设计文件，对施工的全过程起指导作用。

（1）编制施工组织设计应遵循的原则：

①认真贯彻基本建设工作中的各项有关方针、政策，严格执行基本建设程序和施工程序的要求；

②施工、建设、设计单位及其他各有关单位应密切配合，了解工程建设的性质和目的，

明确上级要求，做好调查研究，充分掌握总设计的资料和依据；

③结合实际情况，统筹规划全局，做好施工部署，分期分批、配套组织施工，缩短工期，为早日发挥投资的经济效益创造条件；

④在做好技术经济分析和多方案比较的基础上，选择最优施工方案和先进施工机具；

⑤积极采用新技术、新工艺，努力提高机械化程度、工厂化生产程度；采用有效办法和措施，节约劳动力，提高劳动生产率；

⑥分析生产工艺，合理安排施工项目的顺序；应用网络计划方法，分析主要矛盾；合理调配力量，组织流水施工和立体交叉施工；做好冬、雨季施工安排，力争全年均衡有计划施工；

⑦坚持质量第一，重视施工安全，切实拟订保证质量和安全的有效措施；

⑧贯彻勤俭节约的原则，因地制宜，就地取材；制订节约能源和材料措施；尽量减少运输量；合理安排人力、物力，搞好综合平衡调度；

⑨节约用地，少占农田好地；搞好施工总平面规划和管理，做到文明施工；

10）土建、安装、机械化等各专业施工的总包、分包单位，要互相配合，协调施工顺序，互相创造条件，保证施工顺序进行。

（2）施工组织设计的贯彻执行

施工组织设计是指导施工的设计。其经批准后，在施工现场各项准备工作和施工活动开始前，各级技术负责人要根据施工组织设计的有关规定，向执行工程项目施工的有关施工人员交底，使他们了解其内容和要求及有关事项，交底时应做记录，不能走过场。各级生产和技术领导人是实现和贯彻施工组织设计的组织者，各施工计划、技术物资供应、劳动及加工单位或部门，都应按施工组织设计的有关要求，安排各自的工作。

在施工过程中如果施工条件发生变化、施工方案有重大变更、设计图纸有很大变动等情况，应对施工组织设计及时修改或补充，经原审批单位批准之后，按修改的方案执行。

在执行过程中，应当随时检查，发现问题，及时解决。施工组织设计作一些必要的、局部的调整也是经常可能发生的；但总的原则、方案、工期都不能随意变动；或者编制以后，不去执行，从而造成严重事故者，应当追究执行者的事故责任。

同时，施工组织设计在执行中，要做好执行记录，总结经验，积累资料，以便不断提高施工组织设计的编制水平。

（三）施工质量保证措施

1. 制定科学周密的质量计划（或施工组织设计）

内容包括：

（1）工程特点及施工条件分析

（2）履行施工承包合同所必须达到的工程质量总目标及其分解目标；

（3）质量管理组织机构人员及资源配置计划；

（4）为确保工程质量所采取的施工技术方案和施工程序；

（5）材料、设备质量管理及控制措施；

（6）工程检测项目计划及方法等。

2. 设置质量控制点

凡属关键技术、重要部位、控制难度大、影响大、经验欠缺的施工内容以及新材料、新技术、新工艺、新设备等均可列为质量控制点，实施重点控制。

3. 加强对施工生产五大要素的质量控制

（1）劳动主体——人员素质，即作业者、管理者的素质及其组织效果。

（2）劳动对象——材料、半成品、工程用品、设备等的质量。

（3）劳动方法——采取的施工工艺及技术措施的水平。

（4）劳动手段——工具、模具、施工机械、设备等条件。

（5）施工环境——现场水文、地质、气象等自然环境，通风照明安全等作业环境以及协调配合的管理环境。

4. 对施工作业过程的质量进行控制

（1）过程控制的基本程序

①进行作业技术交底。

②检查施工工序、程序的合理性、科学性，防止工序流程错误，导致工序质量失控。

③检查工序施工条件是否符合施工组织设计的要求。

④检查工序施工中人员操作程序、操作质量是否符合质量规程要求。

⑤检查工序施工中间产品的质量即工序质量、分项工程质量。

⑥对工序质量符合要求的中间产品（分项工程）及时进行工序验收或隐蔽工程验收。

⑦质量合格的工序经验收后可进入下道工序施工。未经验收合格的工序，不得进入下道工序施工。

（2）施工工序质量控制要求

工序质量是施工质量的基础，工序质量也是施工顺利进行的关键。为达到对工序质量控制的效果，在工序管理方面做到以下几点：

①贯彻预防为主的基本要求，设置工序质量检查点。对材料质量状况、工具设备状况、施工程序、关键操作、安全条件、新材料新工艺应用、常见质量通病，甚至包括操作者的行为等影响因素列为控制点作为重点检查项目进行预控。

②落实工序操作质量巡查、抽查及重要部位跟踪检查等方法，及时掌握施工质量总体状况。

③对工序产品、分项工程的检查应按标准要求进行目测、实测及抽样试验的程序，做好原始记录，经数据分析后，及时做出合格及不合格的判断。

④对合格工序产品应及时提交监理进行隐蔽工程验收。

⑤完善管理过程的各项检查记录，检测资料及验收资料，作为工程质量验收的依据，并为工程质量分析提供可追溯的依据。

（四）安全生产措施

1. 认真进行施工现场危险源的辨识与评价，制定有计针对性的控制措施。

2. 编制切实可行的施工安全技术措施计划。其主要内容包括：工程概况、控制目标、控制程序、组织机构、职责权限、规章制度、资源配置、安全措施、检查评价、奖惩制度等。

3. 保证安全技术措施计划的实施。

（1）建立安全生产责任制，保证施工安全技术措施计划的实施。

（2）加强安全教育。

①广泛开展安全生产宣传教育，使全体员工真正认识到安全生产的重要性和必要性，懂得安全生产和文明施工的科学知识，牢固树立安全第一的思想，自觉遵守各项安全生产法律法规和规章制度。

②把安全知识、安全技能、设备性能、操作规程、安全法规等作为安全教育的主要内容。

③对新入场的工人进行"三级"安全教育。

④电工、电焊工、架子工、机操工、起重工、机械司机等特殊工种工人，除一般教育外，还要经过专业安全技能培训，经考试合格后方可独立操作。

⑤采用新技术、新工艺、新设备施工和调换工作岗位时也要进行安全教育，未经安全教育培训的人员不得上岗作业。

（3）认真进行安全技术交底

①项目经理部实行逐级安全技术制度，纵向延伸到班组全体作业人员。

②技术交底做到具体、明确、针对性强。

③技术交底的内容应针对分部分项工程施工中给作业人员带来的潜在危害和存在的问题。

④技术交底应优先采用新的安全技术措施。

⑤必须将工程概况、施工方法、施工程序、安全技术措施等向工长、班组长进行详细的交底。

⑥定期向由两个以上作业队和多工种进行交叉施工的作业队伍进行书面交底。

⑦安全技术交底必须以书面形式并履行签字手续。

（4）积极开展各种安全检查

①安全检查的类型分为：日常性检查、专业性检查、季节性检查、节假日前后的检查和不定期检查。

②安全检查的主要内容为：

查思想；查管理；查隐患；查整改；查事故处理。

安全检查的重点是违章指挥和违章作业。

第六节　公路桥梁建设安全检查要点

一、总体平面布置

1. 项目部平面布置是否合理，符合安全要求。

2. 项目部生产生活房屋、变电所、发电机房、临时油库、仓库是否符合排水、防火、防洪、防爆、防震的要求。

3. 工地上较高的建筑物、临时设施及重要库房，如炸药仓库、油库、发（变）电房、塔架、龙门吊、拌和楼等，是否加设避雷装置。

4. 现场运输道路是否保持畅通，危险地段是否设置护栏和警告标志。

5. 生产生活用水的水质是否符合国家现行标准。

6. 施工现场是否有"五牌一图"。

7. 施工现场内的坑、沟、水塘等边缘是否按规定设置安全护栏及警告标志。

8. 施工现场是否采取有效措施防止大气污染、水污染、噪声污染、施工照明污染及固体废弃物污染。

9. 料堆按名称、品种、规格堆放整齐，易燃易爆物品分类存放

10. 有无安全标语、标牌，是否规范，整齐。

二、施工作业人员安全防护

1. 施工作业人员进入施工现场是否佩戴相应的安全防护用品，进入施工现场佩戴安全帽情况，高处作业人员系安全带及高处作业防护等。

2. 安全防护用品是否符合或达到国家安全防护标准。

3. 预留洞口、孔桩洞口有无防护，临边、洞口防护设施是否符合要求，通道口有无防护棚。

三、现场消防

1. 是否制定消防安全制度、措施。

2. 施工现场是否配备专（兼）职消防人员，负责日常的消防监督检查工作。

3. 用火作业区、材料堆放区、仓库区、生活办公区等区域间防火间距是否满足规范要求。

4. 施工现场内搭建的临时建筑是否符合有关消防安全规定。

5. 项目部及施工现场内重点部位是否配备数量足够的消防器材，有关人员是否会正确使用消防器材。

6. 项目部及施工现场是否设置足够的消防水源。

四、施工临时用电

（一）总体

1. 核查施工临时用电方案和设计，是否经有关部门批准。

2. 有无用电档案盒专人管理，有无电工巡查记录，维修记录内容是否真实。

（二）外电防护

1. 外线布置是否有防护措施。

2. 防护措施是否符合要求，封闭是否严密。

3. 是否有明显警示标志。

4. 在线路下方施工作业或搭设临时设施安全距离是否足够。

（三）接地与接零保护系统

1. 工作接地与重复接地是否符合要求。

2. 是否采用 TN—S 系统。

3. 专用保护零线设置是否符合要求。

4. 保护零线与工作零线有无混接情况。

（四）配电箱开关箱

1. 是否符合"三级配电两级保护"要求。

2. 开关箱（末级）有无漏电保护或保护器失灵。

3. 漏电保护装置参数是否匹配。

4. 漏电保护器安装位置是否得当。

5. 电箱内隔离开关设置是否符合要求 。

6. 是否违反"一机，一闸，一漏，一箱"。

7. 安装位置是否得当，有无周围杂物多等不便操作情况。

8. 闸具有无损坏，是否符合要求。

9. 电箱内有无 PB 专用接线端子板。

10. 电箱有无名称、编号、责任人。

11. 有无电箱进出线混乱或无保护措施情况。

12. 配电箱内多路配电有无标识。

13. 电箱材质是否符合要求。

14. 电箱是否有门，有无防雨措施。

（五）现场照明

1. 动力照明用电是否按规定分路设置。

2. 照明专用回路有无漏电保护。

3. 灯具金属外壳是否作接零保护。

4. 室内线路及灯具安装高度低于 2.4m 是否使用安全电压供电。

5. 照明供电是否采用绞织线。

6. 手持照明灯，危险场所或潮湿作业是否使用 36V 以下安全电压。

7. 使用 36V 安全电压照明线路混乱和接头处是否用绝缘布包扎。

8. 危险场所、通道口、宿舍是否按要求设置照明。

（六）配电线路

1. 电线老化破皮是否包扎。

2. 电线有无随意拖地、浸水。

3. 线路过道有无保护或保护措施是否符合要求。

4. 电杆、横担是否符合要求。

5. 架空线路、档距是否符合要求。

6. 是否使用五芯线（电缆）。

7. 是否使用四芯电缆外加一根线替代五芯电缆。

8. 电缆架设或埋设是否符合要求。

9. 导线是否按规定绑在绝缘子上或金属裸线绑扎。

（七）电器装置

1. 闸具、熔断器参数与设备容量是否匹配，安装是否符合要求。

2. 有无用其他金属丝代替熔丝情况。

（八）变配电装置

1. 配电室（或发电机房）房屋建造是否符合要求。

2. 配电室内地面是否按要求采取绝缘措施。

3. 室内配电装置或发电机组布置是否合理。

4. 有无明显警示标志或消防措施。

5. 发电机组是否设置独立接地系统。

五、路基土方工程

1. 开挖深度超过 2m 时，其边缘上面作业视为高处作业，应设置警告标志。

2. 开挖沟槽时，挖掘深度超过 1.5m，应根据土质情况进行放坡或支撑防护。

3. 高陡边坡处施工作业人员必须绑系安全带；严禁上、下双重作业；弃土下方和有滚石危及的区域，应设警示标志，下方有道路的，作业时严禁通行。

4. 施工中如发现山体有滑动、崩坍迹象危及施工安全时，应暂停施工，撤出人员和机具，并报告领导处理。

5. 滑坡地段的开挖，应从滑坡体两侧向中部自上而下进行，严禁全面拉槽开挖；弃土不得堆在主滑区内；开挖挡墙基槽也应从滑坡体两侧向中间部分跳槽进行，并加强支撑，及时砌筑和回填墙背；施工中要设专人观察，严防塌方。

6. 落石与岩堆地段施工，应先清理危石和设置拦截设施后再行开挖。

7. 岩溶地区施工，应认真处理岩溶水的涌出，避免突发性坍陷。

8. 泥沼地段施工，应制定和落实预防人机下陷的安全技术措施；挖出的废土应堆置在合适的地方，避免造成人为的泥石流。

9. 土方施工机械作业应符合机械施工规程的规定。

六、路基石方工程

1. 石方爆破作业，以及爆破器材的管理、加工、运输、检验和销毁等工作严格遵守国家爆破安全规程，主动接受当地公安部门的监督管理。

2. 爆破器材库的选址和搭建以及配套设施应请当地公安部门进行监督和指导，运输爆破器材要使用专用运输工具。

3. 爆破器材必须严格管理，建立并严格执行爆破器材领用、退库制度，各种手续应严格记录，严禁私藏，乱丢乱放；爆破器材应有专人领取，严禁由一人同时搬运炸药和雷管；电雷管严禁与带电物品一起携带运送。

4. 装炮作业装药前应对炮眼进行验收和清理；严禁烟火和明火照明，无关人员必须远离现场。

5. 爆破作业必须有专人指挥，确定的危险边界应有明显标志，警戒区四周必须派设警戒人员；爆破时，应设置防止飞散物击伤人员的安全距离。

6. 各种类型的"盲炮"处理必须按照国家现行的爆破安全规程有关规定。

7. 石方地段爆破后，必须确认已经解除警戒，作业面上的悬岩危石应经检查处理，经过履行必要的确认手续后，清理石方人员方准进入现场。

七、路面工程

1. 拌和站是否设置完备的安全警示标志。

2. 拌和站施工车辆进出路线设置是否符合安全技术要求。

3. 拌和站生活区与作业区设置是否符合安全要求。

4. 拌和设备启动、停机是否按规定程序进行。

5. 操作人员是否经过安全培训。

6. 拌和站是否配备专职安全员。

7. 拌和站是否配备消防器材，有关人员是否会使用。

8. 路面施工机械（摊铺机、压路机）操作人员是否经过安全培训。

9. 机械操作人员是否疲劳作业。

10. 用柴油清洗机械时，不得接近明火。

八、桥梁工程

（一）一般安全要求

1. 桥梁工程施工前，大型工程应对施工安全技术措施做专项调查研究，采取切实可靠的防护措施；中小桥梁工程施工应制定针对性安全技术措施计划；单项工程开工前做好安全技术交底。

2. 桥梁工程施工的辅助结构、临时工程及大型设施等，均应按有关规定做好安全防护措施，各项安全设施完成后，应经检验合格后，方可使用。

3. 桥梁工程施工，应尽量避免双层或多层同时作业；当无法避免时，应设防护棚、防护网、防撞装置和醒目的警示标志、信号等。

4. 遇有六级以上大风等恶劣天气，应停止高处露天作业、缆索吊装及大型构件起重吊装等作业。

（二）基础工程

1. 明挖基础基坑开挖的方法、顺序以及支撑结构的安设，应按施工组织设计进行；基坑深度超过 1.5m 时，必须挖设专用坡道或铺设跳板，禁止脚踏固壁支撑上下；开挖应按规定边坡分层进行，严禁局部深挖、掏洞开挖；开挖过程中，必须随时检查坑壁边坡有无裂缝和坍塌现象，如发现应立即采取措施；基坑边缘停放机械、堆土、堆料应符合有关规定；采用机械开挖，坑内不得有人作业，人员不得在坑壁下休息；开挖遇有流沙、涌水、涌砂及基坑边坡不稳定现象发生时，应立即采取防护加固措施；基坑开挖需要爆破，应按国家现行爆破安全规程办理。

2. 围堰雄工在围堰内作业，遇有洪水应立即撤出作业人员；施工中，遇有流沙、涌砂或支撑变形等异常情况，应立即停止挖掘，并撤出人员，在切实采取安全加固措施后，方可继续开挖；固堰和基坑支撑结构必须坚固牢靠，严禁碰撞支撑；施工交接班应做好原始记录及签字工作；基坑支撑拆除时，应在现场技术负责人的指导下进行，严禁在正在拆除的支撑下操作。

3. 钻孔灌注桩基础钻机安设必须平稳、牢固，钻架应加设斜撑或缆风绳，水上钻机平台应满铺脚手板，设防护栏、走道，及时清除杂物及障碍物；采用冲击钻孔时，应检查钻锥、卷扬机和钢丝绳的损伤情况；使用正、反循环及潜水钻机时，对电缆线要严格检查；钻孔使用的泥浆，应设置泥浆循环净化系统，防止对环境污染；钻孔中发生事故需排除时，严禁作业人员下孔内处理故障；对于已埋设护筒未开钻或已成桩护筒未拔除的，应加设护筒顶盖或铺设安全网遮罩。

4. 挖孔灌注桩基础人工挖孔，对孔壁的稳定及吊具设备等应经常检查孔顶出土机具是否有专人管理，并设置高处地面的围挡，孔口不得堆积土渣及工具；挖孔作业暂停时，孔口应设置罩盖及标志；孔内挖土人员的头顶部位应设置护盖，取土吊斗升降时，挖土人员应在护盖下面工作；人工挖孔应经常检查孔内的气体情况；挖孔深度超过 10m，应采用机械通风，并必须有足够保证安全的支护设施及常备的安全梯道；人工挖孔最深不得超过 15m；挖孔桩需要孔内爆破时，应采取浅孔爆破法，严格控制炸药用量；机钻成孔作业完成后，人工清孔要先放安全笼，笼距孔底不得大于 1m；凡孔内有人作业，孔上必须有监护人员，3m 以内不得有机动车辆行驶或停放。

（三）墩台工程

1. 就地浇筑的墩台施工前，必须搭设好脚手架和作业平台。2 ~ 10m 平台外侧应设栏杆及上下扶梯，10m 以上应加设安全网；模板就位后，应立即固定，防止倾倒；用吊斗浇筑砼时，应设专人指挥；严禁吊斗碰撞模板及脚手架；.拆除模板应划定禁行区。

2. 砌筑墩台施工前，应搭设好脚手架、作业平台、扩拦、扶梯等安全防护设施；人工、手推车抬运石块或预制块时，脚手跳板应满铺，其宽度、坡度及强度应经过设计，满足安全要求；脚手架和作业平台上堆放的物品不得超过设计荷载；各种吊机作业时，应听从指挥信号，吊运重物下不得站人。

（四）上部工程

1. 预制构件装配式梁、板的安装，应制定安装方案，所有起重设备应符合国家关于特种设备的安全规定；吊装前，应检查安全技术措施安全防护设施等准备工程是否齐备；施工所需脚手架、作业平台、防护栏、上下梯道、安全网必须齐备，深水施工，应配备救护用船；重大的吊装作业，应先进行试吊，施工时，工地主要负责人及专职安全员应现场指挥和监督。

2. 就地浇筑上部结构施工前，应先搭设好脚手架、作业平台、护栏及安全网等安全防护设施；在支架上浇筑砼，对简支梁、连续梁、悬臂梁的浇筑顺序，应严格按设计和有关规定办理；施工中，应随时检查支架和模板，发现异常状况，应及时采取措施。

3. 悬臂浇筑法挂篮施工对挂篮拼装后应进行静载试验；检查墩身预埋件和斜拉钢带的位置及坚固程度；底模标高调整时，应设专人统一指挥，作业人员脚下应铺设稳固的脚手板，身系安全带；挂篮拼装及悬臂组装时，应设置安全网，满铺脚手板，设置临时护栏，作业人员必须按规定佩戴安全防护用品，配备救生设施；挂篮行走时，要缓慢进行，速度应控制在 0.1 米 / 分钟以内；浇筑砼时，挂篮后端应锚固在已完成的梁段上，并配重使其与浇筑的砼重量保持平衡状态。

4. 预应力张拉施工前，应检查张拉设备是否符合施工安全要求，操作人员应确定联络信号；在已拼装或现浇的箱梁上进行张拉作业。应事先搭好张拉作业平台，并保证其牢固，平台四周应加设护栏，高处作业时，应设上下扶梯及安全网；施工的吊篮应安挂牢固，必要时可另备安全保险设施；张拉时，千斤顶的对面及后面严禁站人，作业人员应站在千斤顶的两侧，以防锚具及销子弹出伤人；管道压浆时，操作人员必须带防护镜和其他防护用品；关闭阀门时，作业人员应站在侧面，以确保安全。

5. 拱桥拱架制作与安装，应按设计要求，具有足够强度、刚度和稳定性，拱架须经试验或预压，采用土牛拱架时，应采取相应的安全措施，保证拱圈砌筑的安全；圬工拱桥施工前，拱架支立安装方法、拆落拱架程序、机械设备等，均应经检查符合安全技术规定，方可施工；砌筑拱圈，应按施工要求搭设脚手架及作业平台，严禁用拱架代替脚手架，主拱、拱上建筑施工，必须严格按设计加载程序分段、对称、同时进行；卸架前，应检查砌筑砂浆强度是否达到设计要求，拆除工作必须按设计程序进行，当拱架脱离拱圈，经检查确认后，方可继续进行拱架拆除工作；严禁在拱架上下同时进行双重作业；采用五支架施工修建拱桥时，应按设计和施工方法选择适宜的吊装机具设备；大中跨径拱桥施工，应验算拱圈的纵、横向稳定性，保证有一定的横向稳定系数，分段吊装的单肋合拢后应用缆风绳稳固，并须采取悬扣边肋和次边肋，用横夹木临时横向联结等措施；双曲拱、箱形拱桥施工时，在墩、台顶设置的扣架，底部固定应牢靠，架顶应设风绳，风缆设置必须对称，与构件轴线应符合设计要求，拱肋分段拼装时，基port应设置固定风缆，拱肋接头处，应加横向联结，以保证其横向稳定；多孔装配式拱桥上部安装时，必须按加载程序，由桥台或制动墩起，逐孔吊装，相邻两孔安装进度，不应相差过大。

6. 跨线桥及通道桥梁施工在铁路路基附近挖基、钻孔时，应设围栏、支撑及其他安全防护措施，防止火车震动，导致基础塌陷或路基塌方；跨越铁路或公路的立交桥施工，上面作业、下面通行车辆或行人时，应设置遮盖设施，并设岗哨监视管理；对结构复杂、施工期较长的大型立交桥施工，应做好安全施工组织设计，做好施工准备及安全防护设施的安装、验收工作，确保不发生影响通车及坠物伤人事故。

（五）吊装作业

1. 卷扬机应安装牢固，操作位置视野开阔，联系方便；通过滑轮的钢丝绳不得有接头、结节和扭绕，钢丝绳在卷筒上要排列整齐，作业中最少保留 3 圈；操作人员不得擅自离开岗位，作业中突然停电，应立即拉开闸刀，并将运送物件放下。

2. 轮式起重机作业地面应坚实平整，支脚必须支垫牢靠，回转半径内不得有障碍物；两台或多台起重机吊运同一重物时钢丝绳应保持垂直，各台起重机不得超过自身额定的起重能力；作业时，应先将重物调离地面 10cm 左右，停机检查制动器灵敏性和可靠性以及重物的绑扎牢固程度，确认正常后，方可继续作业；作业中不得在悬吊重物下行走；起降重物时，速度要均匀、平稳，保持机身稳定，严禁重物自由下落；在驳船上作业，应用绳索系牢在船上，前后轮下应用三角木紧。遇有 4～5 级风时，应根据驳船的载重吨位适当调整吊机负荷。在输电线路下作业时，要根据线路电压，保持足够的间距；作业完毕，应将机车停放在坚固的地面上，吊钩收起，各部制动器刹牢，操作杆放到空挡位置。

3. 龙门架的制作、安装、拆除应由具有相应资格的单位进行，并按照有关规定做好检查、验收工作；移动龙门架除进行静载试验外，还要等载重在轨道上往返一次，检查龙门架在移动中的变形以及轨距、轨道平整度等情况；吊起重物作水平移动时，应将重物提高到可能遇到的障碍物 0.5 米以上；牵引移动的跨墩龙门架，在行走时两侧牵引卷扬机必须同时、同速启动和远行；开动或停止电动机，应缓慢平稳地操纵控制器，作向后移动时，必须等机、物完全停稳后方可操作。

4. 千斤顶顶升重物必须在重心位置，如需纠正偏斜物体时，放置千斤顶的台座必须坚固可靠；顶升重物过程中，如千斤顶出现故障，应在重物文垫稳后，再取出修理；多台千斤顶起升向一重物时，动作要统一。

（六）高处作业

1. 高处作业必须设有可靠的安全防护措施，应设置人行斜道、爬梯或升降电梯、通道和护栏等；落差超过 2m 的临边、孔隙口等应安设护栏或安全网；在开放型结构上施工，如高处搭设脚手架和无防护边缘上作业以及在受限制的高处或不稳定的高处，或没有牢靠立足.点的地方作业必须系挂安全带（绳）等。

2. 严禁酒后或在大风、大雾等恶劣天气下从事高处作业；高处作业人员要穿防滑鞋，所需的材料和工具要事先放在工具袋内；所用的梯子不得有缺档和垫高，同一架梯子不得 2 人同时上下。

3. 高处作业与地面联系，应有专人负责，配有通信设备；严禁人员搭乘吊转、运送物件的设备上下。

（七）水上作业

1. 开工前应向当地港航监督部门申报，并获取水上水下作业许可证。

2. 施工所用船只需经检验合格，颁发合格证书，并进行注册登记后方可使用。船只应专人管理和调度，驾驶员应持证上岗。

3. 施工期间应按规定设置临时码头、航行、作业标志、防撞装置及救护，消防等设施；及时掌握和了解当地的水文和气象情况，如遇不良天气，船只应显示规定的信号，必要时应停止作业。

4. 定位船和作业船锚锭后，应在涉及航域范围内设置警示标志，抛锚时，抛锚筒周围不要站人。

5. 船只靠岸后（或在两船之间倒运货物）应搭设牢固的跳板，跳板的两侧加设护栏、扶手或安全网；装船时严禁超载、偏载，必要时应加配重，调整平衡。卸船时，应分层均匀卸运。

6. 打桩船、起重船施工前应了解作业区域的水深、流速、河床地质等有关情况；抛锚、就位应保持船体稳定，两艘船体连接，必须牢固可靠。

7. 使用轮胎或履带吊车在船上打桩、起重作业时，船体应按施工要求加固，并在吊车轮胎（履带）下加铺垫板。

8. 牵引或在旁侧拖带作业船只时，严禁超载，牵引或拖带用的钢丝绳必须联结牢固。

9. 交通船只必须符合客运船只的标准，不得超载，并备有救生器材，按预定的路线行驶；所有人员必须穿好救生衣，行船途中乘船人不得走动或站立。

九、工序作业中的安全

（一）模板的支拆

1. 在基坑或围堰内支模时，应在确定基坑无塌方、围堰牢固的前提下进行；向基坑内运送材料和工具时，不得抛掷；机械调送耐，要有专人指挥；模板下放，距地面1米时工作人员才可靠近操作。

2. 支立模板要按顺序，先固定模板底部；操作时要搭接脚手架和工作平台；整体模板合拢后，要及时用拉杆斜撑固定，模板支撑不得钉在脚手架上。

3. 拆模时要按顺序分段拆除，不得双层拆除，3米以上模板拆除时要用绳索或起吊设备拉紧，缓缓送下。不得留有松动或悬鞋的模板，严禁硬砸或用机械大面积拉倒。

（二）支架工程

1. 支架工程要经过设计并得到监理的批准；支架所用的桩木、万能杆件应详细检查，必须使用合格材料。

2. 地基承载力应达到设计要求，否则必须采取加固措施。

3. 支立排架时，应设立专人指挥；以整排竖立为宜，用吊机竖立排架时，应用溜绳控制排架的摆动。

4. 支立排架时，不得与便桥或脚手架相连；根据施工季节，支架工程应采取防冲刷或防冻胀等安全措施。

（三）脚手架工程

1. 钢管脚手架连接材料应使用扣件，接头应错开，螺栓要紧固；脚手板要满铺、绑牢、无探头板；在有坡的地方应加设防滑条。

2. 脚手架要设置1.2米高，双道栏杆；悬空脚手架要用栏杆或撑木固定稳妥，防止摆动摇晃。

3. 在搭接在水中的脚手架上作业，要佩戴救生设备。

4. 搭设钢管井架相邻的两立杆的接头应错开，横杆和剪刀撑要同时安装。滑轨必须保持垂直，两轨间距误差不得超过 10 毫米。

5. 悬挂吊篮的钢丝绳围绕挑梁不得少于 3 圈，卡子不得少于 3 个；一个吊篮的保险绳索不得少于 2 根。

6. 脚手架高度在 10 ～ 15 米时，应设置一组（4 ～ 6 根）缆风绳。每增高 10 米，应再加设一组；缆风绳与地面的夹角为 45° ～ 60°，缆风绳的地锚应设围栏。

7. 拆除脚手架时，周围应设置护栏或警戒标志；要按顺序从上而下拆除，不得上下双层作业，不得抛掷脚手架杆件和板材。

（四）钢筋加工

1. 作业前要对机械设备进行检查；钢筋调直及冷拉场地应设置防护挡板，工作时非工作人员不得入内。

2. 切长料时要有专人把扶，切短料时要用钳子或套管夹牢，不得因钢筋直径小而集中切割。

3. 采用人工锤击切断钢筋时，钢筋直径不宜超过 20 毫米。

（五）电焊作业

1. 电焊机应安设在干燥、通风良好的地点，周围严禁存放易燃、易爆物品；要设置单独的开关箱，作业时应穿戴防护用品；焊接作业现场要各有消防器材。

2. 在潮湿地点工作，电焊机应放在木板上，操作人员应站在绝缘胶板上；严禁在带有压力的容器和管道上施焊；焊接带电设备时必须先切断电源：在密闭的金属容器内施焊时，必须开设进、出风口，容器内的照明电压不得超过 36 伏，焊工身体应用绝缘材料与容器隔开，每隔半小时到 1 小时要外出休息 10 ～ 15 分钟，并要有安全人员在现场监护。

3. 储存过易燃、易爆、有毒物品的容器或管道，焊接前必须清洗干净，并将所有孔口打开，保持空气流通。

4. 把线、地线不得与钢丝绳、各种管道、金属构件等接触，不得用这些物件代替接地线。

5. 焊接模板中的钢筋、钢板时，施焊部位下面应垫石棉板或铁板。

（六）气焊作业

1. 气焊作业采用的乙炔瓶和氧气瓶，距易燃易爆物品不得少于 10 米，用完后及时放回专用库房；乙炔瓶和氧气瓶应设有防震胶圈，旋紧安全帽，避免碰撞、剧烈震动和强烈阳光下暴晒。

2. 起焊枪点火时应按"先开乙炔，先关乙炔"的顺序，点火时焊枪不得对人；严禁用明火检查是否漏气；乙炔瓶、氧气瓶、压力表焊割工具的表面上严禁沾污油脂。

3.施焊场地应通风良好，距明火距离不得少于 10 米；施焊完毕，应关紧阀门，拧紧安全罩。

十、夜间施工

1.夜间：施工方案是否经监理工程师审批。

2.现场要有符合操作要求的照明设施。

3.施工中的小型桥梁两侧及穿越路基的管线等临时工程时，应设置围栏，并悬挂红灯警示标志。

4.大型桥梁攀登扶梯处应设有照明灯具。

5.夜间作业船只或在通航江河上停置的锚船应配置夜航、停泊标志灯。

十一、边通车边施工的安全

1.施工地段的两端及中途出入口处，设专职人员指挥交通并配备必要的通信设备和信号工具。

2.施工地段的两端及其延伸一定安全距离外，应设置显示正在施工的警告标志、车辆慢行标志和必要的指示标志，标志要醒目、坚固。

3.半幅通车路段，在车辆驶入（出）前方应设置指示方向和减速慢行的标志，同时在施工作业区的两端及其延伸一定的安全距离外，设置明显的路栏、隔离墩等，夜间要在路栏上加设施工标志灯。

4.半幅施工的路段不能过长，一般应控制在 300 ~ 500 米为宜。

5.旧桥（梁）拆除新建时，应先建好通车便道，在旧桥（梁）位置设置路栏及禁行标志，夜间在路栏上加设警示灯，并设置通向便道的指示标志。

结　语

　　公路桥梁施工重点就是在于其工程的施工过程，特别是技术和管理部分，它直接和项目的质量和施工单位的经济效益挂钩。公路和桥梁的施工技术和管理需要从工程的施工初期进行准备和管控，在其施工过程和验收期间都需要对施工技术进行科学的管理，务必在保证施工质量的同时，充分的发挥施工技术的管理作用，从而不断提升施工单位的施工技术水平和管理力度，保证施工质量，为施工单位创造更多的经济效益，推动社会的发展。